Wirtschaftsberichterstattung in der Boulevardpresse

Klaus Beck • Simon Berghofer
Leyla Dogruel • Janine Greyer

Wirtschafts-
berichterstattung
in der Boulevardpresse

Unter Mitarbeit von Felix Frieler

 Springer VS

Klaus Beck,
Simon Berghofer,
Leyla Dogruel,
Janine Greyer,
FU Berlin

ISBN 978-3-531-18615-3   ISBN 978-3-531-19142-3 (eBook)
DOI 10.1007/978-3-531-19142-3

Die Deutsche Nationalbibliothek verzeichnet diese Publikation in der Deutschen National-
bibliografie; detaillierte bibliografische Daten sind im Internet über http://dnb.d-nb.de
abrufbar.

Springer VS
© VS Verlag für Sozialwissenschaften | Springer Fachmedien Wiesbaden 2012

Lektorat: Barbara Emig-Roller | Eva Brechtel-Wahl
Einbandentwurf: KünkelLopka GmbH, Heidelberg

Gedruckt auf säurefreiem und chlorfrei gebleichtem Papier

Springer VS ist eine Marke von Springer DE.
Springer DE ist Teil der Fachverlagsgruppe Springer Science+Business Media
www.springer-vs.de

Inhalt

Vorwort 7

1 Einführung 11

2 Boulevardpresse in Deutschland 17

2.1 Charakteristika der Boulevardpresse 17
2.2 Der Markt der Boulevardzeitungen 20
2.3 Das Publikum der Boulevardzeitungen 23
2.4 Publizistische Portraits der deutschen Boulevardzeitungen 30
2.5 Publizistische Portraits der Online-Angebote
    von Boulevardzeitungen 37
2.6 Die redaktionellen Strukturen 41
2.7 Zwischenfazit 52

3 Kommunikatoren und Strategien
  des Wirtschaftsjournalismus 55

3.1 Zum Stand der Forschung 55
    3.1.1 Rollenselbstverständnis von Wirtschaftsjournalisten 55
    3.1.2 Redaktionelle Strategien und Arbeitsweisen 59
    3.1.3 Wirtschaftsjournalisten in der Boulevardpresse 63
3.2 Befragung der Kommunikatoren 65
    3.2.1 Methode 65
    3.2.2 Ergebnisse: Zeitungsjournalisten 71
    3.2.3 Ergebnisse: Onlinejournalisten 87

**4   Formen und Inhalte der Wirtschaftsberichterstattung
in der Boulevardpresse**   99

4.1 Zum Stand der Forschung   99
    4.1.1 Wirtschaftsberichterstattung in den Printmedien   99
    4.1.2 Boulevard, Boulevardisierung und Qualität   103
    4.1.3 Wirtschaftsberichterstattung in Boulevardzeitungen   108
4.2 Formale und inhaltliche Analyse   112
    4.2.1 Methode   112
    4.2.2 Ergebnisse: Presseberichterstattung   123
    4.2.3 Ergebnisse: Onlineberichterstattung   142
    4.2.4 Vergleichende Analyse   163

5   Wirtschaftsberichterstattung der Boulevardpresse   169

5.1 Zentrale Befunde   169
5.2 Schlussfolgerungen   179
5.3 Ausblick   181

Literatur   185
Verzeichnis der Tabellen   191
Verzeichnis der Abbildungen   193

Anhang   I

Vorwort

Wer über Boulevardpresse spricht, denkt wahrscheinlich zuerst an reißerische und üppig bebilderte Berichte über „Sex, Blood and Crime", Skandale, Stars und Sport – und weniger an Konjunkturprognosen, Credit Default Swaps oder Zertifikatehandel. Wirtschaft, Unternehmen und Finanzen sind, so scheint es, zu allererst Themen für Experten.[1] Allenfalls die Fachpresse und die umfangreichen Wirtschaftsteile der überregionalen Qualitätszeitungen sind dazu berufen, aktuell und kompetent über komplexe ökonomische Fragen und Entwicklungen zu berichten. Soweit zumindest das Vorurteil.

Doch ein zweiter Blick kann, wie wir mit der vorliegenden Studie belegen möchten, aus drei Gründen lohnend sein: In einer demokratischen Gesellschaft dürfen Entscheidungen auch in der Wirtschaft und der Wirtschaftspolitik nicht unter Ausschluss einer kritischen Öffentlichkeit gefällt werden. Die Öffentlichkeit der Wirtschaft auf Elitemedien zu begrenzen, wäre daher fatal. Vielmehr kommt gerade den Medien, die viele Menschen erreichen, also auch die ökonomischen Laien, eine besondere Verantwortung zu. Eine wichtige Aufgabe der Publizistik- und Kommunikationswissenschaft besteht darin, den forschenden Blick darauf zu richten, ob und wie diese Medienfunktion von den populären Medien, zu denen die Boulevardpresse zweifellos zählt, erfüllen.

Zu dieser grundsätzlichen Überlegung kommt als zweiter Grund eine besondere Aktualität und offenbar wachsende politische Bedeutung von Wirtschaftsfragen. Neben die periodischen Konjunkturkrisen und ihre absehbaren Folgen für die meisten Bürger in ihrer Rolle als Arbeitnehmer und Konsumenten sind neuartige „Systemkrisen" getreten. Den Anfang machte dabei eine durch zweifelhafte Hypotheken- und Finanzpraktiken ausgelöste, aus den USA in andere Wirtschaftsnationen expandierende Banken- und Finanzkrise. Es folgte eine globale Rezession, und gegenwärtig werfen die Staatsverschuldungsprobleme der USA, vor allem aber die virulente Eurokrise neue Fragen auf. Es handelt sich um überaus komplexe Prozesse, deren Verständnis voraussetzungsreich und deren Trag-

---

1 Aus Gründen der besseren Lesbarkeit verzichten wir auf die femininen Genusformen; die maskulinen Formen dienen im Folgenden der Bezeichnung aller biologischen (Sexus) und sozialen Geschlechter (Gender).

weite – auch in Hinblick auf das „europäische Projekt" – nur schwer absehbar sind. Die politische und ökonomische Bewältigung stellt eine Herausforderung für das tradierte Finanzsystem dar: Nicht mehr nur die Experten diskutieren neue Regulierungen, es artikuliert sich auch zivilgesellschaftlicher Protest. Vermutlich waren ökonomische Fragen in den Jahrzehnten nach dem Zweiten Weltkrieg selten so stark politisiert und im Fokus der Öffentlichkeit. Dass dies alles ohne einen Beitrag der Boulevardpresse vonstatten geht, erscheint nicht plausibel. Aber es bleibt die Frage, wie sie solche Fragen thematisiert, und ob es eine spezifische Logik des Boulevards auch in der Wirtschaftsberichterstattung gibt.

Ein dritter Grund für die Durchführung dieser Studie besteht schlichtweg darin, dass in unserem Fach bislang nur wenig empirisch gesichertes Wissen zur Wirtschaftsberichterstattung der Boulevardpresse vorliegt. Publizistik- und Kommunikationswissenschaftler haben zwar häufiger zur Wirtschaftsberichterstattung geforscht, und es liegen auch etliche Studien zur Boulevardpresse vor. Im Schnittfeld dieser beiden Forschungsrichtungen herrscht aber weitgehend Dunkel, mitunter vielleicht sogar so etwas wie Dünkel: So scheinen uns weite Teile der Boulevardpresse-Forschung von kulturkritischen Vorbehalten, vor allem gegenüber BILD, geprägt. Oftmals geht es um nicht weiter hinterfragten politischen Manipulationsverdacht. Selbst wenn man die Kritik an Stilformen und publizistischen Leistungen oder Fehlleistungen teilt, ersetzt dies nicht empirische Forschung, die erst die Grundlage für wissenschaftliche Beurteilungen bieten sollte. Weite Teile der Wirtschaftsjournalismus-Forschung beziehen „den Boulevard" erst gar nicht in ihre Betrachtung ein; vielleicht weil man hier nichts vermutet, was der weiteren Erforschung würdig wäre.

Allerdings: drei – wie wir finden – gute Gründe allein reichen nicht aus, um eine methodisch aufwändige Analyse durchzuführen. Auch Wissenschaft braucht Ressourcen, über die Universitäten nur sehr begrenzt verfügen. Die Arbeitsstelle Kommunikationspolitik/Medienökonomie am Institut für Publizistik- und Kommunikationswissenschaft der Freien Universität Berlin hätte die hier dokumentierte Studie allein aus „Bordmitteln" nicht durchführen können. Wir danken daher an dieser Stelle nicht nur Sabine Künzel, Laura Leithold, Andreas Müller sowie allen studentischen Codierern und Codiererinnen für ihre konstruktive Mitwirkung an diesem Projekt. Wir danken ebenso dem Ernst-Schneider-Preis der Industrie- und Handelskammern e. V., der die Entwicklung der Wirtschaftsberichterstattung regelmäßig mit eigenen wissenschaftliche Studien wie mit Forschungsaufträgen begleitet und unsere Arbeit nach einer Studie zum Online-Wirtschaftsjournalismus (vgl. Dogruel/Reineck/Beck 2010) bereits zum zweiten Mal gefördert hat.

Der Ernst-Schneider-Preis ist der Journalistenpreis der deutschen Wirtschaft. Er ist benannt nach dem Unternehmer und Kunstmäzen Ernst Schneider, der von 1963 bis 1969 Präsident des Deutschen Industrie- und Handelskammertages war. Mit dem höchstdotierten Preis im Wirtschaftsjournalismus wollen die Industrie- und Handelskammern den Bürgern mehr Wissen über wirtschaftliche und wirtschaftlich-technische Zusammenhänge vermitteln und die Medien ermutigen, neue Schritte bei der Vermittlung von Wirtschaft zu gehen.

Berlin, im November 2011

1 Einführung

Die anhaltende europäische Schuldenkrise hat bereits zu Regierungswechseln in vier EU-Staaten geführt und die Verunsicherung ist längst nicht auf Europa begrenzt: Staatsverschuldung und dohende Zahlungsunfähigkeit sowie das umstrittene Down-Rating der führenden Weltwirtschaftsmacht haben innerhalb von nur kurzer Zeit nach dem Platzen der New Economy-Blase, der Subprime- und der Bankenkrise drastisch vor Augen geführt, wie bedeutsam wirtschaftliche Ereignisse und Entwicklungen in modernen Gesellschaften sind. Für das Alltagsleben von Konsumenten, Arbeitnehmern und Steuerbürgern gewinnen diese Ereignisse rasch an Relevanz und entsprechend nimmt das Interesse der Menschen an Wirtschaftsfragen seit einigen Jahren erkennbar zu (vgl. Abb. 1).

Abbildung 1 Interesse der Bevölkerung an Wirtschaftsthemen 2007 bis 2010 (Personen in Mio.; Quelle: eigene Darstellung, ACTA 2007–2010, Daten abrufbar bei statistika.com)

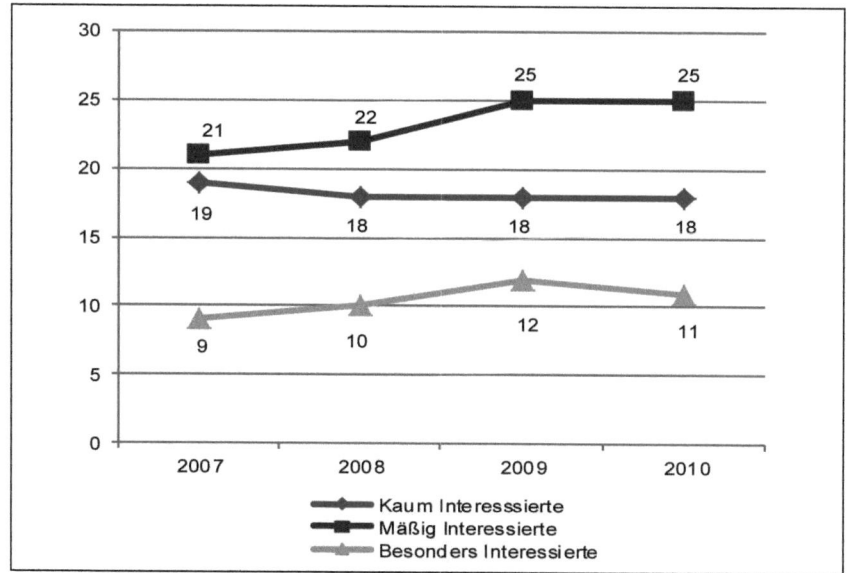

In demokratischen Mediengesellschaften kommt insbesondere den aktuellen publizistischen Medien, also Presse, Rundfunk und den Onlinemedien die wichtige Funktion zu, über Wirtschaftsthemen zu informieren, zur individuellen und öffentlichen Meinungsbildung beizutragen sowie in ökonomischen und sozialen Fragen zu beraten. Wirtschaft ist neben Politik, Kultur und Sport ein klassisches Ressort von Zeitungen (vgl. Mast/Spachmann 2005: 50). Während die Wurzeln der Wirtschaftsberichterstattung bis ins Mittelalter zurückreichen, erlangte sie insbesondere durch die Zunahme des (internationalen) Handels an Bedeutung und diente zunächst ökonomischen Akteuren als Handlungsgrundlage (siehe dazu Dernbach 2010: 240 f.). Zur gestiegenen Bedeutung der Wirtschaftspublizistik, insbesondere Finanzberichterstattung hat vor allem die Entwicklung an den Börsen Ende der 1990er Jahre beigetragen, in deren Folge viele Menschen mit Aktien in Berührung gekommen sind (vgl. Scheufele/Haas 2008: 79; Mast 2003: 280 f.): Im Jahr 2000 wurden „goldene Zeiten" für den Wirtschaftsjournalismus diagnostiziert (vgl. Moss 2009: 147), und tatsächlich nahm der Umfang des Wirtschaftsteils regionaler bzw. lokaler Tageszeitungen zwischen 1990 und 2004 von im Schnitt 1,25 auf 2,12 Nettoseiten täglich zu. Zudem zeigt sich ein Zusammenhang zwischen der Auflagenhöhe der Regionalzeitungen und dem Umfang des Wirtschaftsteils – dieser nimmt mit steigender Auflage zu (vgl. Heinrich/Moss 2006: 24).

Dabei wird dem Printjournalismus trotz verstärkter Thematisierung von wirtschaftlichen Entwicklungen, Zusammenhängen und Fragen im Rundfunk und zunehmend in den Onlinemedien weiterhin eine große Bedeutung für die Wirtschaftsberichterstattung insgesamt zugesprochen (vgl. Scheufele/Haas 2008: 79; Heinrich/Moss 2006: 19).

Während Fach- und Special-Interest-Wirtschaftsjournalismus überwiegend auf Aspekte des Wirtschaftssystems selbst ausgerichtet sind, pflegt die Wirtschaftsberichterstattung in General-Interest-Medien eine eher multiperspektivische Herangehensweise, in der beispielsweise politische Ereignisse auf ihre wirtschaftlichen Aspekte hin untersucht werden (vgl. Mast/Spachmann 2005: 52). Für eine Betrachtung der Wirtschaftsberichterstattung in Boulevardzeitungen ist insbesondere die letzte Art des Wirtschaftsjournalismus relevant, weisen die Boulevardzeitungen doch vergleichsweise hohe Auflagen und Publikumsreichweiten sowie nicht zu unterschätzende Funktionen für das gesellschaftliche Agenda Setting auf.[2] Zu vermuten ist, auch wenn einige Leser die Straßenverkaufszeitung

---

2   Hierbei übernehmen Boulevardblätter, insbesondere *BILD* die Funktion eines pseudodemoskopischen Organs als „Volkes Stimme", von dem sich politische Eliten mitunter Auskunft darüber versprechen, „was in den Köpfen der normalen Leute" vorgeht.

zusätzlich zur Abonnementzeitung nutzen, dass mit den Boulevardblättern Teile unserer Gesellschaft erreicht werden, die durch andere Medien gar nicht oder nur unregelmäßig erreicht werden. Die publizistische Vermittlungsleistung der Boulevardblätter für wirtschaftliche Fragen und Themen könnte also beträchtlich sein.

Daher ist es erstaunlich, wie wenig wir über die Gattung Boulevard (die ja bekanntlich nicht alleine aus der *BILD-Zeitung* besteht) und ihre Wirtschaftsberichterstattung wissen. Während die politische Funktion der Boulevardpresse anhaltend ebenso kontrovers in Öffentlichkeit und Wissenschaft diskutiert wurde wie ihre vermeintlich negativen Wirkungen auf Kultur und Moral der Gesellschaft, stößt die Wirtschaftsberichterstattung jenseits der Qualitäts- und Fachmedien[3] offenbar kaum auf Interesse.

Allerdings lohnt eine nähere Untersuchung, wie ein öffentlicher Konflikt erst vor kurzem zeigte: Namhafte Wirtschaftsjournalisten und Chefredakteure zeichneten als Juroren der Quandt-Stiftung im Juni 2011 eine fünfteilige *BILD*-Serie über die Eurokrise Griechenlands („Geheimakte Griechenland") für „exzellenten Wirtschaftsjournalismus" aus. Kurz zuvor hatte es für die Griechenlandberichterstattung von *BILD*, die von einigen als „Hetzkampagne" wahrgenommen wurde, noch entsprechend herbe Kritik gegeben. In einer „Studie der Otto Brenner Stiftung" hatten Arlt und Storz sogar den journalistischen Status von *BILD* bezweifelt, die als politischer Akteur agiere und agitiere (vgl. Arlt/Storz 2010).

Die Publizistik- und Kommunikationswissenschaft hat die Auseinandersetzung mit der Boulevardpresse, zumal mit deren Wirtschaftsberichterstattung, bislang insgesamt stark vernachlässigt und sich auf die (meist als normativ antagonistisch aufgefasste) Qualitätspresse konzentriert. Die Fragen, ob und welche Rolle die Wirtschaftsberichterstattung in einem Zeitungsangebot spielt, das stark von Sensationsberichterstattung, Sport und Gesellschaftsklatsch sowie Lokalberichterstattung geprägt scheint, wurde bislang nicht erforscht.

Mit der vorliegenden Studie betreten wir insofern publizistik- und kommunikationswissenschaftliches Neuland, das uns noch nicht ausreichend kartographiert erscheint, und zwar in inhaltlicher wie methodischer Hinsicht: Thematisch geht es um die Analyse der Formen und Inhalte der Wirtschaftsberichterstattung der Boulevardpresse unter Berücksichtigung der redaktionellen Strukturen und Ressourcen sowie um das Selbstverständnis der Kommunikatoren. Methodisch

---

3 Mittlerweile haben sich in der Fachliteratur die Begriffe Qualitätspresse bzw. Qualitätszeitung durchgesetzt; wir verwenden diese deshalb auch in unserer Studie, ohne dass sich daraus schon ein Qualitätsurteil ergibt. Fachmedien hingegen wenden sich an ein fachspezifisch qualifiziertes oder professionelles Publikum.

hat sich im Laufe der Untersuchung herausgestellt, dass die gattungsspezifischen Eigenschaften der Boulevardpresse eine erhebliche Adaption der Forschungsinstrumente erfordern. Das beginnt beim Problem der möglichst wertfreien Definition von Boulevardjournalismus und einem angemessenen Begriff von „Wirtschaft", setzt sich über die organisatorischen Besonderheiten „anderer" oder „fehlender" Ressorts sowie dezidierter Wirtschaftsseiten oder -rubriken fort und umfasst auch formale Besonderheiten, die bei einer Inhaltsanalyse berücksichtigt werden müssen: Insgesamt geringere Artikelumfänge, andere Größen, relative Anteile und eine Vielzahl von Gestaltungsoptionen für Überschriften und Fotos stellen so manches Standardinstrument der Inhaltsanalyse vor Herausforderungen.

Die vorliegende Studie steht in einem umfassenderen Forschungskontext der Arbeitsstelle Medienökonomie/Kommunikationspolitik zum Zusammenhang von Medienstrukturen und Medienqualität.[4] Sie zielt auf eine erste systematische Erfassung und Evaluation der Wirtschaftsberichterstattung in Boulevardzeitungen (Kaufzeitungen). Darunter werden sowohl aktuelle journalistische Inhalte, als auch Angebote über allgemeine grundlegende wirtschaftliche Fragestellungen und redaktionelle Angebote, die einen Service- oder Ratgeberbezug aufweisen, gefasst. Die Untersuchung ist vergleichend angelegt: Wir haben vier der acht deutschen Boulevardzeitungen analysiert *(BILD, B.Z. Express, tz)* und zum Vergleich eine überregionale Qualitätszeitung *(Süddeutsche Zeitung)* sowie eine regionale Abonnementzeitung *(Märkische Allgemeine)* herangezogen. Der „Vergleich von Äpfeln und Birnen" wurde ganz bewusst gewählt, um analytisch-deskriptiv zu klären, ob und worin die bislang eher vermuteten denn nachgewiesenen Unterschiede konkret bei der Wirtschaftsberichterstattung eigentlich bestehen. Uns geht es hingegen nicht um eine Richterrolle in einem normativen Pseudo-Wettbewerb, dessen moralische „Gewinner und Verlierer" von vornherein feststehen.

Eine vergleichende Untersuchungsperspektive öffnet den Blick auf die Online-Angebote der sechs untersuchten Zeitungen: Hier stellt sich die Frage nach dem publizistischen Mehrwert ebenso wie nach der praktischen Redaktionsorganisation. Beide Fragen können zwar schon deshalb nicht abschließend beantwortet werden, weil die unter den Schlagworten crossemdialer „Newsdesk" und „Newsroom" gehandelten Entwicklungen noch längst nicht abgeschlossen erscheinen. Eine erste Bestandsaufnahme von Organisationsstrukturen, redaktionellen Formen und Inhalten lag aus unserer Sicht aber nahe.

---

4   Vgl. hierzu auch Beck et al. 2007; Beck 2008; Beck/Amann 2008; Dogruel/Reineck/Beck 2010 sowie Beck/Reineck/Schubert 2010.

Die vorliegende Studie ist das Resultat von drei methodisch unterschiedlich angelegten, aber miteinander verzahnten Teilstudien:

(1) In einem ersten Modul werden anhand vorliegender Marktdaten und anderer Publikationen die Medienstrukturen beschrieben und analysiert. Die wesentlichen Ergebnisse zum deutschen Boulevardzeitungsmarkt, den publizistischen Profilen und den redaktionellen Strukturen finden sich im zweiten Kapitel (Boulevardpresse in Deutschland). Der Schwerpunkt der Betrachtung liegt dabei auf den ökonomischen Rahmenbedingungen und organisatorischen Infrastrukturen für die Wirtschaftsberichterstattung in den Boulevardblättern. Aufgrund der unbefriedigenden Forschungslage müssen einige Daten im Rahmen des zweiten Moduls selbst erhoben werden.

(2) Im Kern geht es bei diesem zweiten Modul um eine Kommunikatorstudie, bei der wir auf Basis der vorliegenden Befunde aus der Wirtschaftsjournalismus- und Kommunikatorforschung die verantwortlichen Print- und Onlineredakteure nach ihrem Rollenselbstverständnis, dem Stellenwert von Wirtschaft in der Redaktion, den redaktionellen Routinen und Quellen etc. befragen. Ergänzend werden zusätzliche Daten zur Redaktionsstruktur und Arbeitsorganisation erhoben. Die wesentlichen Ergebnisse sind im dritten Kapitel „Kommunikatoren und Strategien des Wirtschaftsjournalismus" nachzulesen.

(3) Der dritte Schritt der Untersuchung besteht in Inhaltsanalysen sowohl der Print- als auch der korrespondierenden Onlineangebote im Hinblick auf die Formen und Inhalte der Wirtschaftsberichterstattung. Analysiert werden Umfang, Themengewichtung, Präsentationsformen, der Umgang mit Quellen u. v. a. m. Das vierte Kapitel schließt mit einer ersten vergleichenden Crossmedia-Analyse.

Die wesentlichen Befunde der Teilstudien werden im Abschlusskapitel nochmals im Gesamtzusammenhang diskutiert und interpretiert.

2 Boulevardpresse in Deutschland

2.1 Charakteristika der Boulevardpresse

Für den Begriff „Boulevardzeitung" werden im alltäglichen wie im wissenschaftlichen Sprachgebrauch verschiedene Synonyme verwendet, z. B. „Kauf-" bzw. „Straßenverkaufszeitung", „Sensationspresse", „Massenpresse", „Markt-" und „Geschäftspresse" oder „populäre Presse" (vgl. Schirmer 2001: 8; Büscher 1996: 1). Der Ursprung des Begriffs liegt in der Art des Vertriebs, nämlich im Direktverkauf auf großstädtischen Einkaufsstraßen und Flaniermeilen (den Boulevards) der europäischen Metropolen des 19. Jahrhunderts.

In der Publizistikwissenschaft werden „Boulevardblätter" zeitungstypologisch als Hybridform aus sachorientierter Informations- und Nachrichtenpresse, kommerzieller Geschäftspresse und politischer Meinungspresse betrachtet. Neben den sprachlichen Stilmitteln des Boulevardjournalismus werden die gestalterischen Spezifika dieses Mischtyps herausgestellt. Frankenfeld (1969: 153; 155) schreibt hierzu im Handbuch der Publizistik:

> „In ihnen [den Boulevardblättern] kontrastiert die grellbunte Aufmachung und die aggressiv aufgemachte Nachrichtenredaktion sogar mit sachlich abgewogenen, meinungsbetonten und meinungsherausfordernden Kommentaren. […] Im Boulevardblatt sind also die Elemente verschiedener Typen vereint. Es ist ein Nachrichtenblatt besonderen Stils. Aber es vermag alle raffinierte Technik der Nachrichtenaufmachung und sogar mit durchaus kämpferischer Gesinnung in Kommentar und Artikel zu vermischen, wobei sowohl Wort wie Bild und Druck eine solche Gesinnungstendenz zum Ausdruck bringen. […] man verzichtet auf die sonstige allgemein übliche Ressortgliederung und bringt die Nachrichten aus allen Sparten im scheinbaren Durcheinander und doch auf Effekte gerichteten Zweck aus allen journalistischen Bereichen auf beliebigen Seiten hinzu."

Gut drei Jahrzehnte später definiert Raabe (2006: 26) die Boulevardpresse im Lexikon Kommunikations- und Medienwissenschaft etwas weniger (ab)wertend als

„einen Zeitungstyp, der in Aufmachung, Textteil und Gestaltung durch plakativen Stil, große Balkenüberschriften mit reißerischen Schlagzeilen, zahlreiche, oft großformatige Fotos sowie eine einfache, stark komprimierte Sprache gekennzeichnet ist, mit denen er Blickfang bzw. Kaufanreiz für potenzielle Leser sein will. Die Beiträge appellieren an Neugier und Sensationslust der Leser und zielen durch schockierende, dabei leicht konsumierbare Sex-and-Crime-Stories, vermeintliche Skandale, Promi-Dramen sowie unterhaltsame Kuriosa auf deren Emotionen."

Zudem sei nur eine begrenzte Gliederung nach Sparten erkennbar, wobei der Sportteil jedoch besonderes Gewicht habe.

Der Boulevard ist im publizistischen Kontext nicht eindeutig einzugrenzen. Vielmehr ist heute häufig von einer fortschreitenden Boulevardisierung massenmedialer Erzeugnisse die Rede (vgl. u. a. Krüger 1985; Esser 1999; Bird 2000) – Boulevard als umfassender, medienübergreifender Prozess. Kennzeichen der Boulevardisierung ist laut Esser (1999) eine Zunahme personalisierter, spekulativer, pessimistischer, emotionaler und skandalisierender Berichterstattung. Darüber hinaus gingen formale und stilistische Veränderungen wie kürzere Berichte, weniger Hintergrund, vermehrte illustrative Darstellung und ein lockerer Sprachstil mit der Boulevardisierung einher. Dulinski (2003) ergänzt eine zunehmende Einfachheit der Sprache sowie die stärkere Gewichtung von Bildern und optischen Elementen. Zusammenfassend beschreibt Donsbach (2005: 25) das Phänomen der Boulevardisierung als „eine zunehmende inhaltliche und stilistische Entpolitisierung [...] zugunsten unterhaltender Elemente in den Medien."

Sämtliche Definitionen der Boulevardisierung zielen dabei auf inhaltliche und stilistische Merkmale der Boulevardpresse (vgl. auch Lünenborg 2006). Und im Vergleich mit bestimmten regionalen und überregionalen Abonnementblättern treten viele der o. g. Merkmale tatsächlich als Merkmale von Boulevardzeitungen deutlich zu Tage. Gegenstand der Boulevardisierungsforschung sind aber nicht, wie man zunächst vermuten könnte, Boulevardmedien, sondern vornehmlich sogenannte Qualitätsmedien, denen eine Adaption diskursiver Strategien von Boulevardmedien vorgeworfen wird. Von diesen Qualitätsmedien wird die Boulevardpresse, in der Forschung wie im Alltag, häufig abgegrenzt. Laut Koschnicks populärer Definition besteht

der wesentliche Unterschied zwischen Tageszeitungen als reinen Nachrichtenmedien und Boulevardzeitungen [...] darin, dass Boulevardzeitungen nicht die sachliche Wiedergabe von Informationen in den Vordergrund stellen, sondern mit eher eingeschränkter Seriosität die Emotionen der Leser ansprechen. (Koschnick 2009)

Das Erscheinungsbild von Boulevardzeitungen sei durch plakative Schlagzeilen, große Fotos, auffällige Farben und eine allgemein sensationalistische Aufmachung gekennzeichnet. Sie befassten sich mit Themen, die ihre Leser aktuell beschäftigen und Emotionen ansprechen. Sachbezogene Informationen würden personalisiert. Schwerpunkte der Berichterstattung seien Prominente, Kriminalität und Sport.

Die empirischen Belege für diese Einschätzungen sind dünn, denn gemessen an der enormen Reichweite ist die wissenschaftliche Bearbeitung von Boulevardmedien geradezu unterentwickelt. Laut Saxer wird die Boulevardpresse in der Kommunikationswissenschaft „ignoriert oder zumindest vernachlässigt" (Saxer et al. 1979: 1). Sein Befund kann heute noch weitestgehende Gültigkeit beanspruchen. Zwar sind immer wieder vereinzelt Arbeiten entstanden, die sich aus unterschiedlichen Perspektiven mit dem Phänomen des Boulevardjournalismus beschäftigen – eine kohärente Forschung oder gar eine evolutionäre Forschungstradition ist bislang nicht zu erkennen. Vor allem Untersuchungen, die sich schwerpunktmäßig mit Wirtschaftsberichterstattung von Boulevardzeitungen beschäftigen, sind bislang kaum vorhanden.[5]

Verschiedenen Teilbereichen des Fachs entsprechend gibt es vereinzelt Arbeiten zu Rezeption und Wirkung sowie inhaltsanalytische Untersuchungen mit dem Schwerpunkt auf semantischen, sprachwissenschaftlichen und politisch-ideologischen Aspekten des Boulevardjournalismus. Auch das Verhältnis von unterhaltenden Inhalten und Politikberichterstattung wurde aus verschiedener Warte erörtert (vgl. exemplarisch Dörner 2001; Scholl et al. 2007; Saxer 2007). Die Kommunikatorforschung widmet sich Boulevardjournalisten kaum: In gängigen Studien, z. B. Schneider et al. (1993), Weischenberg et al. (2006) sowie Lünenborg/Berghofer (2010), werden Boulevardjournalisten nicht gesondert erhoben. In Meyen und Riesmeyers Befragung „Die Diktatur des Publikums. Journalisten in Deutschland" (2009) kommt der Boulevardjournalismus lediglich auf fünf Seiten vor, bezeichnenderweise im Unterkapitel „Berichte vom Rande des Feldes".

Aus der spärlichen Forschung zu Boulevardmedien ist besonders die Dissertation von Ulrike Dulinski hervorzuheben. Mit ihrer phänomenologischen Untersuchung des „Sensationsjournalismus in Deutschland" (Dulinski 2003) liefert sie sowohl ein diskursanalytisches Konzept von Sensationsberichterstattung, als auch

---

5 Für unsere Untersuchung der Wirtschaftsberichterstattung der Boulevardpresse greifen wir deshalb zum einen auf die Boulevardisierungsforschung (Inhaltsanalyse), zum anderen auf die wenigen Arbeiten zum Wirtschaftsjournalismus in der Presse sowie die vereinzelten Forschungen zur Boulevardpresse allgemein zurück.

eine umfangreiche Bibliographie wissenschaftlicher Literatur zu deutschen und internationalen Boulevardmedien.

2.2 Der Markt der Boulevardzeitungen

In Deutschland werden acht tagesaktuelle Boulevardzeitungen *(Abendzeitung, Berliner Kurier, BILD, B.Z., Express, Morgenpost Hamburg, Morgenpost Sachsen, tz)* mit zum Teil mehreren Regionalausgaben sowie zwei wöchentliche Boulevardtitel *(Bild am Sonntag, B.Z. am Sonntag)* vertrieben. Einzig *BILD* bzw. *Bild am Sonntag* können angesichts ihrer Bundesausgabe und einer Fülle von Regionalausgaben, die insgesamt zu einer flächendeckenden Verbreitung führen, als überregionale Zeitungen gelten. Die anderen Titel agieren hauptsächlich in lokalen oder regionalen Märkten. So sind die regionalen Boulevardzeitungen aus verschiedenen Städten keine direkten Konkurrenten.

Tabelle 1   Boulevardzeitungen in Deutschland mit Regionalausgaben

Titel	Regionalausgaben
Abendzeitung/ 8-Uhr-Blatt	München Nürnberg
BILD	Hamburg, Hannover, Bremen, Ruhr Ost, Ruhr West, Düsseldorf, Köln, Aachen, Münsterland, Ostwestfalen, Südwestfalen, Bergisches Land, Frankfurt am Main, Mainz-Wiesbaden, Saarland, Rhein-Neckar, Stuttgart, München, Nürnberg, Berlin - Brandenburg, Halle, Magdeburg, Thüringen, Leipzig, Dresden, Chemnitz
Express	Köln, Düsseldorf, Bonn
Morgenpost Sachsen	Dresden Chemnitz

Lediglich *BILD* ist mit 28 Regionalausgaben (inkl. zwei sog. City-Ausgaben) in vielen Lokal- und Regionalmärkten aktiv. In Berlin und München sind jeweils zwei weitere Boulevardblätter am Markt.

Tagesaktuelle Boulevardzeitungen erreichen in Deutschland eine verkaufte Auflage von gut 3,8 Millionen Exemplaren und erreichen damit täglich rund 14,3 Millionen Leser (vgl. BDZV 2011: 111). Mit 2,9 Millionen verkauften Exemplaren trägt *BILD* den größten Teil zur Gesamtauflage bei. Der *Express* kommt mit seinen Regionalausgaben noch auf gut 140 000 Exemplare (vgl. IVW 3/2011).

Tabelle 2 gibt einen Überblick über die Kennzahlen zum Vertrieb von Boulevardzeitungen in Deutschland.

Tabelle 2   Auflagen-, Verkaufs- und Reichweitenzahlen deutscher Boulevardzeitungen (Quellen: IVW 3/2011 und Media Analyse 2011 II)

Titel	Verkaufte Auflage Gesamt (Mo–Sa)	Einzelverkauf	Abonnement	Reichweite
BILD	**2 898 086**			12 130 000
		2 814 014	44 138	
Express/Sonntag-Express	**140 992**			670 000
		116 548	15 443	
B.Z./B.Z. am Sonntag	**164 525**			490 000
		124 768	20 476	
Berliner Kurier/ Berliner Kurier am Sonntag	**118 371**			330 000
		87 158	21 738	
tz	**138 567**			360 000
		93 071	34 460	
Abendzeitung)/8-Uhr-Blatt	**129 116**			240 000
		47 891	38 609	
Hamburger Morgenpost/ MOPO am Sonntag	**110 503**			370 000
		84 492	3 014	
Morgenpost für Sachsen	**97 333**			260 000
		63 968	26 374	

Fünf Zeitungsgruppen teilen den Markt unter sich auf. Die Axel Springer AG als Verleger von *BILD*, *Bild am Sonntag* und *B.Z./B.Z. am Sonntag* spielt dabei mit einem Anteil von 79,8 Prozent an der Gesamtauflage die dominierende Rolle (vgl. Röper 2010). Neben diesen Zeitungen der sog. „Roten Gruppe" gehören auch die überregionale Abonnementzeitung *Die Welt*, verschiedene Regionalzeitungen wie das *Hamburger Abendblatt* oder die *Berliner Morgenpost*, zahlreiche Special-Interest-Zeitschriften sowie mehrere Titel im Ausland wie z. B. die polnische Boulevardzeitung *FAKT* zum Portfolio des Verlages. Die Axel Springer AG hält zudem

Anteile an verschiedenen nationalen und internationalen Medienunternehmen, auch im Rundfunk- und Onlinesektor.

Die Verlagsgruppe M. DuMont Schauberg trägt mit *Express, Berliner Kurier* und der *Hamburger Morgenpost* gerade noch 8,5 Prozent zur bundesweiten Auflage der Boulevardzeitungen bei (vgl. Röper 2010: 222, 228). Neben den Boulevardtiteln ist der Verlag u. a. Eigentümer des *Kölner Stadtanzeigers*, der *Berliner Zeitung* sowie der *Mitteldeutschen Zeitung*. Darüber hinaus hält M. DuMont Schauberg die Mehrheit der Anteile an der *Frankfurter Rundschau* und ist an verschiedenen Anzeigenblättern, regionalen TV- und Hörfunksendern, Online-Portalen sowie an der israelischen Mediengruppe Ha'aretz beteiligt. Die Marktanteile des Verlags Die Abendzeitung, der Verlagsgruppe Ippen sowie der DD+V Mediengruppe liegen jeweils bei rund vier Prozent (vgl. Röper 2010: 222, 228). Andere Verlage, z. B. Gruner+Jahr, haben sich inzwischen weitgehend aus diesem Marktsegment zurückgezogen. Insgesamt kann der Markt der Boulevardzeitungen in Deutschland als hochkonzentriert betrachtet werden – besonders die große Marktmacht des Axel Springer Verlages ist dabei bemerkenswert und mit Blick auf die Pressevielfalt zumindest diskutabel. Angesichts allgemein schrumpfender Tageszeitungsmärkte sind zudem Marktzutritte derzeit nur schwer vorstellbar.

Bei den allgemein zu verzeichnenden Auflagenverlusten deutscher Tageszeitungen hat es die Boulevardtitel besonders hart getroffen. Gut ein Drittel (33,6 %) ihrer Gesamtauflage verloren sie zwischen 1995 und 2010. Abonnementzeitungen verzeichneten lediglich Auflagenrückgänge von rund einem Fünftel (20,1 %). Der Anzeigen-Auflagen-Spirale folgend fallen bei sinkenden Abnehmerzahlen auch die Werbeerlöse. Seit dem Höhepunkt im Jahr 2000 sanken die Werbeeinnahmen deutscher Tageszeitungen bis zum Jahr 2009 um 43,4 Prozent (vgl. Röper 2010: 218). Von kurzfristigen wirtschaftlichen Schwankungen sowie einer strukturellen ökonomischen Krise der Tageszeitungen ist der Boulevard folglich mindestens in dem Maße betroffen wie Abonnementzeitungen, zumal sie ihre Leser auch in konjunkturschwachen Zeiten jeden Tag neu vom Kauf überzeugen müssen. Aufgrund des boulevardspezifischen Vertriebsmodells liegen daher zwei zentrale Ziele von Kaufzeitungen auf der Hand: Sie müssen (1) die Aufmerksamkeit und das Interesse potenzieller Leser erregen, um sie spontan vom Kauf zu überzeugen („Leserfang") und (2) versuchen, Leser längerfristig an sich zu binden und eine breite Stammleserschaft aufzubauen („Leserbindung") (vgl. Büscher 1996: 5).

Zudem stellen Kaufzeitungen aufgrund ihrer vergleichsweise hohen Auflagen und entsprechenden Profitabilität häufig die „Cashcows" ihrer Verlage dar. Ihre Organisation unterliegt insofern insbesondere ökonomischen Effizienzkriterien.

Dulinski erkennt daher in den Strukturen von Boulevardzeitungen eine ausgeprägte „Dominanz des ökonomischen Imperativs" (Dulinski 2003: 193).

2.3   Das Publikum der Boulevardzeitungen

Bereits 1966 veröffentlicht der Axel Springer Verlag selbst unter dem etwas irreführenden Titel „Qualitative Analyse der *BILD-Zeitung*" die Ergebnisse einer an Methoden der Psychoanalyse orientierten Leserbefragung, durchgeführt von verschiedenen Marktforschungsinstituten. Laut dieser Studie suchten Leser in der *BILD* die emotionale Stimulation sowie die Befriedigung ihrer offensichtlichen Bedürfnisse nach Autorität und Ordnung (vgl. Axel Springer Verlag 1966: 175 ff.). Der Leser habe demnach ein „Verlangen nach einer geordneten [...] Welt" (ebd.: 185), die für ihn oft „unüberschaubar" und „bedrohlich" (ebd.: 189) sei.

Anfang der 1980er Jahre widmen sich Klingemann und Klingemann (1983) ebenfalls den Lesern, am Rande auch den Inhalten von *BILD*. In Interviews wurden *BILD*-Lesern (n = 454) und Nicht-*BILD*-Lesern (n = 598) folgende Fragen gestellt: „Gibt es etwas, was Ihnen an der *BILD-Zeitung* besonders gefällt?" und „Was gefällt Ihnen nicht so besonders an der *BILD-Zeitung*?" (Klingemann/Klingemann 1983: 245). Zusammenfassend halten die Autoren fest, dass Leser der *BILD* vor allem deren Übersichtlichkeit und Aktualität schätzen, die sensationalistische Aufmachung hingegen ablehnen und daraus eine geringe Glaubwürdigkeit ableiten. Besonders gelobt werde der Sportteil, verzichtbar seien hingegen Berichte über Prominente sowie zum Themenkomplex „Sex and Crime". Im Gegensatz zu Nicht-*BILD*-Lesern, die in der Untersuchung häufig zu pauschal ablehnenden Urteilen neigten, äußerten *BILD*-Leser meist differenziertere Urteile, wobei die positiven Argumente überwogen. Dazu passt auch, dass sie in ihrer Untersuchung keinen signifikanten Zusammenhang zwischen der politischen Ausrichtung der *BILD* und den politischen Präferenzen ihrer Leser feststellen können (vgl. Klingemann/Klingemann 1983).

Dulinski (2003) dokumentiert Auszüge aus einer Gruppendiskussion mit dem Mensa-Personal der Universität Mainz. Sie hebt dabei Information und Nutzwert als zentrale Anforderungen von Lesern an die *BILD* hervor. Sensationalistische Angebote würden

zu weiten Teilen eben auch aus einem Informations- und Orientierungsbedürfnis heraus, ‚moralisches Wissen' eigenständig zu hinterfragen und neu zu bilden sowie nützliche Informationen mit Servicecharakter in der Rolle als Konsument, aber auch als Bürger einer Demokratie zu erhalten, rezipiert. (Dulinski 2003: 396)

Die spezifischen Anforderungen von Boulevardzeitungslesern an ihr jeweiliges Blatt ergeben sich auch aus der soziodemographischen Struktur der Leserschaft. Populären Einschätzungen zufolge sind die Leser von Boulevardzeitungen insbesondere durch einen geringen Bildungsgrad und einen niedrigen sozialen Status gekennzeichnet. Dieser Befund wird von Daten der Media Analyse weitgehend bestätigt. Vor allem im Vergleich mit Lesern der *Süddeutschen Zeitung*, als der reichweitenstärksten überregionalen Abonnementzeitung, werden die Unterschiede bei diesen Merkmalen besonders deutlich. Gleichzeitig legen die Daten aber nahe, dass die Sozialstruktur der Kaufzeitungsleser der Gesamtbevölkerung nicht unähnlich ist – der durchschnittliche Leser von Boulevardzeitungen repräsentiert den „durchschnittlichen Deutschen" also eher als der durchschnittliche Leser der *Süddeutschen Zeitung*. Abbildung 2 zeigt die Soziodemographie von Kaufzeitungslesern: Sie sind eher männlich, am ehesten in der Altersgruppe von 40–49 Jahren und überwiegend berufstätig. Der Großteil hat einen Schulabschluss erworben und eine Berufsausbildung absolviert. Über das Abitur oder einen Hochschulabschluss verfügen nur wenige. Das hier grob skizzierte Profil stimmt damit – trotz einiger Abweichungen hinsichtlich Geschlecht und formaler Bildung – mit dem der Gesamtbevölkerung überein. Leser der *Süddeutschen Zeitung* weisen zwar eine ähnliche Altersstruktur wie das Kaufzeitungspublikum auf, sind aber formal deutlich höher gebildet. Leser mit abgeschlossenem Studium bilden mit Abstand die größte Teilmenge; auch das Geschlechterverhältnis ist ausgeglichener.

Die Kluft zwischen männlichen und weiblichen Lesern von Boulevardzeitungen hat in den vergangenen Jahren stark zugenommen. Im Jahr 2000 war das Geschlechterverhältnis bei Kaufzeitungslesern noch annähernd ausgeglichen. Gleichzeitig wird die Leserschaft von Boulevardzeitungen, ebenso wie die der Abonnementpresse, von Jahr zu Jahr älter (vgl. Arbeitsgemeinschaft Media Analyse 2000).

In Tabelle 3 sind die soziodemographischen Daten der Leserschaft aller acht deutschen Boulevardzeitungen einzeln aufgeschlüsselt. Bei *BILD* und *Express* ist die Leserschaft männlich dominiert, ansonsten ist das Geschlechterverhältnis recht ausgeglichen. Lediglich die *tz* wird von geringfügig mehr Frauen als Männern gelesen. Auch in der Altersstruktur ähneln sich die Leser aller Boulevardzeitungen. Der Großteil der Leser ist zwischen 30 und 49 Jahren alt, den geringsten Anteil an der Leserschaft machen – der demografischen Struktur der Gesamt-

Abbildung 2 Sozialstruktur der Gesamtbevölkerung in Deutschland, der Leser von Kaufzeitungen und der *Süddeutschen Zeitung* 2010 (Verteilung innerhalb der jeweiligen Gruppe in Prozent)

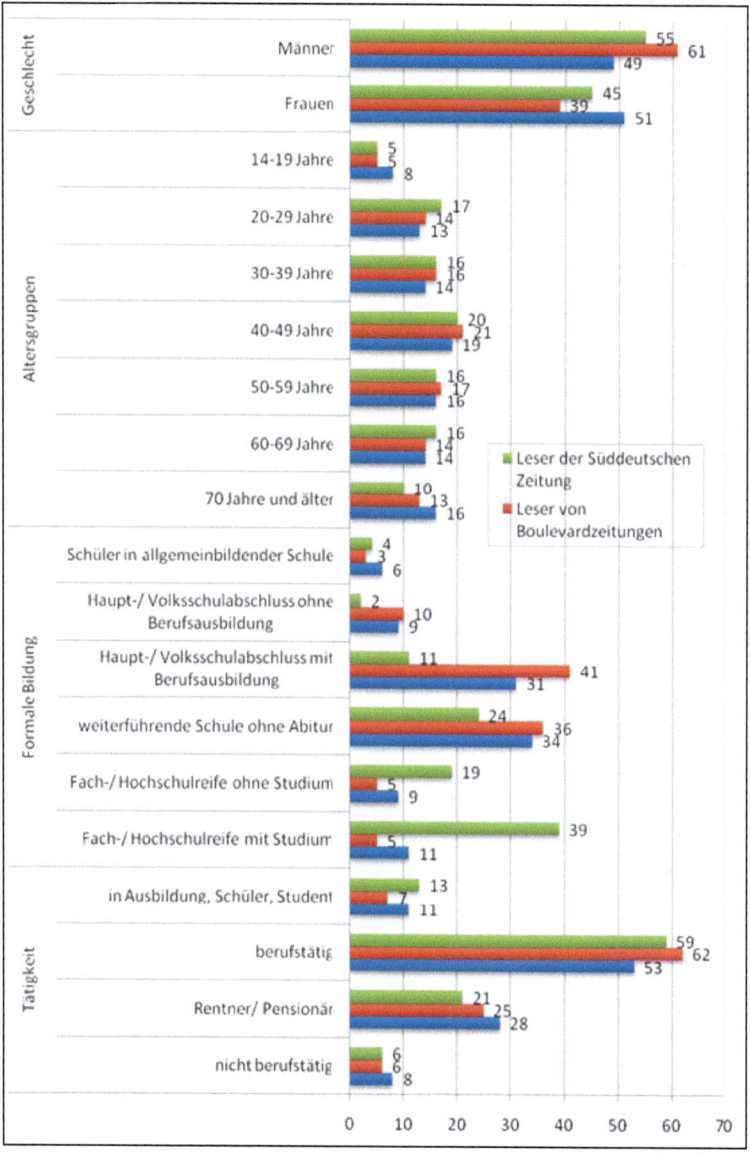

Tabelle 3 Soziodemographische Zusammensetzung der Leser von Boulevardzeitungen (in Prozent, gerundet; Quelle: Arbeitsgemeinschaft Media Analyse 2010)

Titel	Geschlecht		Altersgruppen				Formale Bildung						Tätigkeit			
	Männer	Frauen	14–29 Jahre	30–49 Jahre	50–69 Jahre	70 Jahre und älter	Schüler in allgemeinbildender Schule	Haupt-/Volksschulabschluss ohne Berufsausbildung	Haupt-/Volksschulabschluss mit Berufsausbildung	weiterführende Schule ohne Abitur	Fach-/Hochschulreife ohne Studium	Fach-/Hochschulreife mit Studium	in Ausbildung, Schüler, Student	berufstätig	Rentner/Pensionär	nicht berufstätig
Abendzeitung	51	49	15	35	36	14	1	6	37	36	12	8	5	58	28	9
Berliner Kurier	50	50	16	36	32	16	1	5	20	61	6	7	6	63	29	2
BILD	63	37	19	38	31	13	3	10	43	35	5	4	6	63	25	6
B.Z.	52	48	20	34	34	13	4	9	23	50	6	8	8	59	26	7
Express	62	38	21	40	30	8	4	11	37	30	11	6	9	63	20	8
Hamburger Morgenpost	57	43	24	45	23	8	5	6	23	38	13	17	10	69	16	5
Morgenpost für Sachsen	54	46	19	34	34	13	4	3	25	58	5	6	9	62	23	5
tz	49	51	19	34	27	19	3	8	40	32	8	10	7	56	30	6

bevölkerung entsprechend – die über 70-jährigen aus. Die *Hamburger Morgenpost* hat den mit Abstand größten Anteil junger Leser: Insgesamt sind 69 Prozent unter 49 Jahre alt, 24 Prozent sogar unter 29. Ein Großteil der Leser der *Abendzeitung* gehört dagegen zu älteren Kohorten. Im Umkehrschluss weist die Zeitung den geringsten Anteil junger Leser auf. Auch beim formalen Bildungsgrad der Leser stellt die *Hamburger Morgenpost* einen Sonderfall dar. Insgesamt haben 30 Prozent ihrer Leser die Fach-/Hochschulreife. Anders bei der *BILD* – hier verfügen nur insgesamt neun Prozent über diesen Schulabschluss. Der Großteil der *BILD*-Leser ist formal gering gebildet und verfügt über einen Haupt-/Volksschulabschluss, überwiegend mit abgeschlossener Berufsausbildung. Anders als vielfach vermutet, machen nicht berufstätige Leser nur einen äußerst geringen Teil der Gesamtleserschaft von Boulevardzeitungen aus. Bei der *Abendzeitung* und dem *Express* ist dieser Anteil am größten, obwohl zumindest die *Abendzeitung* in München, also einer Stadt mit vergleichsweise geringer Arbeitslosigkeit, vertrieben wird. Abgesehen von der *Hamburger Morgenpost*, die absolut überwiegend von Berufstätigen sowie Schülern, Studierenden und Auszubildenden und weniger von Rentnern und Erwerbslosen gelesen wird, sind die Anteile der Tätigkeiten bei den Boulevardzeitungen annähernd gleich verteilt.

Kommunikationswissenschaftliche Befragungen zur Nutzung von Wirtschaftsartikeln durch Boulevardzeitungsleser liegen nicht vor. Die Annahme, es bestehe ein eher geringes Interesse wird durch eine Befragung der AWA gestützt (vgl. Abb. 3). Während die Leser der *BILD*-Zeitung etwa ein ähnlich ausgeprägtes Interesse an wirtschaftlichen Themen aufweisen wie die deutsche Bevölkerung ab 14 Jahren insgesamt, sind Leser regionaler Kaufzeitungen an solchen Themen weniger interessiert als der Durchschnitt. Im Vergleich mit Lesern einer überregionalen Qualitätszeitung *(Süddeutsche Zeitung)* finden sich große Diskrepanzen.

Besser erforscht sind hingegen publizistische Angebote und die Nutzung des Internets in Deutschland: Im Jahr 2010 zählten bereits 48 Millionen, fast 70 Prozent der Deutschen ab 14 Jahren zu den regelmäßigen Internetnutzern (vgl. van Eimeren/Frees 2010: 335). Damit einhergehend investieren die Medienanbieter verstärkt in das Angebot ihrer Inhalte im WorldWideWeb. Seit 1995 sind sowohl regionale, als auch überregionale Zeitungen im Internet vertreten – das Angebot hat sich mittlerweile auf über 660 Online-Angebote von deutschen Zeitungen erweitert (vgl. Abb. 4). Auf dem Markt für Boulevardzeitungen kann der *Hamburger Morgenpost* eine Vorreiterrolle zugeschrieben werden, da sie seit Oktober 1995 als einer der Pioniere im Netz vertreten ist.

Sieben der acht deutschen Boulevardzeitungen verfügen über einen korrespondierenden Online-Auftritt; lediglich die *Morgenpost Sachsen* ist nicht vertre-

Abbildung 3   Leserinteresse an Wirtschaftsthemen und -fragestellungen (Angabe in Prozent; Quelle: AWA 2010, eigene Abfrage, Bevölkerung ab 14 Jahre.

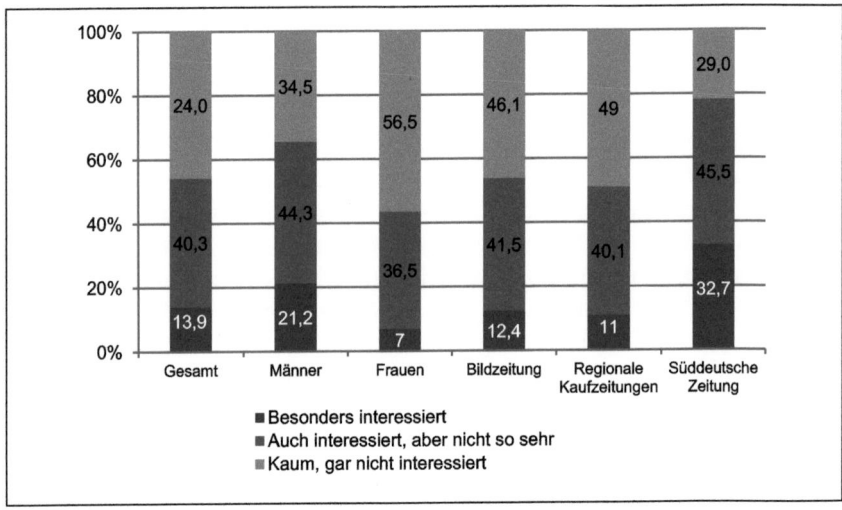

Abbildung 4   Zahl der Online-Angebote von Zeitungen in Deutschland

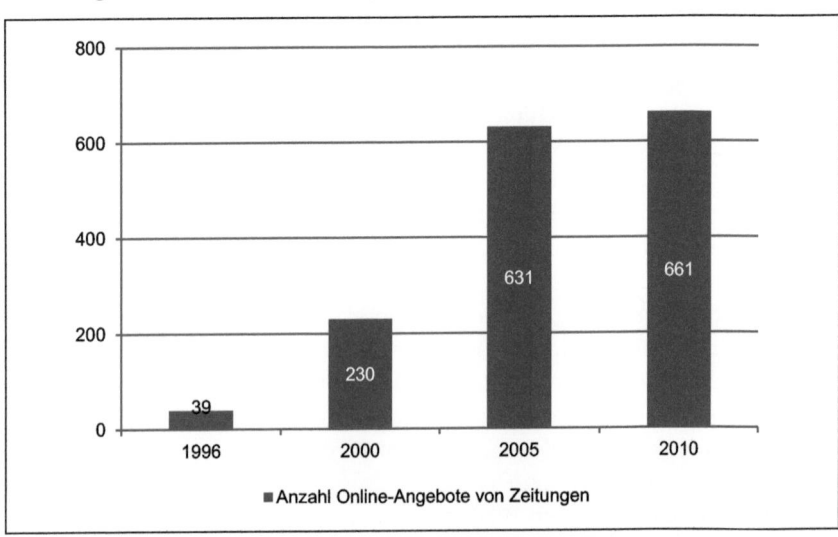

Quelle: BDVZ 2011: 505.

ten. Aus Nutzersicht (basierend auf den Zugriffszahlen der Online-Angebote von Boulevardzeitungen) führt wenig überraschend *Bild.de* mit großem Abstand sowohl im Hinblick auf die Seitenbesuche (Visits insgesamt[6]), als auch Seitenaufrufe (Page Impressions, PI). Neben den Daten der IVW (Informationsgemeinschaft zur Feststellung der Verbreitung von Werbeträgern e. V.) wurden die von der AGOF (Arbeitsgemeinschaft Online Forschung) ausgewiesenen „Unique User"[7] berücksichtigt (vgl. Tab. 4).

Tabelle 4   Zugriffszahlen der Online-Angebote von Boulevardzeitungen

Angebot	Visits Gesamt	Visits Inland (%)	PI gesamt	Kategorie Wirtschaft/PI	Unique User (AGOF)
Bild.de	160 445 522	85,77	2 300 781 101	41 749 048	12 430 000
Express.de	10 108 910	92,30	58 848 792	99 528	1 040 000
Hamburger Morgenpost Online	5 198 036	91,24	36 231 004	55 120	710 000
B.Z. Online	2 979 643	90,23	13 614 675	17 085	1 190 000
tz Online	3 743 569	86,90	36 175 260	125 341	790 000
Abendzeitung.de	1 767 766	99,42	11 727 750	40 087	630 000
Berliner Kurier Online*	n. a.	n. a.	5 710 000	n. a.	300 000

Quelle: IVW Daten: Oktober 2011, AGOF Angaben 2. Quartal 2011; * die IVW Zugriffszahlen werden für den *Berliner Kurier* nicht getrennt ausgewiesen. Das Portal ist Teil der BerlinOnline Stadtportal GmbH & CoKG., die PI gesamt wurden auf Anfrage ermittelt und beziehen sich auf März 2011.

Die monatlichen Zugriffszahlen (vgl. Tab. 4) bestätigen deutlich die hohe nutzerseitige Relevanz von *Bild.de*. Lediglich der *Kölner Express Online* weist Seitenbesuche im zweistelligen Millionenbereich auf. Alle anderen Angebote liegen um die

6   Seit November 2009 werden die von der IVW erhobenen Online-Nutzungsdaten nach der Messgröße Visits (Anzahl zusammenhängender Nutzungsvorgänge eines Angebots) ausgewiesen. Zusätzlich werden Zugriffszahlen nach der Herkunft (Inland/Ausland) aufgeschlüsselt (siehe zu diesen Neuerungen ausführlich: http://www.ivw.de/index.php? &menuid=0&reporeid=271#ueb erblick [14.04.2011].

7   Unique User bezeichnet die individuellen Nutzer eines Angebots im angegebenen Zeitraum. Jeder Nutzer wird im Untersuchungszeitraum nur einmal erhoben, unabhängig davon wie viele Seitenbesuche er durchführt.

vier Millionen Besuche bzw. darunter. Als Vergleich können die Seitenbesuche der überregionalen Qualitätszeitung *sueddeutsche.de* (33 816 427) und der regionalen Tageszeitung *Berliner Morgenpost* (5 861 434) herangezogen werden – diese Angaben zeigen, dass die Online-Auftritte der Boulevardzeitungen durchaus mit denen von regionalen *(Berliner Morgenpost)* bzw. überregionalen *(Süddeutsche Zeitung)* mithalten können und ihnen somit ebenso eine nutzerseitige Relevanz im Internet zugesprochen werden kann. Folgt man der Aufteilung von Visits und PI, stellt der *Express Online* nach *Bild.de* die Website mit den meisten Besuchen dar. Legt man jedoch die durch die AGOF erhobenen Unique User zugrunde, zeigt sich ein deutlich anderes Bild. Insbesondere die *Hamburger Morgenpost Online* würde auf einen deutlich hinteren (vorletzten) Rang verschoben. Aufgrund der hohen Bedeutung der IVW Datenausweisung, auch für die Mediaplanung, wird die Rangbildung jedoch aus diesen Zugriffszahlen abgeleitet.

2.4   Publizistische Portraits der deutschen Boulevardzeitungen

Im Folgenden werden alle acht Boulevardzeitungen historisch und strukturell charakterisiert; eine Übersicht über die Formate der Boulevardzeitungen und deren Verkaufspreise findet sich in Tabelle 5.

Tabelle 5   Boulevardzeitungen in Deutschland

Titel	Copypreis in Euro	Format	Sonntagsausgabe
Abendzeitung/8-Uhr-Blatt	0,60	Rheinisch	–
BILD	0,50 bis 0,70	Nordisch	+
B.Z.	0,70	Tabloid	+
Berliner Kurier	0,55	Halbrheinisch – Tabloid	+
Express	0,60	Berliner	+
Hamburger Morgenpost	0,60	Berliner – Tabloid	+
Morgenpost für Sachsen	0,50	Halbrheinisch – Tabloid	+
tz	0,60	Rheinisch	–

Abendzeitung (AZ)

Die *Abendzeitung* ist neben der Regionalausgabe der Bildzeitung sowie der *tz* die dritte Boulevardzeitung in München und liegt mit einer verkauften Auflage von etwa 129 116 (knapp) hinter der *tz*. Die *Abendzeitung* erscheint in zwei Regionalausgaben, jeweils für München und Nürnberg und kann damit zwei Ballungszentren in Bayern abdecken. Die Zeitung erscheint im Verlag Die Abendzeitung mit Sitz in München bzw. dem Verlag Die Abendzeitung/8-Uhr-Blatt für die Regionalausgabe in Nürnberg, die seit der Übernahme des *8-Uhr-Blattes* in den 1960er Jahren in enger Kooperation mit der Münchner *AZ* erstellt wird. Zu Beginn des Jahres 2010 wurde die Regionalausgabe Nürnberg vom fränkischen Telefonbuchverleger und Radio-Unternehmer Gunther Oschmann übernommen, wobei der Mantelteil der *AZ Nürnberg* weiterhin aus München zugeliefert wird, während der Lokalteil mit 20 Redakteuren in Nürnberg erstellt wird[8].

Gegründet wurde die *Abendzeitung* am 16. Juni 1948 von Werner Friedmann, zunächst mit einer Auflage von 25 000 Exemplaren. Damit stellt die *Abendzeitung* neben der *Hamburger Morgenpost* die einzige Kaufzeitung dar, die auf die Lizenzerteilung durch die westlichen Besatzungsmächte nach dem zweiten Weltkrieg zurückgeht und bis heute überlebt hat (vgl. Dulinski 2003: 165; Friedmann o. J.). Dabei wurde das Konzept einer Boulevardzeitung im heutigen Sinne bei ihrer Gründung nicht verfolgt; ihre Konzeption kann als „klarer und luftiger geordnete Abonnementzeitung" (Friedmann o. J.) charakterisiert werden.

Die *Abendzeitung* wird vom Ehepaar Friedmann herausgegeben, während Arno Makowsky seit 2008 den Posten des Chefredakteurs innehat. Seit dem Relaunch im Jahre 2008 verfolgt diese Zeitung ein Mischkonzept aus Boulevard- und seriöser Abo-Zeitung. Aufgrund wirtschaftlicher Schwierigkeiten hat die *Abendzeitung* 2009 eine Kooperation mit der *Süddeutschen Zeitung* vereinbart, die insbesondere auf die Nutzung von Dienstleistungen des Süddeutschen Verlages zielt und ein Hinweis auf die finanziellen Schwierigkeiten der Zeitung ist. Inwieweit die Kooperation inzwischen tatsächlich strukturell implementiert ist, ist jedoch fraglich (vgl. hierzu: Hübner 2010). In der Redaktion der *Abendzeitung* sind nach einem Stellenabbau im Jahr 2010 etwa 50 bis 60 von ehemals 90 Redakteuren beschäftigt (vgl. Hübner 2010.).

---

8   Siehe dazu http://www.kreiszeitung.de/nachrichten/wirtschaft-finanzen/nuernberger-abendzeitung-wechselt-besitzer-614968.html [07.04.2011].

Berliner Kurier

Der *Berliner Kurier* geht auf eine Umwandlung der *BZ am Abend* durch den Gruner+Jahr Verlag im Jahr 1990 zurück, insbesondere um Verwechslungen mit der West-Berliner *B.Z.*, zu vermeiden. Die *BZ am Abend* wurde seit 1949 durch die Berliner Verlag GmbH mit einer Startauflage von 200 000 herausgegeben. 1953 wurde der Verlag dem Zentralkomitee der SED unterstellt und nach dem Mauerfall von Gruner+Jahr und dem Verleger Robert Maxwell übernommen, dessen Anteil zwei Jahre später an Gruner+Jahr übertragen wurde. Mit der Umbenennung der *BZ am Abend* in *Berliner Kurier am Abend*, dem schließlich auch ein *Berliner Kurier am Morgen* und die Sonntagsausgabe *Sonntagspost* folgte, sollte eine neue Zeitung für ein gemeinsames Berlin entstehen. Diese drei Ausgaben wurden 1992 zum *Berliner Kurier* und einer Sonntagsausgabe fusioniert. Das heutige Format der Zeitung ist das Ergebnis einer Überarbeitung im Jahre 1996.

Nachdem ein Übernahmeversuch der Verlagsgruppe Holtzbrinck am Bundeskartellamt scheiterte, wurde der Berliner Verlag im Jahr 2005 schließlich an die BV Deutsche Zeitungsholding verkauft, die zur Mecom Group gehört. Diese wurde im Jahr 2009 durch die Kölner Mediengruppe DuMont Schauberg übernommen, der auch die *Berliner Zeitung* angehört. Mit einer Auflage von 118 371 Exemplaren wird der *Berliner Kurier* als auflagenstärkste Kaufzeitung im Osten Berlins charakterisiert. Die redaktionelle Ausrichtung des *Berliner Kuriers* beschreibt der Chefredakteur Hans-Peter Buschheuer selbst mit der Formulierung „Anwalt der Leser" sein zu wollen[9]. Eine Übersicht über die Größe und Struktur der Redaktion liegt nicht vor und auch ein verantwortlicher Redakteur für Wirtschaftsthemen wird nicht benannt.

BILD

Die vom Axel Springer Verlag herausgegebene *BILD* ist nicht nur die reichweitenstärkste, sondern die meistzitierte Tageszeitung Deutschlands (vgl. PMG Presse-Monitor 2011). Neben der Bundesausgabe erscheinen täglich von Montag bis Samstag 28 Regionalausgaben, die zusätzlich eine oder mehrere Seiten mit Lokal- und Regionalgeschichten enthalten. Bei entsprechender Nachrichtenlage kann ein regionaler Stoff auch als Titelthema auf Seite 1 der Regionalausgabe platziert werden. Neben dem Absatz im Einzelverkauf ist *BILD* seit 2004 in mehreren Großstädten im Abonnement erhältlich.

---

9   Siehe dazu das Video über den Berliner Kurier: http://tventy.de/tv/p/1/v/168/_/index.jsf [07.04.2011].

Nach den im Jahr der Unternehmensgründung 1946 erstmals erschienenen *Nordwestdeutschen Heften*, der *Hörzu* und des seit 1948 vertriebenen *Hamburger Abendblatts* kam 1952 mit der neugegründeten *BILD* die erste Boulevardzeitung ins Portfolio des Axel Springer Verlages (vgl. Axel Springer Verlag 2011b). 1956 startete auch die *BILD am Sonntag* bundesweit. Während und nach der Studentenbewegung wurde die „Springerpresse" insgesamt, vor allem aber *BILD*, immer wieder zur Projektionsfläche für Kritik aus dem linken oder liberalen politischen Spektrum. Intellektuelle warfen ihr politischen Kampagnenjournalismus und ethisches Fehlverhalten vor. Protagonisten der *BILD*-Kritik waren unter anderem Theodor W. Adorno, Günter Grass sowie Heinrich Böll. Nach dem Tod Benno Ohnesorgs und dem Attentat auf Rudi Dutschke riefen sie Autoren zum Boykott der Zeitung auf und forderten, die Marktmacht des Konzerns öffentlich zu diskutieren („Enteignet Springer!").

Im Anschluss daran formierte sich eine breite intellektuelle Kritik gegenüber *BILD*. In seinem später von Volker Schlöndorff verfilmten Roman „Die verlorene Ehre der Katharina Blum" (1974) zeichnet Heinrich Böll das Bild einer Zeitung, deren Produzenten ethische und moralische Grundsätze bei Recherche und Veröffentlichung mit Füßen treten. Der umstrittene Publizist Günter Wallraff, der für sein Buch „Der Aufmacher. „Der Mann, der bei *BILD* Hans Esser war" (1977) dreieinhalb Monate als Reporter bei *BILD* Hannover anheuerte, wirft der Zeitung vor allem massive Verletzungen des journalistischen Wahrheitsgebotes vor. Er bezeichnet *BILD* als „professionelle Fälscherwerkstatt" (Wallraff 1977: 194) und „Millionen-Lügenblatt" eines „Manipulationskonzern[s]", das „verhetzt, lügt und betrügt" (Wallraff 1983: 5 f.). Und obwohl Beobachter der Zeitung vor allem gegen Ende der 1990er Jahre eine Abkehr vom skrupellosen Boulevardjournalismus vergangener Jahrzehnte bescheinigen (vgl. Leyendecker 1999), hält die Kritik an *BILD* weiter an. Zuletzt wurde vor allem die Neutralität der Berichterstattung zur sog. „Plagiats-Affäre" um den ehemaligen Verteidigungsminister Karl-Theodor zu Guttenberg in Zweifel gestellt (vgl. hierzu: Bruck et al. 2011). Seit 2004 besteht ein eigenes Medienwatch-Blog, das vornehmlich die Berichterstattung der *BILD*-*Zeitung* kritisch begleitet.

Die publizistische Ausrichtung sämtlicher Medien des Verlages orientiert sich an den 1967 von Axel Cäsar Springer formulierten, 1990 angepassten und 2001 ergänzten Unternehmensgrundsätzen (vgl. Axel Springer Verlag 2011a):

1. Das unbedingte Eintreten für den freiheitlichen Rechtsstaat Deutschland als Mitglied der westlichen Staatengemeinschaft und die Förderung der Einigungsbemühungen der Völker Europas.

2. Das Herbeiführen einer Aussöhnung zwischen Juden und Deutschen, hierzu gehört auch die Unterstützung der Lebensrechte des israelischen Volkes.
3. Die Unterstützung des transatlantischen Bündnisses und die Solidarität in der freiheitlichen Wertegemeinschaft mit den Vereinigten Staaten von Amerika.
4. Die Ablehnung jeglicher Art von politischem Totalitarismus.
5. Die Verteidigung der freien sozialen Marktwirtschaft.

Zudem liegen der journalistischen Arbeit im Verlag seit 2003 Leitlinien zur journalistischen Unabhängigkeit zu Grunde. Besonders betont wird darin die redaktionelle Unabhängigkeit von Anzeigenkunden und sonstiger externer Einflussnahme. Das „Erfolgskonzept" speziell von *BILD* besteht laut einem Porträt der Zeitung auf der Webseite des Verlages aus den fünf Prinzipien: Information, Personalisierung, Unterhaltung, Visualisierung und Orientierung (vgl. Axel Springer Verlag 2011c).

B.Z.

Die *B.Z.*, nicht zu verwechseln mit der im Berliner Verlag erscheinenden *Berliner Zeitung*, ist die auflagen- und reichweitenstärkste Tageszeitung Berlins (vgl. IVW 3/2011). Sie erscheint täglich von Montag bis Samstag und sonntags als *B.Z. am Sonntag* in anderer Aufmachung, jedoch von derselben Redaktion produziert. Vertrieben wird das Blatt vom Verlag B.Z. Ullstein, dessen Anteile der Axel Springer Verlag zu 100 Prozent hält. Die Redaktionen der *B.Z.* und der anderen Springer-Zeitungen sind inzwischen räumlich getrennt. In Berlin konkurriert das Blatt direkt mit der Regionalausgabe der *BILD* sowie mit dem *Berliner Kurier*, wobei die *B.Z.* allerdings vornehmlich im Westen, der *Kurier* überwiegend im Osten der Stadt gelesen wird.

Erstmals erschienen im Oktober 1904 als *B.Z. am Mittag* kann die *B.Z.* als älteste Boulevardzeitung Deutschlands gelten. Ursprünglich war sie als moderne dritte Ausgabe der seit 1877 morgens und abends erscheinenden *Berliner Zeitung* konzipiert, ersetzte diese jedoch nach kurzer Zeit vollständig. Schon früh baute sich die *B.Z.* ein Netzwerk mit eigenen Korrespondenten auf und schlug damit alle bekannten Schnelligkeitsrekorde der gedruckten Presse. So druckte sie bereits eine Stunde nach dem Zeppelinabsturz vom 17. Oktober 1913 in Johannisthal einen umfangreichen Nachrichtenbericht zu dem Unglück und war die erste Zeitung weltweit, welche die Abdankung des Kaisers vermeldete (vgl. Dulinski 2003).

Dulinski (2003) beschreibt die *B.Z.* in ihrer Anfangszeit als eine Mischung aus Generalanzeiger und Sensationszeitung: „Einerseits war sie ein niveauvolles, modernes Nachrichtenblatt, andererseits enthielt sie einige Ingredienzien einer zweifelsohne noch in den Kinderschuhen steckenden Boulevardzeitung" (Dulinski 2003: 143) – Unfälle, Verbrechen, Skandale. Die *B.Z. am Mittag* sei damals der Prototyp einer Übergangsphase gewesen, die in der Nachkriegszeit in „eine Phase der echten Boulevardisierung und Sensationalisierung [...] mündete" (Dulinski 2003: s. o.).

Express
Der *Express* erscheint seit seiner Gründung 1964 in drei Regionalausgaben als *Express Köln/Bonn*, *Express Düsseldorf* und *Express Bonn* und seit 1973 auch als *Sonntag-Express* im Verlag M. DuMont Schauberg. Das Blatt war ursprünglich eine Reaktion auf Pläne des Axel Springer Verlages, eine regionale Boulevardzeitung in Nordrhein-Westfalen auf den Markt zu bringen, die jedoch letztlich nie realisiert wurden (vgl. Berger 2004). Der Versuch, die Zeitung nach der Wiedervereinigung auch im Osten Deutschlands zu etablieren, scheiterte – 1995 wurde der *Mitteldeutsche Express* eingestellt (vgl. Berliner Zeitung 1995).

Die Mantelredaktion des *Express* sowie die Kölner Lokalredaktion sitzen im Verlagshaus in Köln, die weiteren Lokalredaktionen jeweils in Düsseldorf und Bonn. Als einzige regionale Boulevardzeitung in Nordrhein-Westfalen konkurriert der *Express* direkt lediglich mit den Regionalausgaben der *BILD*. Herausgegeben wird das Blatt seit der Gründung von Alfred Neven DuMont; seit 2003 ist Rudolf Kreitz Chefredakteur des *Express*. Nach eigenen Angaben setzt er inhaltlich auf eine Mischung aus Lokalem, Unterhaltung und Verbrauchertipps. Seine beiden Stellvertreter, Berndt Thiel und Uwe Hoffmann, sind seit 2001 bzw. 2007 in ihren Ämtern.

Hamburger Morgenpost
Die *Hamburger Morgenpost* wurde im Jahr 1949 durch die Hamburger SPD gegründet und konnte eine Startauflage von 6000 Exemplaren vorweisen. Auch wenn die Zeitung ihre Auflage deutlich steigern konnte, wurde sie aus ökonomischen Gründen Mitte der 1970er Jahre von der SPD verkauft. Daran schlossen sich verschiedene Besitzerwechsel an. Ende der 1980er Jahre wurde die Zeitung von dem Verlag Gruner+Jahr übernommen. Im Zuge dieser Übernahme wurde auch versucht, einen Bremer Lokalteil zu etablieren, was jedoch nicht gelang. Gleichzeitig wurde der spätere Bundesminister Wolfgang Clement als Chefredakteur eingestellt, ohne dass dies den erwünschten Erfolg der Zeitung zur Folge gehabt hätte. Nach weiteren Chefredaktionswechseln (z. B. auch Mathias Döpfner) wurde die Zeitung wiederum zehn Jahre später (1999) an die Medienunternehmer Frank Otto und Hans Barlach veräußert. Nachdem die Zeitung eine Zeit in der Hand des

britischen Investors Montgomery lag gehörte sie seit Januar 2006 schließlich zur BV Deutsche Verlagsholding, die heute zum Medienverlag DuMont Schauberg zählt. Der Chefredakteur ist seit Februar 2008 Frank Niggemeier. Für das Ressort Politik, Wirtschaft und Nachrichten werden Joachim Ortmann sowie sein Stellvertreter Dirk J. Andresen genannt.

Die *Hamburger Morgenpost* wird seit 1986 im Tabloid Format erstellt und erreicht eine Auflage von 110 503 verkauften Exemplaren. Daneben erscheint seit 2006 weiterhin die *Morgenpost am Sonntag* als Wochenendausgabe. Als besondere redaktionelle Ausrichtung wird ein umfangreicher Sportteil hervorgehoben.

Morgenpost Sachsen

Die *Morgenpost Sachsen* stellt die Boulevardzeitung mit den niedrigsten Auflagenzahlen (knapp unter 100 000 verkaufte Exemplare) dar. Sie erscheint mit einer Regionalausgabe in Dresden und Chemnitz, wobei die Ausgabe Dresden eine über doppelt so hohe Auflage aufweist. Neben den beiden Regionalausgaben erscheint eine *Morgenpost am Sonntag*. Die ersten Ausgaben der *Morgenpost Sachsen* erschienen nach der Wiedervereinigung im Jahr 1990, so dass die Zeitung die jüngste Boulevardzeitung in Deutschland ist. Die Zeitung gehört zu der Dresdner Druck- und Verlagshaus GmbH & Co. KG (bzw. DD+V Mediengruppe) an der Gruner+Jahr mit einer Mehrheit (60 %) beteiligt ist. In Dresden ist die *Morgenpost* Marktführer im Segment der Kaufzeitungen. Publizistisch wird die regionale Verwurzelung der Zeitung als besondere Stärke genannt, die eine hohe Leserbindung einschließt – gleichzeitig bezieht die *Morgenpost Sachsen* ihren Mantelteil vom *Berliner Kurier*, so dass sie beispielsweise bei der Übersicht zur Presse in Deutschland nicht als redaktionelle Einheit gezählt wurde (vgl. Pürer/Raabe 2007: 413). Seit 1999 ist Peter Rzepus Chefredakteur der Morgenpost Sachsen.

tz

Die *tz* des Verlagshauses Ippen ist die reichweitenstärkste Boulevardzeitung Münchens. Im Zeitungsmarkt der bayerischen Landeshauptstadt konkurriert sie direkt mit *Abendzeitung* und *BILD*, die in München sowohl als Regionalausgabe als auch seit 2009 in abgespeckter Form als *BILD CITY* erscheint. Bei der verkauften Auflage im Stadtgebiet liegt sie auf dem vierten Rang, deutlich hinter der *Süddeutschen Zeitung*, knapp hinter der Abendzeitung und weit vor der *BILD* (vgl. IVW 3/2011). Erscheinungsweise der *tz* ist täglich von Montag bis Samstag. Als einzige Kaufzeitung in Deutschland erreicht die *tz* mehr weibliche als männliche Leser (vgl. Arbeitsgemeinschaft Media Analyse 2010).

2.5 Publizistische Portraits der Online-Angebote von Boulevardzeitungen

Die Online-Angebote von Boulevardzeitungen wurden von Inhalts- und Strukturanalysen im Kontext des Onlinejournalismus überwiegend ausgeblendet. Eine Analyse der Wirtschaftsberichterstattung im Internet liegt mit der Studie von Beck, Dogruel und Reineck (2009) vor, die jedoch überwiegend Internetangebote von Qualitätsmedien berücksichtigte. Hinweise für die Gestaltung der Online-Angebote von Boulevardzeitungen lassen sich aus einer Studie zu Crossmedia-Strategien österreichischer Zeitungen ableiten (vgl. Stark/Kraus 2008). Dabei untersuchen die Autoren unter anderem inhaltsanalytisch die Zeitungen und korrespondierenden Internetangebote. Aus dieser Betrachtung leiten sie ab, dass vor allem die Onlineberichterstattung von Boulevardzeitungen sich von den klassischen Ressortbezeichnungen aus dem Printbereich löst und insgesamt stärker auf Lifestyle- und Special-Interest-Themen (z. B. Multimedia, Auto) setzt (vgl. ebd.: 310). Dies betrifft schließlich auch die Politik- und Wirtschaftsberichterstattung: So zeigt ein Vergleich der Themen der Kronenzeitung, dem überregionalen Boulevardblatt in Österreich, dass in der Zeitung noch immerhin zehn Prozent Wirtschaftsthemen behandelt werden, während es auf dem Internetangebot nur noch ein Prozent sind.

Die Charakterisierung der Online-Angebote der Boulevardzeitungen gestaltet sich schwierig, da kaum Informationen zur Entstehung, Ausstattung oder Struktur (z. B. Anbindung an das jeweilige „Muttermedium") verfügbar sind. Im Impressum werden häufig die Anschriften und Ansprechpartner der jeweiligen Boulevardzeitungen benannt – meist ist keine Person als verantwortlicher Redakteur für den Online-Bereich ausgewiesen. Aus diesem Grund haben wir im Vorfeld von Inhaltsanalyse und Kommunikatorbefragung eine eigene Erhebung der Boulevardzeitungsangebote im WWW durchgeführt. Nachfolgend werden die einzelnen Online-Angebote der Boulevardzeitungen kurz beschrieben und insbesondere die Ressortierung von Wirtschaftsthemen in die Rubrikenlogik der Internetangebote analysiert.

Abendzeitung (www.abendzeitung.de)
Die *Abendzeitung* verfügt nicht über eine erkennbar eigenständige Online-Redaktion – das Online-Angebot ist Teil des Verlags Die Abendzeitung. Als leitender Redakteur für den Online-Bereich wird Dr. Stephan Kabosch genannt. Ebenso wie der lokale Wettbewerber *tz* ging die Website der *Abendzeitung* in den Jahren 1999/2000 online.

Das Internetangebot der *Abendzeitung* stellt dem Nutzer elf übergeordnete Rubriken zur Wahl: Aktuell, München, Nürnberg, Sport, Promis, Ausgehen, Themenwelten, Bilder, Video, Spiele sowie Chat, und weist damit eine starke Ausrichtung auf Unterhaltungs- und Servicethemen auf. Wirtschaftsberichterstattung findet neben sieben anderen Themen in der Rubrik „Aktuell" statt, zusammengefasst in der Unterkategorie „Geld". Wirtschaft- bzw. finanzbezogene Ratgeberthemen werden unter der Rubrik „Themenwelten" in der Kategorie „Recht & Steuern" behandelt.

Berliner Kurier (www.berliner-kurier.de)
Auch der *Berliner Kurier* benennt keine verantwortliche Online-Redaktion. Im Impressum des Online-Auftritts werden lediglich verantwortliche Redakteure des Print-Produktes benannt.

Das Webangebot des *Berliner Kuriers*, das im Mai 1996 online ging, bietet sechs Inhaltsrubriken an: Politik, Berlin, Sport, Nachrichten, Ratgeber und Anzeigen. Eine eigene (Unter-)Kategorie zu Wirtschafts- und Finanzthemen gibt es nicht. Der *Berliner Kurier* bietet auch keine weiteren Unterteilungen seiner Rubriken an. Wirtschaftsthemen sind vor diesem Hintergrund schwer zu identifizieren – sowohl in der Rubrik „Aktuelles", als auch in „Ratgeber" tauchen vereinzelt Wirtschafts- bzw. Finanzthemen auf.

Bild.de (www.bild.de)
Das Internetangebot der *BILD-Zeitung* wurde im Juni 1996 mit zunächst vier Mitarbeitern gegründet. Nach einer Umfirmierung in *Bild.T-Online* im Jahr 2002 durch ein Joint Venture der Axel Springer AG und der Deutschen Telekom ist es seit 2008 in der Hand der BILD digital GmbH & Co.KG mit dem Redaktionssitz in Berlin. Als einziges Online-Angebot der Boulevardzeitungen kann es auf eine vergleichsweise große Online-Redaktion zurückgreifen, was sicher auch darauf zurückzuführen ist, dass *Bild.de* das reichweitenstärkste redaktionelle Angebot in Deutschland ist und sich somit noch vor *Spiegel Online* (137 912 985 Visits im selben Zeitraum) positioniert.

Das Internetangebot von *Bild.de* umfasst elf Ressorts, die überwiegend einen Unterhaltungs- bzw. Servicecharakter aufweisen: News, Politik, Geld, Unterhaltung, Sport, Lifestyle, Ratgeber, Reise, Auto, Digital, Spiele und Regional. Wirtschaftsthemen sind dem Ressort „Geld" zugeordnet. Dieses Ressort umfasst wiederum sechs Untergruppen: Wirtschaft, Börse, Sparen, Versicherungen, Immobilien und Vergleichen & Sparen (einschließlich Werbeinhalte) und zeichnet sich durch einen Schwerpunkt auf Ratgeberbeiträge aus.

B.Z. Online (www.bz-berlin.de)
Die Website *bz-berlin.de* ist seit November 1996 online abrufbar. Im Impressum der gedruckten Zeitung wird Oliver Stüber als Verantwortlicher Redakteur benannt, der einer mehrköpfigen Online-Redaktion vorsteht. Räumlich sind die Onliner nicht von der Print-Redaktion getrennt, bespielen aber ausschließlich die Webseite (vgl. Frieler 2011: 38). Das Webangebot der *B.Z.* umfasst zehn Inhaltsrubriken: Aktuell, Sport, Leute, Kultur, Tatort Berlin, Liebe & Erotik, Spiele, Ratgeber, Service sowie Bezirk, legt also gleich mit zwei Rubriken („Tatort Berlin" sowie „Bezirk") einen Schwerpunkt auf regionale bzw. lokale Themen. Klassische Ressortaufteilungen finden sich bei *B.Z. Online* dagegen nicht. Nachrichten werden in der Rubrik „Aktuelles" untergebracht – jeweils eingeordnet nach ihrem räumlichen Bezug (Berlin, Deutschland, Welt). Wirtschaftsthemen sind deshalb schwer zu identifizieren. Weiterhin findet sich in der Ratgeber-Rubrik die Kategorie „Finanzen", die eine der 13 Unterkategorien darstellt.

Express.de (www.express.de)
Seit März 1996 ist der *Express* im WorldWideWeb vertreten. Das Online-Angebot von *Express.de* bietet acht Rubriken: News, Ratgeber, Sport, Regional, Girls, Spiele, Videos und Forum und weist damit einen Fokus auf Unterhaltungs- und Ratgeberangebote auf. Wirtschaftsthemen werden in der Rubrik „News" behandelt, die sich in die Unterkategorien Panorama, Promi & Show, Politik & Wirtschaft, Börse und X-Scouts (Trends) untergliedert. Die gemeinsame Rubrik von Politik und Wirtschaft erschwert wiederum die Abgrenzung von Wirtschafthemen. Daneben finden Börsennachrichten in der Rubrik „Börse" Platz, und weitere Beiträge zu Finanzthemen werden in der Kategorie „Ratgeber" unter der Rubrik „Geld" behandelt.

Hamburger Morgenpost Online (www.mopo.de)
Die *Hamburger Morgenpost* ist seit September 1995 als eine der ersten Zeitungen und als erste deutsche Boulevardzeitung im Internet vertreten. Eine eigene Online-Redaktion ist den Angaben der Seite nicht zu entnehmen. Sie ist als MOPO Online GmbH registriert – neben drei Geschäftsführern werden jedoch keine zuständigen Online-Redakteure benannt, so dass unklar bleibt, ob die Morgenpost über eine eigene Redaktion verfügt.
Die Website der *Hamburger Morgenpost* weist einen starken Fokus auf Unterhaltungs- und Ratgeberangebote auf. Als übergeordnete Inhaltsrubriken werden sieben Kategorien genannt: Hamburg, Regional, Sport, News, Ratgeber, Girls und Spiele. Wirtschaftsthemen werden insbesondere in der Rubrik „News" behandelt,

die als Unterkategorien neben Panorama, Promi & Show die Kategorie Politik & Wirtschaft enthält. Diese gemeinsame Darstellung mit Politikthemen erschwert die Identifikation von Wirtschaftsberichterstattung im Online-Angebot. Darüber hinaus enthält das Ratgeberressort eine Unterkategorie „Geld", in der service-orientierte Berichterstattung zu Finanz- und Verbraucherthemen angeboten wird.

tz (www.tz-online.de)
Die *tz* startete ihr Online-Angebot 1999/2000; derzeit weist es sieben Inhaltsrubriken auf: Aktuelles, Sport, Video, Treff, Freizeit, Service sowie Anzeigen. Ebenso kann der Nutzer Informationen nach ihrem räumlichen Bezug abrufen. Wirtschaftthemen werden in der Rubrik „Aktuelles" neben 13 weiteren Themen als eigene Kategorie behandelt. Finanzinformationen bzw. eine Ratgeber-Kategorie zu Finanzthemen werden nicht angeboten – stellenweise finden sich Finanztipps, jedoch als Anzeigeninhalte in der Kategorie „Verbrauchertipps", die der Rubrik „Anzeigen" unterstellt ist.

Tabelle 6   Strukturanalyse der Internetangebote

Angebot	Rubrik mit Wirtschafts-berichterstattung	Artikel dieser Kategorie auf Seite 1	Ratgeberbeiträge zu Wirtschafts-/Finanzthemen
Hamburger Morgenpost	News Politik & Wirtschaft	20	Ratgeber → Geld
Bild.de	Geld → Wirtschaft	15	Geld → Börse, Sparen, Versicherungen
Express.de	News → Politik & Wirtschaft	29	Ratgeber → Geld
BZ Online	–		Ratgeber → Finanzen
TZ Online	Aktuelles → Wirtschaft	19	Anzeigen → Verbrauchertipps
Berliner Kurier Online	–		–
Abendzeitung Online	Aktuell → Geld	21	Themenwelten → Recht & Steuern

2.6 Die redaktionellen Strukturen

Die Bestimmung der redaktionellen Strukturen des Wirtschaftsjournalismus steht vor zwei Problemen: Zum einen handelt es sich letztlich um wettbewerbsrelevante, redaktions- bzw. unternehmensinterne Daten, die nicht leicht zugänglich sind. Hinzu kommt, dass es sich im Falle des Wirtschaftsjournalismus um ein in der Redaktions- und Kommunikatorforschung bisher stark vernachlässigtes Feld handelt (vgl. Spachmann 2005: 202) und die Ressort- und Funktionsabgrenzungen weniger deutlich sind als beim Politik- oder Sportressort. Geht man vom journalistischen Produkt aus, ist eine Abgrenzung anhand organisatorischer Merkmale der Medienorganisation nicht eindeutig, da Wirtschaft als „Querschnittsthema" in alle Ressorts diffundiert (vgl. Mast 2003: 152). Wirtschaftsberichterstattung wird folglich nicht ausschließlich von Redakteuren im Wirtschaftsressort gemacht, sondern kann beispielsweise genauso von einem Politikredakteur, einem Lokalredakteur oder einem Feuilletonisten gemacht sein. Zudem ist die Ressorteinteilung je nach Medium unterschiedlich gestaltet. Insgesamt lässt sich ein Trend zur Auflösung traditioneller Ressortstrukturen zugunsten übergeordneter Organisationseinheiten feststellen (vgl. Spachmann 2005: 285). Dabei werden traditionell getrennte Ressorts teilweise zusammengefasst (z. B. zu einem übergeordneten Ressort Politik/Wirtschaft) oder zugunsten von Newsdesk-Systemen und themenorientierten Recherche-Teams aufgelöst (vgl. Spachmann 2005: 313 f.). Diese Entwicklung erschwert eine eindeutige Identifikation der Wirtschaftsjournalisten.

Bereits die Frage „Wer ist Wirtschaftsjournalist?" ist also schwierig zu beantworten. Im Jahr 2005 machen Journalisten im Wirtschaftsressort insgesamt ca. sechs Prozent der deutschen Journalisten aus (vgl. Weischenberg et al. 2006: 43), in absolute Zahlen umgerechnet ergibt das 2 880 hauptberufliche Wirtschaftsjournalisten. Berücksichtigt man allerdings eine Mehrfachnennung von Ressorts, verdoppelt sich die Anzahl der Wirtschaftsjournalisten auf zwölf Prozent bzw. 5 760 Journalisten (vgl. ebd.: 42). Der größte Teil der hauptberuflichen Wirtschaftsjournalisten arbeitet bei Nachrichtenagenturen (15 %); Onlinemedien (12 %), für Zeitschriften (8 %) oder beim Fernsehen (6 %). Bei Zeitungen sind vier Prozent der festangestellten Wirtschaftsjournalisten beschäftigt. Die wenigsten arbeiten bei Anzeigenblättern oder im Hörfunk (jeweils 1 %) (vgl. Weischenberg et al. 2006: 259).[10] Die aktuellsten Hinweise zur Zahl von Wirtschaftsredakteuren

---

10 Da die Untersuchung sich primär mit der Gesamtheit der Journalisten in Deutschland beschäftigt, sind die Ergebnisse der Journalismus in Deutschland Studien aufgrund der geringen Fallzahlen für einzelne Ressorts jedoch nur eingeschränkt aussagekräftig.

in Deutschland liefert, allerdings ohne Anspruch auf Vollständigkeit, das Kroll Taschenbuch Wirtschaftspresse 2011/2012, in dem „rund 1 600 Wirtschaftsjournalisten" verzeichnet sind (Kroll 2011).

Vereinzelt liegen soziodemographische Befunde zu Wirtschaftsjournalisten vor: Mit 37 Prozent entspricht der Anteil der Frauen dem Gesamtanteil dieser im deutschen Journalismus (vgl. Weischenberg et al. 2006: 48). Spachmann ermittelt für regionale Tageszeitungen einen ähnlichen Frauenanteil im Wirtschaftsjournalismus von 37,5 Prozent, wobei der Frauenanteil mit steigender hierarchischer Position (wie in anderen Bereichen des Journalismus) stark abnimmt: Auf Ebene der Ressortverantwortlichen ist bei den regionalen Tageszeitungen nur jede zehnte Stelle durch eine Frau besetzt (vgl. Spachmann 2005: 282). Wirtschaftsressortleiter bei regionalen Tageszeitungen sind im Durchschnitt 46 Jahre alt, Redakteure ca. 39 Jahre. Bei vielen Redakteuren erfolgt der Berufseinstieg in den Wirtschaftsjournalismus im Verhältnis zum Alter recht spät, so dass vermutet werden kann, dass sie vorher in anderen Themenbereichen journalistisch tätig waren oder es sich um Quereinsteiger in den Beruf handelt (vgl. ebd.). Spezielle Daten für die Wirtschaftsjournalisten bei Boulevardblättern liegen nicht vor.

In der älteren Fachliteratur wurden fehlende wirtschaftliche Qualifikationen und mangelnde journalistische Kompetenzen von Wirtschaftsredakteuren mit der Folge eines PR-gesteuerten Verlautbarungsjournalismus kritisiert (vgl. Köcher 1990: 278–280; Spachmann 2005: 206; Hagen 2005). 2004 verfügten 82 Prozent der Wirtschaftsredakteure über einen Hochschulabschluss, 38 Prozent über einen wirtschaftswissenschaftlichen (vgl. Weischenberg et al. 2006: 68; Heinrich/Moss 2006: 24).

Bezogen auf regionale Tageszeitungen stellt Spachmann (2005: 282–284) einen Akademikeranteil von 96,6 Prozent unter den Wirtschaftsredakteuren und 88,1 Prozent unter den Ressortleitern regionaler Tageszeitungen fest; der Anteil mit einer fachspezifischen Ausbildung liegt demnach bei 55,9 Prozent der Ressortverantwortlichen und bei 46,9 Prozent unter den Redakteuren. Vier Fünftel der befragten Wirtschaftsredakteure geben an, eine Hospitanz oder Praktikum gemacht zu haben, 60 Prozent haben ein Volontariat absolviert, 21 Prozent eine Journalistenschule besucht, jeweils 13 Prozent haben Journalistik und Publizistik- und Kommunikationswissenschaft studiert.

Die personelle Ausstattung der Wirtschaftsredaktionen steht in Zusammenhang mit der Auflagenhöhe der Zeitung, im Durchschnitt liegt sie bei drei Redakteuren und drei festen Mitarbeitern. Während Zeitungen mit einer Auflage von über 250 000 über vier festangestellte Wirtschaftsredakteure haben, sind es bei Zeitungen unter 25 000 nur ein bis zwei Redakteure (vgl. Heinrich/Moos 2006: 24 ff.). Bei knapp der Hälfte der Zeitungen übernahm die Wirtschaftsredaktion auch die Online-Produktion für Wirtschaft und griff dabei überwiegend auf Agenturmaterial zurück (vgl. Heinrich/Moss 2006: 32). Sofern das Wirtschaftsressort über entsprechende Mitarbeiter verfügt, ist eine Differenzierung innerhalb der Ressorts möglich, die beispielsweise Teilbereiche wie Börsen-, Finanz- oder Wirtschaftspolitik als Themen unterscheidet – zudem erfordern Überschneidungen mit anderen Ressorts (z. B. Politik) einen ressortübergreifenden Informationsaustausch (vgl. Mast/Spachmann 2005: 61 f.).

Wie der gesamte Forschungsstand zur Boulevardpresse sind auch die Befunde zu Boulevardjournalisten als Kommunikatoren äußerst dürftig. Dulinski merkt hierzu an, dass es nicht klar sei, ob es von wissenschaftlicher Seite erfolglose Versuche gegeben habe, Boulevardjournalisten zu untersuchen und kommt zu dem Schluss, „dass einschlägige repräsentative Kommunikatorforschungsstudien zum Boulevardjournalismus hierzulande nicht vorliegen" (Dulinski 2003: 171). Auch aus medienübergreifend angelegten Kommunikatorstudien (Weischenberg et al. 1994/2006; Schneider et al. 1993; Lünenborg/Berghofer 2010) lassen sich keine Befunde über Boulevardjournalisten ableiten, da sie keine Differenzierung nach Straßenverkaufs- und Abonnementzeitungen in ihren Erhebungen machen. Dulinski liefert eine „Zusammenstellung der disparaten Befunde zur professionellen Lebenswelt von Boulevardjournalisten" auf Grundlage von Erfahrungsberichten und Biographien von Journalisten sowie Interviews und anderer Quellen der „grauen Literatur" (vgl. Dulinski 2003: 172).

Auf die Frage „Wer sind die Boulevardjournalisten?" finden sich nur bruchstückhaft Informationen. Genauere Erhebungen zur Anzahl der Boulevardjournalisten in Deutschland gibt es nicht. Dulinski vermutet, dass es in den letzten Jahren, insbesondere beim Axel Springer Verlag zu einem Verjüngungsprozess kam, was sie an einem Austausch der Führungsriege des Verlags im Jahr 2000 festmacht. Der Frauenanteil im Boulevardjournalismus liegt laut einer von Dulinksi durchgeführten Anfrage, bei durchschnittlich 40 Prozent (vgl. Dulinski 2003: 222 f.). Insgesamt scheint es eine geringe intermediäre Mobilität unter den Redakteuren zu geben, so dass Boulevardredakteure auch bei einem Redaktionswechsel meistens im Boulevardbereich tätig bleiben. Zu weiteren Aspekten wie Einkommen, Beschäftigungsverhältnis, Lebenswandel etc. sind die Quellen teilweise stark veraltet und wissenschaftlich fragwürdig, so dass auf eine detailliertere Darstellung an dieser Stelle verzichtet wird.

Die redaktionellen Strukturen unterliegen derzeit einem Wandel: Neben der skizzierten Entgrenzung der klassischen Ressorts ist die Einführung von Newsrooms und Newsdeks zu beobachten, in denen themenzentriert für verschiedene Medien gearbeitet wird. Dies betrifft nicht nur unterschiedliche Printtitel (oder „Mantelredaktionen"), sondern ebenso crossmediale Angebote. Neben der strategischen Frage, ob neue Artikel zuerst online erscheinen (online first), die Website eher als Archiv für Zweitverwertungen (online depository) oder als exklusives Angebote (online only) dient, interessiert in unserer Studie die Frage nach der organisatorischen und redaktionellen Autonomie von Onlineredaktionen. Über die Websites werden die gedruckten Artikel der Printmedien häufig im Rahmen einer Zweitverwertungsstrategie publiziert (vgl. Neuberger et al. 2009; Neuberger 2000, 1999). Während Onlineredaktionen zunächst noch autonom aufgestellt waren (z. B. Mehlen 1999: 96), wurde dieses Modell mittlerweile aufgrund fehlender Erlösmodelle überwiegend zugunsten von Newsroom-Konzepten abgelöst, in denen Onlineredaktionen an die Redaktionen ihrer jeweiligen „Muttermedien" angegliedert oder zumindest organisatorisch mit ihnen verschränkt werden (vgl. Quandt/ Singer 2009; Meyer 2005). Der Studie von Neuberger und Kollegen zufolge, lag beispielsweise im Jahr 2007 die Verantwortung für rund 60 Prozent der journalistischen Online-Angebote von Zeitungsverlagen bei den Printredakteuren (vgl. Neuberger et al. 2009: 246). Vor diesem Hintergrund überraschen jüngere Befunde, dass journalistische Online-Angebote häufig auf Berichterstattung der korrespondierenden Print-Produkte und auf Agenturmaterial zurückgreifen (vgl. Rusch 2006; Trappel 2007), wenig, zumal sie in enger Verbindung mit der schlechten Ressourcenausstattung von Online-Redaktionen stehen, die sich auf teilweise einige wenige Redakteure beschränkt (vgl. Dogruel/Reineck/Beck 2010; Neuberger et al. 2009). Deren Arbeitsweisen sind wiederum überwiegend von den bekannten journalistischen Handlungsmustern geprägt und Technikanteile nur geringfügig höher, als häufig vermutet wurde (vgl. Neuberger/Quandt 2010: 64 f.).

Der Blick auf den Forschungsstand zeigt, dass das Wirtschaftsressort insbesondere der Boulevardzeitungsredaktionen bislang kaum erforscht ist. Deshalb haben wir im Rahmen unserer Kommunikatorbefragung auch nach der redaktionellen Struktur der von uns untersuchten Medien *BILD*, *B.Z.*, *Express* und *tz* sowie der Vergleichmedien *Märkische Allgemeine (MAZ)* und *Süddeutsche Zeitung (SZ)* gefragt und greifen hier bereits auf die Ergebnisse zurück.

BILD und Bild.de
Die Redaktionen von *BILD* und *Bild am Sonntag* sind strukturell getrennt. Die *BILD* teilt sich im Axel-Springer-Haus einen Newsroom mit *Bild.de*. Eine genaue

Zahl der beschäftigten Redakteure ist nicht bekannt – Verlag und Redaktion machen dazu keine Angaben. In der Studie von Frieler (2011) spricht ein Mitglied der BILD-Chefredaktion von etwa 700 Journalisten, im Nachrichtenmagazin Spiegel ist von 800 Journalisten die Rede (vgl. Bruck et al. 2011: 133), die frei oder festangestellt in der Berliner Hauptredaktion oder für eines der Regionalbüros tätig sind; Diese Zahlen werden in unserer eigenen Erhebung bestätigt. Seit 2001 ist Kai Diekmann Chefredakteur und Herausgeber der BILD, seine beiden Stellvertreter sind Jörg Quoos und Alfred Draxler. Weitere acht Redakteure gehören dem Impressum zufolge zum erweiterten Kreis der Chefredaktion. Den Blattmachern kommt innerhalb der Redaktionsstrukturen eine außergewöhnliche Machtposition zu. Entsprechend wird die Führungsstruktur der Zeitung, wie in Boulevardzeitungen allgemein üblich, als streng hierarchisch mit einem klar dominierenden Chefredakteursprinzip beschrieben (vgl. Dulinski 2003: 205 ff.). Laut Impressum gliedert sich die Redaktion in die Ressorts: Nachrichten, Meldungen, Politik/ Wirtschaft, Letzte Seite, Sport, Unterhaltung, Leben und Wissen sowie Motor und Technik. Das Ressort Politik/Wirtschaft besteht aus 25 Mitarbeitern, von denen drei bis vier Kollegen ausschließlich Wirtschaftsthemen bearbeiten.

Als Chefredakteur von Bild.de ist Manfred Hart tätig, während Dietrich Menkens (Leitung), Britta Frischemeyer (Stellvertreterin) und Andreas Thewalt (Chefreporter Hauptstadtbüro) für das Ressort Politik/Wirtschaft benannt werden. Insgesamt werden im Impressum von Bild.de einschließlich der Chefredaktion und Grafiker 37 Redakteure verzeichnet – bei der Anbieterbefragung im Rahmen der Studie zum Online-Wirtschaftsjournalismus (vgl. Beck/Dogruel/ Reineck 2009) wurden als Selbstauskunft 60 festangestellte Online-Redakteure angegeben. Als Ergebnis der eigenen Erhebung in Rahmen der diesjährigen Kommunikatorstudie (vgl. Kap. 3) kann diese Zahl auf 70 Online-Redakteure erhöht werden. Im Ressort Politik/Wirtschaft arbeiten sechs fest angestellte Redakteure, wobei eine Kollegin speziell für Wirtschaftsthemen verantwortlich ist. Diese Zahl wird durch freie Mitarbeiter im Ratgeberressort ergänzt, die nutzwertorientiert Finanzthemen bearbeiten. Das Onlineressort ist räumlich in den Politik/Wirtschaft Newsroom der Printredaktion integriert, wodurch gelegentlich auf personelle Ressourcen des Print-Schwesterressorts zurückgegriffen wird.

B.Z. und B.Z. Online

Die *B.Z.* beschäftigt etwa 70 festangestellte Redakteure sowie regelmäßig ca. 20 freie Mitarbeiter (vgl. Frieler 2011: 38). Chefredakteur ist seit 2008 Peter Huth, seit 2010 vertreten von Michael Pagel. Daneben zählen auch verschiedene Ressortleiter und Kolumnisten sowie die Textchefin und die verantwortliche Redakteurin der *B.Z. am Sonntag* zum Chefredaktionsgremium. In der *B.Z.* gibt es die Ressorts: Lokales, Sport/Technik, Kultur, Politik/Wirtschaft, Vermischtes, Ratgeber, Klatsch und Fernsehen. Das Ressort Politik/Wirtschaft verfügt über vier bis fünf fest angestellte Redakteure, die beide Themenfelder abdecken, so dass es keine spezifischen Wirtschaftsredakteure gibt.

Die Online-Redaktion der *B.Z.* besteht insgesamt aus vier festangestellten Redakteuren, die ressortübergreifend Themen bearbeiten. Eigene Online-Wirtschaftsredakteure gibt es demzufolge nicht.

Express und Express.de

Die Chefredaktion des *Express* besteht aus Rudolf Kreitz und seinen beiden Stellvertretern Berndt Thiel und Uwe Hoffmann. Eine genaue Auskunft über die Zahl der beschäftigten Redakteure wird auch auf Nachfrage beim Verlag nicht veröffentlicht. Die Redaktion besteht aus den Ressorts: Politik, Vermischtes, Sport sowie den drei Lokalredaktionen. Diese übergeordneten Bereiche sind intern in jeweils verschiedene Schwerpunkte gegliedert. Wirtschaftsberichterstattung ist im Politikressort verankert, das von drei fest angestellten Redakteuren betreut wird, die hauptsächlich Politik- jedoch auch Wirtschaftsberichterstattung verantworten. Zudem hat dieses Ressort Zugriff auf Berliner Korrespondenten, die es sich mit *Hamburger Morgenpost* und dem *Berliner Kurier* teilt (vgl. eigene Erhebung, Kommunikatorstudie).

Verantwortlicher Redakteur für *Express.de* ist Thomas Kemmerer. In der Onlineredaktion arbeiten sechs festangestellte Redakteure, die durch sechs freie Mitarbeiter unterstützt werden. Eine spezifische Ressortzuteilung der Journalisten gibt es (wie auch bei der *B.Z. Online*) nicht, so dass kein Online-Wirtschaftsredakteur bestimmt werden kann (vgl. eigene Erhebung, Kommunikatorstudie).

tz und tz-online.de

Chefredakteur der *tz* ist seit 2006 Rudolf Bögel, seit 2007 vertreten von Peter Schiebel. Inhaltlich setzt Bögel verstärkt auf Service und Nutzwert. Die *tz* ist durch vergleichsweise flache Hierarchien und eine stärker ausgeprägte Eigenverantwortlichkeit der Ressorts gekennzeichnet (vgl. Frieler 2011: 40).

In der Redaktion der Münchner *tz* arbeiten 55 festangestellte Redakteure, die sich auf die Ressorts München und Region, Sport, Politik, Bayern, Boulevard, Nachrichten/Vermischtes, Fernsehen, Münchner Kultur, Wirtschaft, Reise und Auto verteilen. Die beiden letztgenannten Ressorts beliefern auch den *Münchner Merkur*, die lokalen Abonnementzeitung des Ippen Verlages, mit Inhalten. Die redaktionelle Kooperation der beiden Blätter ist ohnehin eng: Die beiden Online-

Redaktionen sitzen im gleichen Raum, insbesondere die Ressorts mit Lokalbezug stehen in stetigem informellen Kontakt (vgl. Frieler 2011: 40). Das Wirtschaftsressort wird von zwei festangestellten Redakteuren betreut, die durch ein bis zwei freie Journalisten unterstützt werden (vgl. eigene Erhebung, Kommunikatorstudie).

Seitens der *tz* wird lediglich ein Chefredakteur für den Online-Bereich, Markus Knall, benannt. Der Untersuchung von Frieler (2011) folgend verfügt die *tz* über eine integrierte Online-Abteilung mit dem Münchner Merkur.

Ergänzend werden nun die redaktionellen Strukturen der beiden Vergleichsmedien skizziert.

Märkische Allgemeine Zeitung und maerkischeallgemeine.de
In der Redaktion der *Märkischen Allgemeinen* arbeiten insgesamt 45 Redakteure an der Erstellung des Zeitungsmantels; hinzukommen die Redakteure für die einzelnen Lokalausgaben im Land Brandenburg (15 Lokalredaktionen). Im Wirtschaftsressort arbeiten zentral drei Wirtschaftsredakteure und drei feste Freie, die ausschließlich für Wirtschaftsthemen zuständig sind.

Wie bei den regionalen Boulevardzeitungen ist die Onlineredaktion bei der Abonnementzeitung *MAZ* mit vergleichsweise wenig journalistischem Personal besetzt (vier bis sechs Content Manager, davon einige in Teilzeitbeschäftigung).

Süddeutsche Zeitung und süddeutsche.de
Die *Süddeutsche Zeitung* unterhält als auflagenstärkste überregionale Qualitätszeitung eine der größten Tageszeitungsredaktionen in der Bundesrepublik; offizielle Angaben liegen nicht vor, realistisch erscheint die Annahme von 300 bis 400 Redakteuren. Die *SZ* verfügt über ein eigenständiges Wirtschaftsressort mit 22 Redakteuren und Pauschalisten, also festen Freien mit redaktionellem Arbeitsplatz, die sich allesamt mit der Wirtschaftsberichterstattung beschäftigen.

Sueddeutsche.de beschäftigt ca. 25 festangestellte Redakteure und etwa nochmal die gleiche Anzahl freier Mitarbeitern, darunter drei Wirtschaftsredakteure. Die Redaktion soll künftig um einen Pauschalisten und einen Volontär ergänzt werden. Dem Wirtschaftsressort übergeordnet ist ein Online-Newsdesk, der als „klassischer Nachrichtenproduktionstisch" organisiert ist und über die oberen acht bis zehn Topthemen auf der Homepage entscheidet.

Die Tabellen 7 und 8 geben einen Überblick der redaktionellen Ausstattung aller sechs Zeitungen und Online-Angebote unserer Studie:

Tabelle 7   Redaktionelle Ressourcen der Printangebote[a)]

Medium	Auflage*	Anzahl Mitarbeiter	Wirtschaftsredakteure
BILD	2 898 086	ca. 700 bis 800 (Großteil in den Außenredaktionen) Politik-Newsroom: 25	Wirtschaftsressort: 3 bis 4 Redakteure als „Ressort im Ressort". Häufig in Teamarbeit mit Politikredakteuren, selten zusätzliche Freie
B.Z.	165 525	ca.70 Redakteure + 20 bis 30 freie Mitarbeiter	Ressort Politik/Wirtschaft: 4,5 feste Mitarbeiter + 1 Freier
Express	140 992**	k. A.	Politikressort: 3 Redakteure, hauptsächlich Politik aber auch Wirtschaftsthemen. Zwei Parlamentskorrespondenten in Berlin, geteilt mit Hamburger MoPo und Berliner Kurier.
tz	138 567	ca. 55 Redakteure, davon ca. 10 für das Layout	Wirtschaftsressort: 2 Redakteure + 1 bis 2 Freie
Märkische Allgemeine	136 147	ca. 45 Redakteure, die im Mantel arbeiten + ca. 40 Mitarbeiter in den 15 Lokalredaktionen	Wirtschaftsressort: 3 Wirtschaftsredakteure + 3 feste Freie, die ausschließlich Wirtschaft machen
Süddeutsche Zeitung	415 007	Insgesamt: mehrere Hundert (inkl. Freie)	Wirtschaftsressort: 22 Wirtschaftsredakteure in Zentrale, inklusive Pauschalisten*** + mehrere Redakteure im Politikressort und Feuilleton, die sich u. a. auch mit Wirtschaftsthemen beschäftigen

a) Analog zu den Page Impressions weist diese Tabelle die verbreiteten Auflagen nach, zumal es hier, im Gegensatz zu Kapitel 2.2 weniger um die ökonomischen Ressourcen als um die publizistische Bedeutung geht.

* Verkaufte Auflage Mo.–Fr., IVW 3/2011

** Verkaufte Auflage Mo.–So., IVW 3/2011

*** Bei den Pauschalisten handelt es sich um „feste Freie", die bspw. auch über einen eigenen Arbeitsplatz innerhalb der Redaktion verfügen.

Die Wirtschaftsberichterstattung ist in den Boulevardredaktionen unterschiedlich organisiert: Zwei der drei regionalen Boulevardzeitungen verfügen über kein eigenständiges Wirtschaftsressort: Wirtschafts- und Politikthemen werden bei der *B.Z.* und beim *Express* in einem übergeordneten Ressort „Politik und Wirtschaft" *(B.Z.)* oder „Politik" *(Express)* von drei bis fünf Redakteuren bearbeitet. Lediglich die *tz* weist explizit ein eigenständiges Wirtschaftsressort mit zwei Wirtschaftsredakteuren aus. Bei der *BILD-Zeitung* ist die Wirtschaftsberichterstattung organi-

Tabelle 8   Redaktionelle Ressourcen der Online-Angebote

Medium	PI*	Anzahl Mitarbeiter in Onlineredaktion	Anzahl Mitarbeiter mit Schwerpunkt Wirtschaft
Bild.de	2,300 Mrd.	70 Festangestellte für Bild.de + Freie	Ressort Politik/Wirtschaft Online: 6 Redakteure, einer bearbeitet überwiegend Wirtschaftsthemen. Gelegentlicher Rückgriff auf die Print-Wirtschaftsredakteure. + 2 freie Mitarbeiter im Ratgeberressort, die auch nutzwertorientierte Geldthemen machen.
B.Z. Online	13,6 Mio.	4 Redakteure + 6 Freie (inkl. Producer)	keine Spezialisierung.
Express.de	58,8 Mio.	6 Redakteure (inkl. Volontäre), insgesamt 12 Mitarbeiter	keine Spezialisierung.
maerkische-allgemeine.de	2,8 Mio.	4 „Content Manager", tlw. nur zu 70–80 % beschäftigt. + 2 Mitarbeiter für Vermarktung	k. A.
sueddeutsche.de	181,8 Mio.	ca. 25 Redakteure + ca. 25 Freie	Wirtschaftsressort: 3 Redakteure (inkl. Ressortleiter) + in Planung 1 Pauschalist und 1 Volontär.

* Page Impressions Oktober 2011, vgl. IVW Oktober 2011.

satorisch der Politikberichterstattung zugeordnet, verfügt aber über drei bis vier Redakteure, die sich ausschließlich mit Wirtschaftsberichterstattung befassen und als eigenes „Ressort [...] im Ressort" *(Nikolaus Blome, BILD)* zusammen mit den Kollegen aus der Politik an das Parlamentsbüro angedockt sind.

Die *Märkische Allgemeine* verfügt in ihrem Wirtschaftsressort über drei feste Wirtschaftsredakteure und drei freie Mitarbeiter. Die *Süddeutsche Zeitung* als überregionale Qualitätszeitung weist mit 22 Wirtschaftsredakteuren (inklusive fester Freier) mit Abstand die größten Personalressourcen im Wirtschaftsressort unter den hier untersuchten Tageszeitungen auf. Im Vergleich zu den beiden Qualitätszeitungen fällt auf, dass sowohl bei der *BILD* als überregionaler *Zeitung* als auch bei den regionalen Boulevardzeitungen Wirtschaftsressorts, sofern überhaupt vorhanden, verhältnismäßig schwach besetzt sind.

Die redaktionelle Organisation und die personelle Ausstattung spiegeln sich in der fachlichen Spezialisierung der Redakteure wider: Bei der *B.Z.* und dem *Express* ist die Spezialisierung auf Wirtschaftsthemen gering ausgeprägt; in den Politik und Wirtschaft übergreifenden Ressorts der beiden Zeitungen wird der Politikberichterstattung tendenziell eine höhere Relevanz zugesprochen. Bei den beiden Boulevardzeitungen mit eigenem Wirtschaftsressort ist der Spezialisierungsgrad unterschiedlich ausgeprägt: Während es bei der *tz* keine Spezialisierung der Wirtschaftsredakteure auf einzelne Themen oder Bereiche gibt, sondern „jeder alles" bzw. an persönlichen Präferenzen und Kontakten orientiert bearbeitet, gibt es bei der *BILD-Zeitung* eine „gewisse Themenspezialisierung" der Wirtschaftsredakteure, die je nach Thema auch in Rechercheteams zusammen mit Politikredakteuren eingesetzt werden. Insgesamt ist bei *BILD* die formale Ressorttrennung zwischen Politik und Wirtschaft weniger scharf als bei regionalen und überregionalen Qualitätszeitungen:

> Das ist schwer voneinander zu trennen. Bei *BILD* arbeitet man, wie es die Eigenart des Boulevards ist, bei großen Themen immer in großen Teams. Das heißt, es sind dann auch Leute an der konkreten Aufgabenstellung XY beteiligt, die sonst eigentlich im politischen Ressort firmieren. Die Kollegen werden dann aber für so eine größere Geschichte hinzugezogen. Insofern sind die Grenzen zwischen den Ressorts bei uns fließender als bei anderen Blättern. *(Nikolaus Blome, BILD)*

Die strukturelle Ressorttrennung und der Spezialisierungsgrad der Wirtschaftsredakteure sind bei der *Märkischen Allgemeinen* und der *Süddeutschen Zeitung* ausgeprägter als bei den Boulevardzeitungen. Dennoch werden Wirtschaftsthemen als typische Querschnittsthemen auch in anderen Ressorts bearbeitet. So gibt es beispielsweise Volkswirte im Politikressort oder Lokalredakteure, die über Wirtschaft schreiben. Auf organisatorischer Ebene sind die Ressortgrenzen aber nicht so fließend, wie das bei den Boulevardzeitungen der Fall ist. Die bessere personelle Ausstattung der Wirtschaftsressorts geht einher mit einer stärkeren thematischen Spezialisierung der einzelnen Redakteure. Die Spezialisierungen orientieren sich dabei insbesondere entlang einzelner Branchen und Sektoren:

> Ein Kollege macht vor allem das in Brandenburg sehr wichtige Thema Energie und damit den ganzen Komplex von Windkraft bis Braunkohle und zusätzlich noch Themenschwerpunkte wie Verkehr und Landwirtschaft. Eine Kollegin macht dafür schwerpunktmäßig Bau, Handel und die Automobilindustrie. Das sind freilich willkürlich herausgegriffene Beispiele. Das Personal der Redaktion muss insgesamt alle re-

levanten Themenfelder und Branchen abdecken. Es ist immer jeweils ein Redakteur auf das Thema spezialisiert. Bei Krankheit oder Urlaub müssen die anderen aber in der Lage sein, einspringen zu können. *(Mathias Richter, Märkische Allgemeine)*

Die Spezialisierungen werden dabei aber nicht als harte Grenzen betrachtet, so herrscht in der *Süddeutschen Zeitung* das Motto: „Eigentlich Spezialistentum, aber immer mit der Möglichkeit – und sogar von uns auch gefördert aus der Ressortleitung –, über den Tellerrand hinaus zu gucken" *(Marc Beise, Süddeutsche Zeitung)*.

Ein spezielles Ratgeberressort, in dem nutzwertorientierte Wirtschaftsberichterstattung stattfindet, wird unter den regionalen Boulevardzeitungen nur von der *B.Z.* ausgewiesen. Beim *Express* und der *tz* gibt es keine Verbraucher- oder Ratgeberredakteure. Ratgeberthemen werden vor allem von Wirtschaftsredakteuren, Lokalredakteuren oder im Ressort „Vermischtes" bearbeitet. Für die *BILD-Zeitung* lässt sich nicht eindeutig ermitteln, ob es ein Ratgeberressort gibt, das sich auch mit Wirtschaftsthemen beschäftigt. Möglicherweise werden solche Themen auch von dem Ressort „Leben und Wissen" abgedeckt.

Die zum Vergleich herangezogenen Qualitätszeitungen unterscheiden sich in diesem Punkt voneinander: Bei der *Süddeutschen Zeitung* ist die Wirtschaftsberichterstattung mit hohem Nutzwert in das Wirtschaftsressort integriert. Für Themen wie Geld, Versicherungen oder Immobilien gibt es jeweils zuständige Redakteure, wobei jeder einzelne mehrere Zuständigkeitsbereiche hat. Eine strikte Trennung von Ratgeber- und Wirtschaftsressort herrscht hingegen bei der *Märkischen Allgemeinen*, die nach eigener Angabe keine Verbraucherberichterstattung im Wirtschaftsteil der Zeitung macht. Über „Telefontarife, Strompreise und Ähnliches berichten weitgehend die Kollegen von der Verbraucherredaktion" *(Mathias Richter, Märkische Allgemeine)* in einer zweimal die Woche erscheinenden Beilage.

Die sechs betrachteten Redaktionen unterscheiden sich deutlich hinsichtlich Größe, Ressortstruktur und interner Arbeitsteilung. Große Einigkeit besteht jedoch darin, dass ein wirtschaftswissenschaftlicher Studienabschluss keine zwingende Voraussetzung für Wirtschaftsredakteure ist. Bei zwei der drei untersuchten regionalen Boulevardzeitungen wird zwar ein Studium erwartet, die Fachrichtung ist dabei weniger relevant. Ein Befragter gibt an, dass ein Studium nicht zwingende Voraussetzung in seiner Redaktion sei. Um Redakteur zu sein, sind eine „vernünftige Ausbildung und Sachverstand" nötig, sowie „dass man sich mit diesen Themen beschäftigt und eben auch, dass [das], was man schreibt, sachlich richtig ist" *(Maternus Hilger, Express)*. Zwei der befragten Redakteure geben explizit an, keine Wirtschaftswissenschaftler in der Redaktion zu beschäftigen, ein

Redakteur macht keine eindeutigen Angaben dazu. Eine Befragte beschreibt das
Anforderungsprofil in ihrer Redaktion wie folgt:

> Bei uns im Ressort sind alle Generalisten, bearbeiten sowohl Politik- als auch Wirt-
> schaftsthemen. Wichtig ist vor allem, dass man einen gesunden Menschenverstand
> mitbringt, dass man in der Lage ist, Themen relativ schnell zu durchschauen, gerade
> auch die komplexen Themen. Man muss in der Lage sein, diese komplexen Themen
> herunterzubrechen und zu vereinfachen, ohne sie zu verfälschen und vor allem ent-
> scheiden, was die wichtigste Information ist, auf welche man vielleicht verzichten oder
> auf welche man auf keinen Fall verzichten kann. Das ist, glaube ich, die große Kunst.
> Das ist auch gar nicht so einfach. *(Bettina Irion, B.Z.)*

Eine stärkere thematische Kompetenz in Form von „profunde[n] Kenntnisse[n]"
in der Wirtschaft" wird bei der überregionalen *BILD-Zeitung* vorausgesetzt.
Zudem wird von unserem Gesprächspartner, insbesondere die Fähigkeit „genau
zu wissen, wie viel man weglassen darf [...] bevor der Nachrichtenkern, der Rat-
geberkern einer bestimmten Geschichte leidet" *(Nikolaus Blome, BILD)* betont.
Besonders herausgestellt wird zudem, dass ein Redakteur ein hohes Verantwor-
tungsbewusstsein gegenüber seiner Leserschaft mitbringen muss.
   Die Befragten der Qualitätszeitungen legen hohen Wert auf die fachliche Qualifikation ihrer Redakteure. Ein wirtschaftswissenschaftliches Studium ist jedoch
nicht unbedingt notwendig, um Wirtschaftsredakteur zu werden. Für die *Süddeutsche Zeitung* beschreibt unser Gesprächspartner einen Wandel: Früher sei ein
betriebswirtschaftliches Studium Voraussetzung gewesen, um als Wirtschaftsredakteur zu arbeiten, dies sei heute von Vorteil, aber nicht mehr zwingend erforderlich. Vorausgesetzt wird in beiden Redaktionen eine journalistische Ausbildung in
Form eines Volontariats oder eines journalistischen Studiums sowie, dass jemand
„ein Grundverständnis und vor allem Interesse an wirtschaftlichen Themen" mit-
bringt, und „journalistisch präzise und souverän arbeiten kann, will sagen: Ein
Redakteur muss in der Lage sein, wirtschaftliche Zusammenhänge schnell zu re-
cherchieren, zu verstehen und dann auch verständlich an den Leser zu vermitteln."
(Mathias Richter, Märkische Allgemeine)

2.7   Zwischenfazit

Die Struktur- und Marktanalyse hat bestätigt, dass die acht Boulevardzeitungen
mit einer täglichen verkauften Auflage von über 4 Mio. und einer Publikums-

reichweite von täglich über 14 Mio. Lesern (Abozeitungen rund 40 Mio.) ein erhebliches publizistisches Gewicht besitzen. Vergleichbares lässt sich auch über die korrespondierenden Websites sagen, zumal *Bild.de* hier zu den Marktführern zählt. Die soziodemographische Struktur des Publikums entspricht, mit Ausnahme der Geschlechterverteilung, weitgehend dem bundesdeutschen Durchschnitt, insofern erreichen die Boulevardblätter den „Normalbürger" bzw. „Otto Normalverbraucher" gut. Gerade weil das Interesse der Boulevardzeitungsleser an Wirtschaftsthemen – mit Ausnahme von *BILD* – unterdurchschnittlich ausgeprägt ist, stoßen durch die Lektüre der Boulevardblätter vermutlich auch Menschen auf Wirtschaftsthemen, die diese nicht aktiv suchen und mit großer Wahrscheinlichkeit nicht zu Fachmedien oder den Wirtschaftsteilen der überregionalen Qualitätspresse greifen. Interessant ist, welche Wirtschaftsthemen auf welche Weise vermittelt werden, und worin die Spezifika der Boulevard-Gattung im Vergleich zur regionalen Abonnement- sowie zur überregionalen Qualitätszeitung liegen.

Aus den publizistischen Porträts und der Analyse der Redaktions- und Marktstrukturen ergeben sich für unsere Analyse die *BILD*, *B.Z.*, *Express* und *tz* als besonders geeignete Beispiele für den Boulevardsektor: Zum einen sind hier die größten Anbieter und zum anderen unterschiedliche regionale Märkte berücksichtigt. Mit der *tz* ist die Boulevardzeitung mit dem größten Anteil weiblicher Leser vertreten. Die *Morgenpost Sachsen* bezieht ihren Mantel vom *Berliner Kurier*, der ebenso wie der *Express* zur Verlagsgruppe M. DuMontSchauberg gehört. Alle drei Zeitungen kooperieren redaktionell, so dass es fraglich erscheint, ob es sich hier überhaupt noch um eigenständige Publizistische Einheiten handelt. Wir haben, auch aus Gründen der regionalen Verteilung, daher den *Express* als Analyseobjekt ausgewählt. Nicht zuletzt aus forschungsökonomischen Gründen war eine Vollerhebung nicht realisierbar, so dass zudem die eher auflagenschwachen Boulevardblätter *Hamburger Morgenpost* und *Abendzeitung* nicht weiter berücksichtigt werden.

Als Vergleichsmedien bieten sich die *Süddeutsche Zeitung* und die *Märkische Allgemeine* an. Die *Süddeutsche Zeitung* ist die größte, d. h. auflagenstärkste überregionale Qualitätszeitung; wobei sie weniger als die *Frankfurter Allgemeine Zeitung* als Wirtschaftszeitung positioniert ist. Die *Märkische Allgemeine* ist eine zumindest für die jungen Bundesländer typische Regionalzeitung; ihre Analyse liegt auch aus forschungspragmatischen Gründen nahe.

Die sechs untersuchten Zeitungen und ihre Online-Angebote verfügen über sehr unterschiedliche redaktionelle Ressourcen und Strukturen: Am ressourcenstärksten und daher am ehesten in der Lage differenzierte Ressorts für die Wirtschaftsberichterstattung in der Zeitung wie im WWW auszubilden, sind die beiden überregionalen Zeitungen *SZ* und *BILD*. Die redaktionelle Ausstattung der regionalen Boulevardzeitungen *B.Z.*, *tz* und *Express* dürfte insgesamt vergleichbar sein; allerdings lassen sich gesicherte Aussagen hierzu aufgrund der Datenlage nicht treffen. Notwendig wären hierfür letztlich nicht nur eine vollständige Transparenz der Unternehmen, sondern teilnehmende Beobachtungen in den Redaktionen. Hinzu kommt, dass gerade hinsichtlich der Onlineredaktionen bzw. der Kooperation von Print- und Online-Redakteuren ein branchenweiter Strukturwandel stattfindet. Zumindest als Momentaufnahme lässt sich aber festhalten, dass die Newsroom- und Newsdeskentwicklung in den untersuchten Zeitungen noch nicht zur völligen Verschmelzung von Print- und Onlineredaktionen geführt hat. Außerdem wird deutlich, dass die lokalen Boulevardzeitungen auch relativ, also gemessen an den Gesamtredaktionsstärken, deutlich weniger Personalressourcen in die Onlineangebote investieren als die überregionalen. Zu vermuten sind hier wirtschaftliche Erwägungen, da mangels eines funktionierenden Geschäftsmodells für die Pressewebsites das Online-Engagement ein „Zuschussgeschäft" ist. Bei den regionalen Boulevardzeitungen könnte hinzu kommen, dass die soziodemographische Struktur der Leserschaft und die typischen Nutzungssituationen der Boulevardpresse im Alltag zu einem insgesamt geringeren Onlinenutzungsanteil führen, als dies beispielsweise bei der *Süddeutschen Zeitung* der Fall ist. Die relativ kleinen Onlineressorts der lokalen bzw. regionalen Presse, und hier unterscheiden sich Boulevard- und Abonnementzeitungen nicht, führt dazu, dass eine Spezialisierung oder gar Ressortbildung für Wirtschaft nicht zu beobachten ist.

Der Forschungsstand zur Boulevardpresse allgemein und zum Wirtschaftsressort bzw. der Wirtschaftsberichterstattung dieser Blätter ist, trotz der zu vermutenden publizistischen Bedeutung, äußerst begrenzt. Als Pressegattung dürften die Boulevardblätter eine Fülle organisatorischer, struktureller, inhaltlicher und formaler Besonderheiten aufweisen, dass vorliegende generelle Befunde aus der Kommunikator- und Journalismusforschung nicht übertragbar erscheinen. Deshalb ist eine empirische Untersuchung der Kommunikatoren wie der Inhalte der Berichterstattung notwendig.

3 Kommunikatoren und Strategien des Wirtschaftsjournalismus

3.1 Zum Stand der Forschung

3.1.1 Rollenselbstverständnis von Wirtschaftsjournalisten

Das Rollenselbstverständnis von Wirtschaftsjournalisten wurde im Rahmen der Journalismus in Deutschland Studie (JiD) von Weischenberg et al. (2006) und für regionale Tageszeitungen von Spachmann (2005) erhoben. Nach ihrem Rollenselbstverständnis gefragt, stimmen die von Weischenberg et al. befragten Wirtschaftsjournalisten mit großer Mehrheit den „klassischen" journalistischen Normen „Information und Vermittlung" zu. Damit entspricht ihr Selbstverständnis weitgehend dem ihrer Kollegen; Unterschiede finden sich in den Nuancen: Wirtschaftsjournalisten stimmen der Absicht, mit ihrer Arbeit „komplexe Sachverhalte erklären und vermitteln" zu wollen, stärker als anderen journalistischen Zielen zu und orientieren sich etwas weniger an einem „möglichst breiten" Publikum als Redakteure im Lokal- oder Politikressort (vgl Weischenberg et al. 2006: 104). Weischenberg et al. führen letzteres darauf zurück, dass Wirtschaftsjournalisten von einem speziell an Wirtschaftsthemen interessierten Publikum ihrer Berichterstattung ausgehen.[11] Auch Spachmann stellt eine „deutliche Dominanz des Informationsjournalismus" (Spachmann 2005: 322) als Ziel der journalistischen Arbeit von Wirtschaftsjournalisten fest.

Mit Blick auf ein aktives, politisches Selbstverständnis zeigt sich ein gemischtes Bild: Wirtschaftsjournalisten stimmen, nach den Lokaljournalisten, der Aussage „Kritik an Missständen üben" mit fast zwei Drittel der Befragten am zweithäufigsten zu. Eine aktive Kontrolle von Politik, Wirtschaft und Gesellschaft streben nur knapp einem Viertel der befragten Wirtschaftsjournalisten als Ziel ihrer Arbeit an (vgl. Weischenberg et al. 2006: 110). Diese Befunde decken sich weitgehend mit den Ergebnissen der Befragung von Redakteuren in regionalen Tageszeitungen durch Spachmann (2005) sowie älteren Befunden von Köcher

---

11 Hier wäre eine differenzierte Auswertung nach Medium interessant, um Differenzen zwischen Medien mit General-Interest-Orientierung und Special-Interest-Orientierung zu unterscheiden.

(1990: 286). Mast und Spachmann (2005: 53) zeigen, dass im Wirtschaftsjournalismus insbesondere der „neutrale Informationsjournalismus" dominiert. Dabei
steht die neutrale und verständliche Vermittlung komplexer Zusammenhänge
gegenüber einem breiten Publikum im Vordergrund und ist vor diesem Hintergrund eng mit dem Bemühen um Objektivität verbunden (beispielsweise im Gegensatz zum Rollenbild des politischen Journalisten, der eine kritischere Haltung
zum politischen bzw. wirtschaftlichen System einnimmt).

Im Journalismus nehmen generell die Bedeutung einer dem Publikum „die-
nenden" Haltung und die Orientierung am Bild des „Servicejournalismus" zu.
Die Befragungen von Weischenberg et al. (2006) und Spachmann (2005) belegen
eine, im Verhältnis zu ihren Kollegen, stärker ausgeprägte Serviceorientierung
der Wirtschaftsjournalisten: Mehr als die Hälfte der Befragten stimmen zu, dem
Publikum als Ratgeber und Lebenshilfe dienen zu wollen (vgl. Weischenberg et al.
2006: 114, Spachmann 2005: 321). Unterschiede gibt es hinsichtlich des Ziels „Neue
Trends aufzeigen und neue Ideen zu vermitteln". Während medienübergreifend
fast zwei Drittel der Befragten diesem Ziel zustimmen, teilt nur etwas mehr als
ein Drittel der Wirtschaftsredakteure in regionalen Tageszeitungen das genannte
Ziel. Das Publikum mit ihrer Arbeit unterhalten wollen nur wenige der befragten
Wirtschaftsjournalisten (vgl. Spachmann 2005: 321; Weischenberg et al. 2006: 284).

Die Publikumsorientierung der Wirtschaftsjournalisten ist dennoch stark ausgeprägt: Fast drei Viertel der befragten Tageszeitungsredakteure möchten „den
Leser zufriedenstellen und ihm das bieten, was er in der Berichterstattung erwartet". Ebenfalls drei Viertel der befragten Wirtschaftsjournalisten in regionalen Tageszeitungen nennen das Ziel „möglichst viele Leser erreichen" als persönlichen
Erfolgsmaßstab ihrer Arbeit (Spachmann 2005: 324 u. 331).

Moss (2009: 149 ff.) unterscheidet sechs Interpretationen der Berufsrolle
„Wirtschaftsjournalist":

- (Multimediale) Generalisten, die Wirtschaft als Gesamtkomplex sehen und
  das Thema crossmedial auch über mehrere Kanäle transportieren, ohne inhaltlich in die Tiefe zu gehen.
- Unternehmensreporter, die ausgehend von Bilanzpressekonferenzen, Haupt-
  versammlungen, Interviews und Hintergrundgesprächen mit Managern über
  die für das jeweilige Medium relevanten Branchen und Unternehmen berichten.
- Finanzjournalisten, die sich in der Welt der Banken und Börsen bewegen, häufig einen volkswirtschaftlichen Hintergrund haben und in ihren Tätigkeiten
  teilweise einen hohen Spezialisierungsgrad erreichen.

- Verbraucherjournalisten, die insbesondere einen Nutz- oder Unterhaltungswert für den Leser schaffen und dadurch dazu beitragen, dass Wirtschaftsinformationen auch gelesen werden.
- Wirtschaftspolitische Berichterstatter, die hochspezialisiert über Konjunktur und Wirtschaftspolitik berichten, viel Eigenrecherche betreiben und in der Lage sind, wirtschaftliche Ereignisse einzuordnen und zu bewerten.
- Wirtschaftsjournalisten, die besondere Vermittlungskompetenzen beherrschen. Hierzu zählen für Moss Nachrichten-, Boulevard-, Wissenschafts-, Investigativ- und Hintergrundjournalisten.

Insbesondere diese letzte Kategorie, in die auch unser Erkenntnisinteresse fällt, bleibt bei Moss ziemlich unscharf charakterisiert. Zu vermuten ist, dass bei Boulevardzeitungen insbesondere der „Generalist" anzutreffen ist, der sowohl für die Print- als auch Online-Ausgabe der Zeitung über Wirtschaftsthemen berichtet, jedoch nicht über ausgeprägte fachspezifische Kenntnisse verfügt (vgl. Moss 2009: 150). Wahrscheinlich ist in Boulevardredaktionen auch der Verbraucherjournalist als Redakteurstyp anzutreffen, der seiner Wirtschaftsberichterstattung einen Nutz- und Unterhaltungswert zuschreibt.

Nach Spachmann können systematisch drei Idealtypen von Wirtschaftsjournalismus und Wirtschaftsjournalisten unterschieden werden (vgl. Spachmann 2005: 153 ff.; Mast/Spachmann 2005: 50 f.):

- Der Wirtschafts-Fachjournalismus bezieht sich vor allem auf den Binnenhorizont des Wirtschaftssystems. Er ist auf einzelne Märkte, Branchen oder Unternehmen fokussiert, aus denen und für die berichtet wird. Das Publikum ist homogen, fachkundig und besetzt professionelle Rollen im Wirtschaftssystem, für die spezifische Informationen aufbereitet werden. Es dominiert eine tiefgehende, sachliche Informationsvermittlung über Ereignisse aus speziellen Bereichen, während andere Bereiche vernachlässigt werden. Bei Wirtschafts-Fachjournalisten herrscht ein hoher Spezialisierungsgrad der Ressorts und Redakteure vor, der mit einer hohen fachlichen Qualifikation einhergeht. Die Vermittlung fachlicher Aspekte wird gegenüber einer allgemein verständlichen Vermittlung priorisiert, auf eine Tiefe der Recherche sowie Vielfalt und Transparenz der Quellen wird besonders Wert gelegt.
- Beim Special-Interest-Wirtschaftsjournalismus stehen die Leistungen für ökonomische Handlungszusammenhänge im Vordergrund: Als Orientierungspunkte der Berichterstattung dienen vor allem die Konsequenzen für unterschiedliche ökonomische Handlungsrollen. Das Publikum kann sich, je

nach Ausrichtung des Mediums, sowohl aus wirtschaftlichen Laien (Verbraucher, Arbeitnehmer, Kleinanleger etc.) wie aus professionellen Rollenträgern (Arbeitgeber, Finanzdienstleister, Gewerkschaftler etc.) zusammensetzen. Inhaltlich finden auch Ereignisse außerhalb des Wirtschaftssystems Beachtung, werden aber mit Blick auf die Folgen für das wirtschaftliche Handeln des Publikums diskutiert. Dadurch dominieren Darstellungsformen mit markierter Handlungsrelevanz der Botschaften (Nutzwertgeschichten, Handlungsanweisungen, Tipps an den Leser etc.).

Die arbeitsorganisatorische Spezialisierung orientiert sich hier weniger am Gegenstand als an der ökonomischen Rolle des Zielpublikums. Das führt insbesondere zur Schaffung von Verbraucherressorts oder der Spezialisierung einzelner Redakteure auf Verbraucherthemen, wobei die Journalisten ein Rollenselbstverständnis als „Trainer oder Ratgeber" entwickeln.

■ Die Wirtschaftsberichterstattung in General-Interest-Medien betrachtet die Gesamtheit des Wirtschaftssystems und behandelt ökonomische Akteure und Aspekte in einem gesamtgesellschaftlichen Kontext. Das Publikum ist dadurch groß und heterogen und wird primär als Staatsbürger angesprochen. Inhaltlich finden Themen aus sämtlichen Bereichen der Wirtschaft Berücksichtigung, die in vielfältiger Form in ihren Bezügen zu (wirtschafts)fremden Bereichen thematisiert werden. Für die General-Interest Variante ist die organisationale oder personale Spezialisierung, im Gegensatz zu den zuvor beschriebenen Varianten des Wirtschaftsjournalismus, weniger wichtig: Relevant ist vor allem, dass die Wirtschaft in ihrer gesamten Bandbreite verarbeitet wird, unabhängig davon, ob es sich um einen einzelnen Redakteur handelt, der alle Bereiche abdeckt oder mehrere Redakteure Wirtschaft arbeitsteilig bearbeiten. Die wirtschaftliche Sachkompetenz der einzelnen Redakteure hat dadurch ggf. eine geringere Bedeutung, wohingegen die Vermittlungs- und sachliche Querschnittskompetenzen wichtiger sind. Neben den Normen des Informations- und Nachrichtenjournalismus sind für den General-Interest-Wirtschaftsjournalismus (anders als bei der Fach- und Special-Interest-Ausprägung) auch Ziele relevant, die ein politisch-gesellschaftlich-aktives Rollenbild beinhalten, vor allem die generelle Kritik- und Kontrollfunktion kommt zum tragen (vgl. Spachmann 2005: 164 f.).

Tabelle 9   Differenzierung des Wirtschaftsjournalismus (Spachmann 2005)

	Wirtschafts-Fachjournalismus	Special-Interest Wirtschaftsjournalismus	General-Interest Wirtschaftsjournalismus
Teilbereich	Fachjournalistische Bereiche (z. B. Börsenjournalismus)	Nutzwert-Journalismus (z. B. Anleger-Journalismus)	Allgemeiner Wirtschaftsjournalismus
Arbeitsorganisation	Spezielle Arbeitseinheiten (z. B. Börsenressorts)	Spezielle Arbeitseinheiten (z. B. Verbraucherressort)	Komplette Wirtschaftsredaktion bzw. -ressort
Berufsrollen	Redakteur als Fachspezialist	Redakteur als Fachspezialist und Ratgeber	Neutraler Berichterstatter, Kritiker und Kontrolleur
Arbeitsprogramme	Inputorientierte Selektions- und Darstellungsprogramme	Outputorientiert; Markierung der Handlungsrelevanz	Inputorientierte Selektions- und Darstellungsprogramme
Produkte	Spezielle Wirtschaftsmagazine, Fachmedien	Spezielle Wirtschaftsmagazine	Tageszeitungen, Nachrichtenmagazine
Publika	Fachpublika, professionelle Handlungsrollen	Fachpublika (Professionelle Handlungsrollen); Massenpublika mit Spezialinteressen (Laienrollen)	Massenpublika, Staatsbürgerrolle

3.1.2 Redaktionelle Strategien und Arbeitsweisen

Ein zentrales Merkmal redaktioneller Strategien ist die Art der Leseransprache, denn sie entscheidet mit über die Auswahl von Themen, die Darstellungsformen und die verwendete Sprache. Idealtypisch werden dabei Ereignisorientierung, Gefühlsbetonung (emotionales Ansprechen) und Handlungszentrierung (Nutzwertorientierung) unterschieden (vgl. Spachmann 2005: 63 f.). In Kaufzeitungen dominieren gefühlsbetonte und handlungsorientierte Strategien.

Heinrich (Heinrich 1990; Heinrich/Moss 2006) unterscheidet ferner zwischen personaler und funktionaler Zielorientierung einer Zeitung. Als funktionale Zielorientierung werden die Funktionen und Zwecke erfasst, denen die Berichterstattung dienen soll. Unter personaler Zielorientierung versteht man die Zielgruppe, an die sich die Berichterstattung richten soll (vgl. Heinrich/Moss 2006: 28). Eine „signifikante Akzeptanz der Rezipientenorientierung" macht Heinrich anhand von Befragungsdaten aus lokalen und regionalen Wirtschaftsredaktionen fest: 90 Prozent der Befragten stimmen dem Ziel zu, „Hilfe für ökonomische Lebensführung"

zu leisten. Nur eine Minderheit (25 %) der befragten Wirtschaftsredaktionen gibt
an, Einfluss auf die Wirtschaftspolitik allgemein anzustreben. Etwas mehr als die
Hälfte der Redaktionen verfolgen die Strategie, die regionale Wirtschaftspolitik zu
beeinflussen und knapp drei Viertel der Befragten möchten Einfluss auf die Meinungsbildung der Leser nehmen. Heinrich/Moss schließen aus diesen Befunden
auf eine „gewisse Rückbesinnung auf die klassische Funktion der Aufklärung".
Hinsichtlich der personalen Zielorientierung stellen sie fest, dass die befragten
Redaktionen sich am häufigsten an einer „breite[n], allgemeinen" und an einer
„von wirtschaftlichen Entscheidungen betroffenen" Leserschaft orientieren. Einer
Orientierung an Entscheidungsträgern als Leser stimmt weniger als die Hälfte der
befragten Redaktionen zu. Insgesamt kommen die Autoren zu dem Schluss, dass
„die viel geforderte Rezipientenorientierung der Wirtschaftsberichterstattung in
den Redaktionen fest verankert ist" (Heinrich/Moss 2006: 29–31).

Spachmann ermittelt ebenfalls die Zielorientierung regionaler und lokaler Tageszeitungen. Dabei werden die oben beschriebenen Befunde von Heinrich/Moss
zur funktionalen Zielorientierung bestätigt. Hinsichtlich der personalen Zielorientierung ermittelt Spachmann eine stärkere Zielgruppenorientierung der Redaktionen: Große oder sehr große Bedeutung für die inhaltliche Ausrichtung der
Wirtschaftsberichterstattung sprechen die meisten der Befragten (83 %) „Betroffenen im Wirtschaftsprozess" als Verbraucher und Arbeitnehmer zu, wohingegen
eine Ansprache der breiten Leserschaft nur am zweithäufigsten genannt wird (vgl.
u. zit. Spachmann 2005: 315; 316 f.).

Bestätigt werden die oben angeführten Befunde zur strategischen Ausrichtung
der Wirtschaftsberichterstattung in Tageszeitungen durch die 1998 und 2003 von
Mast (Mast 1999; Mast 2003) durchgeführten Umfragen unter Chefredakteuren
und Ressortleitern in deutschen Wirtschaftsredaktionen. Im Zentrum der Expertengespräche stehen dabei Themenschwerpunkte (und ihre Veränderung), Darstellungsformen und Zielgruppenorientierung der Wirtschaftsberichterstattung
(vgl. Mast 2003: 151 ff.). Mast ermittelt ebenfalls eine hohe Bedeutung der Rezipientenorientierung:

> Die Einschätzung, dass man für den Leser schreibt und dessen Bedürfnisse und Inter-
> essen die Themenauswahl und Schreibweise zu bestimmen haben, wird durchgängig
> von den befragten Journalisten geteilt. Zielgruppenorientierung ist für sie Richtschnur
> journalistischen Handelns. (Mast 2003: 163)

Die Themen der Berichterstattung verändern sich: Während ältere Untersuchungen klar die Dominanz der Unternehmensberichterstattung und Wirtschaftspoli-

tik hervorheben und einen Mangel an Verbraucherthemen beklagen, betonen die befragten Experten durchweg die große Bedeutung von Verbraucherberichterstattung und heben die zunehmende Nutzwertorientierung im Wirtschaftsressort hervor (vgl. Mast 2003: 153). Insgesamt erkennt die Autorin eine Tendenz zur Erweiterung der Themen über die „Pflichtstoffe der Wirtschaftsberichterstattung" hinaus zugunsten verbraucherorientierter Themen wie Geld, Vermögen, spezielle Börseninformationen; Arbeitsmarkt, Job und Karriere; Recht und Steuern; Altersvorsorge und Rente sowie Telekommunikation, Medien und EDV. Die befragten Experten sind sich einig, dass die Nutzwertorientierung auch in der Tagespresse erheblich zunehmen wird und das Themenmanagement der Redaktionen mehr von „Wünschen und Probleme[n] ihrer Leserschaft und weniger durch die Nachrichtenlage bestimmt wird" (Mast 2003: 306). Allgemeingültige Selektionskriterien für die Wahl der Themen im Wirtschaftsjournalismus lassen sich auf Grundlage der Auskünfte der Experten nicht ausmachen. Vielmehr scheint die Themenwahl zunächst von der Art des Mediums und vor allem von der strategischen Linie des Blattes abhängig zu sein, so dass das jeweilige Redaktionskonzept zum entscheidenden Kriterium wird (vgl. Mast 2003: 155).

Auch die Darstellungsformen im Wirtschaftsjournalismus unterliegen einem Wandel. Zwar wird in Tageszeitungen tendenziell an der klassischen Zweiteilung in Nachricht und Kommentar festgehalten (vgl. Mast 2003: 157), dennoch nimmt der Anteil kommentierender, eher meinungsbetonter Mischformen in der Wirtschaftsberichterstattung zu. Insgesamt bestätigen die befragten Experten den steigenden Einsatz von „Magazinelementen" in Tages- und Wochenzeitungen, wozu auch eine zunehmende Personalisierung und Emotionalisierung der Berichterstattung gehört (vgl. Mast 2003: 271f.). Auch im Hinblick auf die formale Gestaltung des Wirtschaftsteils in Tageszeitungen kommt es zu einer stärkeren Orientierung am Leser: Neben einer zunehmenden Textmodularisierung und einem häufigeren Einsatz visueller Gestaltungsmittel werden „Tabellen und Grafiken, ebenso wie Bilder und Fotos […] als wichtige Darstellungsmittel begriffen, um wirtschaftliche Informationen zu vermitteln" (Mast 2003: 310).

In ihren täglichen Arbeitsroutinen unterscheiden sich Wirtschaftsjournalisten geringfügig vom Gros ihrer Kollegen: Nach ihrem täglichen Zeitaufwand für verschiedene Tätigkeiten gefragt, geben sie an, mehr Zeit für Recherche (zweieinviertel Stunden am Tag) und das Verfassen von Beiträgen (zweieinhalb Stunden am Tag) sowie für die Bearbeitung von Presse- und Agenturmaterial (rund eine Dreiviertelstunde) zu benötigen als die Mehrheit ihrer Kollegen. Wirtschaftsredakteure wenden mit rund einer Stunde ihrer täglichen Arbeitszeit weniger Zeit als ihre Kollegen für Technik, Organisation und Verwaltungsaufgaben auf. Im Wirtschaftsressort wird stärker hierarchisch gegengelesen als in anderen Ressorts, was als Ausdruck eines ausgeprägten redaktionellen Redaktions- und Newsmanagements interpretiert werden kann (vgl. vgl. Weischenberg et al. 2006: 83–88).

Angesichts des aufgebrachten hohen Zeitbudgets für Recherche, stellt sich die Frage, aus welchen Quellen sich die Arbeit der Wirtschaftsjournalisten speist. Die größte Bedeutung kommt nach Angaben der Befragten den allgemeinen Nachrichtenagenturen, gefolgt von der eigenen Recherche und (mit erheblich geringerer Bedeutung) Pressekonferenzen zu (vgl. Spachmann 2005: 334).

Abbildung 5   Bedeutung von Quellen (N = 93–96; vgl. Spachmann 2005: 335)

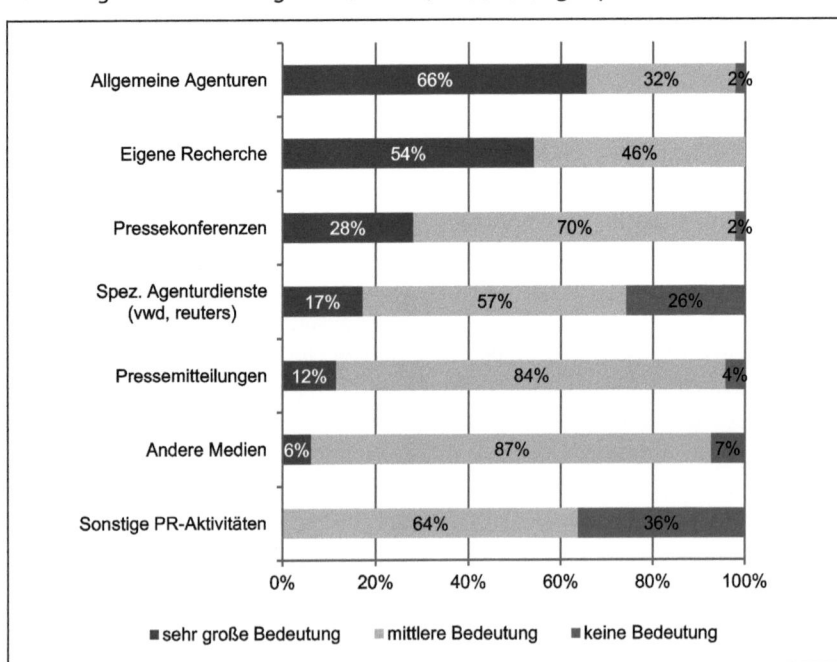

Der Umgang der Wirtschaftsredakteure mit Informationsquellen steht zudem in einem engen Zusammenhang zur Redaktionsgröße. In großen Redaktionen hat die eigene Recherche eine größere Bedeutung als die Agenturen, wohingegen es sich in kleinen Redaktionen umgekehrt verhält. Die Nutzung von Agenturen als Quelle der Wirtschaftsberichterstattung ist folglich umso höher, je geringer die Personalausstattung in den Ressorts ist. Dies bekräftigt die in der Forschung geäußerte Vermutung, dass die überregionale Wirtschaftsberichterstattung kleiner Regional- und Lokalblätter stark von Nachrichtenagenturen abhängig ist (vgl. Spachmann 2005: 335). Die von Spachmann erhobenen Befunde sprechen auch gegen die unter dem Stichwort „Verlautbarungsjournalismus" (Köcher 1990: 280) diskutierte These einer hohen direkten Abhängigkeit der Wirtschaftsberichterstattung von der Öffentlichkeitsarbeit. Der PR wird von Seiten der Kommunikatoren nur ein mäßig starker Einfluss auf die journalistische Arbeit zugesprochen (vgl. Spachmann 2005: 342). Weischenberg et al. (2006: 129) betonen, dass insbesondere Wirtschaftsjournalisten gegenüber Pressemitteilungen als Quelle sehr kritisch sind.

Die tägliche Arbeit der Wirtschaftsjournalisten ist stark abhängig von der redaktionellen Struktur und Organisation des Mediums. Bei Tageszeitungen wird zunehmend ressortübergreifend gearbeitet, so dass es beispielsweise häufiger zum Einsatz von „gemischten" Rechercheteams kommt. Teamstrukturen und Newsrooms stellen dabei die fachliche Spezialisierung der Wirtschaftsredakteure nicht unbedingt in Frage. So stellt Spachmann für die Wirtschaftsberichterstattung in regionalen Tageszeitungen fest, dass „die Branchen-, Markt- und Unternehmensberichterstattung aus einzelnen Bereichen der Wirtschaft das Grundgerüst [bilden], nach dem die redaktionelle Arbeit organisiert ist". Wirtschaftsjournalisten orientieren sich durchaus an ihren Lesern (insbesondere in ihrer Rolle als Kunden und Verbraucher). Innerhalb des Wirtschaftsressorts sind jedoch kaum Redakteure anzutreffen, die angeben auf Service- oder Verbraucherthemen spezialisiert zu sein, was auf eine deutliche Arbeitstrennung zwischen Wirtschafts- und Verbraucher- bzw. Serviceressort hinweist (vgl. u. zit. Spachmann 2005: 310; 312–313).

3.1.3 Wirtschaftsjournalisten in der Boulevardpresse

Zum Rollenselbstverständnis von Boulevardjournalisten ist die Quellenlage übersichtlich: Dulinski (2003: 224) nennt anglo-amerikanische Veröffentlichungen, in denen sich Boulevardjournalisten selbst als „moderne Westernhelden des Journalismus [darstellen], die auch einen gewissen Stolz verspüren über die Außergewöhnlichkeit der Stories, über die Machenschaften und ‚investigativen' Kompromisslosigkeit der Recherchemethoden, die sie erleben konnten." Der französische Kommunikationswissenschaftler Mathieu Rafari attestiert Londoner

Boulevardjournalisten aufgrund von Tiefeninterviews ein doppeltes, gebrochenes Selbstbewusstsein, das aus dem Konflikt der ethischen Standards der Berufsrolle und dem „Druck des Tagesgeschäfts" resultiere (vgl. Dulinski 2003: 225). Hinsichtlich des Rollenselbstverständnisses deutscher Boulevardjournalisten verweist Dulinski auf eine Befragung von Münchner Boulevardjournalisten durch Piringer (1989). Im Rahmen seiner Magisterarbeit ermittelte er ein investigativ-anwaltschaftliches Rollenselbstverständnis der Boulevardjournalisten, die den Zielen „Missstände zu kritisieren und politische Institutionen zu kontrollieren, Vorrang vor der Vermittlerrolle" gaben (vgl. Dulinski 2003: 226).

Zu den redaktionellen Strategien in der Wirtschaftsberichterstattung von Boulevardzeitungen merkt Spachmann an:

> In den Boulevardmedien findet sich ein Wirtschaftsjournalismus, der primär am Publikum ausgerichtet ist. Ökonomische Themen werden aus einer speziellen Perspektive bearbeitet. Innerhalb der engen Berücksichtigung von Publikumsbedürfnissen ist dies insbesondere auch eine Special-Interest-Perspektive, die Wirtschaftsjournalismus konsequent auf ökonomische Laienrollen zuspitzt. (Spachmann 2005: 167)

Empirisch gestützt werden diese Annahmen durch die von Frieler geführten Expertengespräche über boulevardspezifische Qualitätsmerkmale mit Chefredakteuren deutscher Boulevardzeitungen: Wichtigstes Qualitätsmerkmal von Boulevardzeitungen ist demnach vor allem eine starke Leser- und Nutzwertorientierung. Die befragten Chefredakteure sehen sich als:

> Dienstleister, die nutzerorientiert Informationen aggregieren und aufbereiten [...]. Unmittelbarer Nutzwert sowie anschauliche Vermittlung von Informationen durch Komplexitätsreduktion sind weitere Aspekte der brancheninternen Qualitätsdefinition. (Frieler 2011: 59)

Auch Meinungen und Wertungen, sowie eine „klare Haltung" der Zeitung werden in diesem Sinne als „Orientierungshilfe für den Leser" verstanden (vgl. ebd.). Mast/Spachmann (2005) betonen, dass Wirtschaftsthemen in Boulevardmedien konsequent aus der Perspektive ihres jeweiligen Publikums aufgegriffen werden, was zu einer „extremen Special-Interest-Orientierung" führe, innerhalb derer Verbraucher und Arbeitnehmer häufig mit „plakativ vorgetragenen Handlungsaufforderungen" konfrontiert werden (Frieler 2011: 59). Insgesamt wird in der Forschungsliteratur der im Boulevardjournalismus vorherrschende „ökonomische Imperativ" betont, der „in dominierender Weise die Strukturen, Prozesse und das Entscheidungshandeln der Akteure" (Dulinski 2003: 173) beeinflusst. Die ökonomische Rationalität, also das primäre Ziel der Gewinnmaximierung bestimmt auch die brancheninternen Qualitätskriterien im Boulevardjournalismus (vgl. Frieler 2011: 60), was dazu führt, dass Zielgruppen und ihre Bedürfnisse zum dominierenden Organisationsprinzip werden:

> Wirtschaftsthemen durchlaufen in diesem Fall die speziellen Muster und Programme des Boulevard-Journalismus. Personalisierung und Emotionalisierung zeichnen ein einseitiges Bild der Wirtschaft bzw. dessen, was an ökonomischen Themen die Veröffentlichungsschwelle überhaupt durchdringen kann. (Spachmann 2005: 156)

Neben Personalisierung und Emotionalisierung werden Unterhaltungs- und „sensationalistische Aspekte" als „spezielle Selektionsmechanismen" der Wirtschaftsberichterstattung im Boulevardjournalismus genannt (vgl. Mast/Spachmann 2005: 59). Empirisch gibt es Hinweise, dass aus Kommunikatorensicht insbesondere die Aspekte Personalisierung, Emotionalisierung und Unterhaltung sowie der Einsatz von Bildern eine wichtige Rolle im Boulevardjournalismus spielen (vgl. Frieler 2011: 55 u. 59). Ob dies aber auch für die Wirtschaftsberichterstattung im Boulevard gilt, ist bisher nicht geklärt.

Zusammenfassend lässt sich vermuten, dass Wirtschaftsberichterstattung in der Boulevardtagespresse in erster Linie von Wirtschaftsjournalisten als Generalisten mit geringer fachlicher Spezialisierung, aber hohen Vermittlungs- und Querschnittkompetenzen gemacht wird. Zugleich verfügen sie als Journalisten in einer Boulevardzeitung über „besondere Vermittlungskompetenzen" (Moss 2009: 153).

3.2 Befragung der Kommunikatoren

3.2.1 Methode

Sampling: Identifikation der Experten
Im Rahmen unserer Studie haben wir für die Wirtschaftsberichterstattung verantwortliche Ressortleiter und verantwortliche Redakteure der vier Boulevard-Tageszeitungen *BILD, B.Z., Express* und *tz* sowie der regionalen Tageszeitung *Märkische Allgemeine* und der überregionalen Qualitätstageszeitung *Süddeutsche Zeitung*. befragt. Primäres Zugriffskriterium ist, dass die befragten Experten in leitender Position für die Wirtschaftsberichterstattung in ihrer Zeitung

verantwortlich sind sowie die organisatorischen und planerischen Abläufe der Redaktionsarbeit anleiten. Zusätzlich zu den Experten für die Print-Wirtschaftsberichterstattung werden leitende Redakteure des Online-Pendants der jeweiligen Zeitung befragt. Hierbei handelt es sich um Leiter der Onlineredaktion oder des Wirtschaftsressorts in der Onlineredaktion. Die so anhand ihrer institutionellorganisatorischen Einbettung identifizierten Akteure erfüllen alle nötigen Kriterien, um als relevante Experten für unsere Fragestellungen etikettiert zu werden (vgl. hierzu: Meuser/Nagel: 2009). Aus methodischer Sicht kommt den befragten Redakteuren eine Doppelrolle zu: Zum einen sind sie Experten, die Auskunft über Arbeitsroutinen, Aufmachungs- und Redaktionsstrategien geben können. Gleichzeitig sind sie Subjekt der Befragung, deren aggregierte Beschreibungen Auskunft über boulevardspezifische Aufmachungs- und Vermittlungsstrategien geben (vgl. Frieler 2011: 33).

Tabelle 10   Befragte der Kommunikatorstudie

Medium	Befragter	Funktion
BILD	Nikolaus Blome	Verantwortlicher Wirtschaftsressort, Stellv. Chefredakteur
B.Z.	Bettina Irion	Verantwortliche Redakteurin Politik/ Wirtschaft
Express	Maternus Hilger	Leitung Politik/Wirtschaft
Märkische Allgemeine	Mathias Richter	Leitung Wirtschaftsredaktion
Süddeutsche Zeitung	Marc Beise	Leitung Wirtschaftsredaktion
tz	Karl-Heinz Dix	Leitung Wirtschaft
Bild.de	Dietrich Menkens	Online-Ressortleiter Wirtschaft/Politik Bild.de
B.Z. Online	Oliver Stüber	Ressortleiter Online
Express.de	Thomas Kemmerer	Ressortleiter Online, stellvertretender Chefredakteur mit Schwerpunkt Online
maerkischeallgemeine.de*	Henrik Bortels	Leiter Onlineredaktion
sueddeutsche.de	Lutz Knappmann	Online-Ressortleiter Wirtschaft
tz-online.de	–	–

* Da in der Online-Redaktion von *maerkischeallgemeine.de* zum Zeitpunkt des Interviews erhebliche redaktionelle Umstrukturierungsprozesse stattfanden, sind die erhobenen Daten zur Redaktionsstruktur und -ausstattung nur eingeschränkt mit denen anderer Zeitungsredaktionen vergleichbar. Daher wird im Folgenden auf eine detaillierte Darstellung verzichtet.

Die Ansprechpartner in den Printredaktionen wurden auf Grundlage des Branchenverzeichnisses Kroll Taschenbuch Wirtschaftspresse (2010) und durch Online-Recherche identifiziert. Die Ansprechpartner in den Onlineredaktionen wurden anhand des Impressums der Online-Medien und durch telefonische Rückfrage in den Redaktionen ermittelt. Insgesamt wurden mit elf Experten Interviews durchgeführt, lediglich ein Interview mit dem Online-Ressortleiter der *tz-München* kam nicht zustande; das Interview mit Leiter der Onlineredaktion von *maerkischeallgemeine.de* konnte aufgrund von Umstrukturierungen in der Redaktion nur in eingeschränktem Maße verwendet werden.

Erhebungsinstrumente

Als Erhebungsinstrument haben wir uns für leitfadengestützte, telefonische Experteninterviews entschieden. Der Vorteil liegt in dem explorativen Charakter offener Interviews: Dieser erscheint uns angebracht, da bisher keine empirisch gesicherten Erkenntnisse über Wirtschaftsjournalisten und ihren Arbeitsweisen in Boulevardmedien vorliegen. Experten geben in offenen Leitfadeninterviews mehr „über ihre funktionsbezogenen Relevanzen und Maximen preis: immer dann, wenn sie fortfahren und erläutern, extemporieren, Beispiele geben oder andere Formen der Exploration verwenden." Dadurch gewinnt man Informationen, die mit standardisierten Befragungen nicht erhoben werden können (vgl. Meuser/ Nagel 2009: 472). Außerdem kann der Interviewer zu einzelnen Aspekten Nachfragen stellen und so unklare oder nicht eindeutige Informationen präzisieren. Zugleich gewährleistet der Leitfaden, dass in keinem der Experteninterviews relevante Aspekte ausgespart oder vergessen werden. Die telefonische Interviewführung erweist sich bei den beruflich stark eingebundenen und zudem sehr telefon-affinen Befragten als günstig. Da es zwischen Online- und Printredaktionen erhebliche organisationale Unterschiede gibt und unsere Erkenntnisinteressen je nach Medium unterschiedlich gelagert sind, wurden die Interviews auf Grundlage von zwei inhaltlich unterschiedlichen Interviewleitfäden geführt.

Interviewleitfaden Ressortleiter und leitende Redakteure Print
Der Interviewleitfaden für die Printredakteure umfasst vier thematische Schwerpunkte: (1) Struktur und Organisation der Wirtschaftsberichterstattung; (2) Relevanz, Umfang und Positionierung der Wirtschaftsberichterstattung; (3) Selektion und Aufbereitung von Wirtschaftsthemen und (4) redaktionelle Strategien der Wirtschaftsberichterstattung.

(1) Anhand der Leitfadengespräche sollen ergänzende Daten zu Ausstattung und Struktur der Wirtschaftsberichterstattung in den Redaktionen erfasst wer-

den. Dabei werden die Anzahl der auf Wirtschaftsberichterstattung spezialisierten Redakteure ermittelt und Informationen zu ihrer organisationalen Einbettung
erhoben (vgl. zu den Ergebnissen in Kap. 2.6). Während es in Wirtschaftsressorts
großer Qualitätszeitungen zu thematischen Binnendifferenzierungen in speziali-
sierte Teilbereiche kommen kann (vgl. Mast/Spachmann 2005: 61), gibt es in Boulevardmedien, wie bereits erwähnt, teilweise kein spezifisches Wirtschaftsressort
(vgl. Spachmann 2005: 232). Denkbar ist, dass es dennoch spezielle Wirtschaftsredakteure gibt, deren Arbeit aber anders organisiert ist als im herkömmlichen
Ressortsystem (beispielsweise durch Newsdesks oder Rechercheteams). Möglich
ist auch, dass Redaktionen ohne spezielle Wirtschaftsredakteure auskommen und
die Wirtschaftsberichterstattung von Generalisten mit einer mehr oder weniger
starken Spezialisierung auf Wirtschaftsthemen abgedeckt wird. Wirtschaftsthemen werden als Querschnittsthemen auch in anderen Bereichen und Ressorts
einer Zeitung unter spezieller Perspektive (z. B. Verbraucher, Lokales) bearbeitet.
Die Verteilung wirtschaftlicher Themen auf verschiedene Ressorts ist häufig „mehr
von gewachsenen organisatorischen als von sachlichen Faktoren abhängig" (Mast/
Spachmann 2005: 61). Daher gilt es zu ermitteln, wer, wo und mit welchem Fokus
Wirtschaftsberichterstattung macht. Zusätzlich zur organisatorischen Einbettung
der Redakteure wird gefragt, wie Themen unter den Redakteuren verteilt werden.
Dadurch können ggf. informelle Spezialisierungsmuster ermittelt werden.

   (2) Wirtschaftsberichterstattung hat für die redaktionelle Strategie verschiedener Tageszeitungen unterschiedliche Relevanz. Während für überregionale Blätter
wie die *Süddeutsche Zeitung* zu erwarten ist, dass die Befragten Wirtschaftsthemen eine hohe Bedeutung zusprechen, ist nicht klar, welche Rolle Wirtschaftsthemen in Boulevardzeitungen spielen. Daher soll zunächst erhoben werden, wie
die Befragten die Bedeutung wirtschaftlicher Themen für die redaktionelle Strategie ihrer Zeitung einschätzen. Dies wird einerseits direkt abgefragt; Hinweise
auf die Relevanz ergeben sich aber andererseits auch aus der Einschätzung des
Umfangs der Wirtschaftsberichterstattung und ihrer Positionierung. Mast/Spach-
mann (2005: 59) weisen darauf hin, dass es in Boulevardmedien teilweise keine
„feste[n] Sparten bzw. Sendeplätze dafür [Wirtschaftsthemen] gibt". Das Vorhandensein (bzw. nicht Vorhandensein) fester Plätze, wie beispielsweise einer eigenen
Wirtschaftsseite oder eine häufige Nennung der Seite Eins als Ort der Wirtschaftsberichterstattung, lässt Rückschlüsse auf die Bedeutung der Wirtschaftsberichterstattung innerhalb der redaktionellen Strategie des Blattes zu. Die Positionierung
der Wirtschaftsberichterstattung durch die Befragten ermöglicht zudem Erkenntnisse über die Relevanz verschiedener Themenbereiche und deren Zielgruppe:
Wird Wirtschaftsberichterstattung beispielsweise primär im Lokal- oder Ratge-

berressort verortet, ist zu vermuten, dass Verbraucher- und Lokalthemen mit hoher Priorität aufgegriffen werden.

(3) Unterschiedliche redaktionelle Konzepte von Tageszeitungen führen zu spezifischen Selektionskriterien in der Themenwahl. Aus der Fülle verfügbarer Nachrichten werden anhand von genre- und redaktionsspezifischen Mustern und Programmen Informationen ausgewählt und aufgearbeitet. In diesem Zusammenhang wird zunächst nach der Nutzungshäufigkeit verschiedener Informationsquellen für die Berichterstattung gefragt. Zudem sollen genrespezifische Selektionskriterien für Wirtschaftsthemen, wie auch Aufmachungs- und Vermittlungsstrategien ermittelt werden. Für Boulevardzeitungen wird in der Forschungsliteratur aufgrund der ausgeprägten ökonomischen Rationalität von Straßenverkaufszeitungen (vgl. Dulinski 2003: 16) eine starke Publikumsorientierung angenommen, innerhalb derer „Zielgruppen und deren Bedürfnisse das dominierende Organisationsprinzip" sind und „Wirtschaftsthemen […] die speziellen Muster und Programme des Boulevard-Journalismus" durchlaufen (Spachmann: 2005: 156). Hinsichtlich der „speziellen Muster und Programme" des Boulevardjournalismus wird vermutet, dass „Personalisierung, Emotionalisierung und Sensationalismus […] ein einseitiges Bild der Wirtschaft bzw. dessen, was an ökonomischen Themen die Veröffentlichungsschwelle überwinden kann" zeichnen (Mast/Spachmann 2005: 59). Neben inhaltlichen Aufmachungs- und Vermittlungsstrategien wird nach der formalen Gestaltung gefragt, insbesondere im Hinblick auf Bilder und Grafiken.

(4) Um Informationen über die verfolgten redaktionellen Strategien zu gewinnen, werden die personale und funktionale Zielorientierung der Wirtschaftsberichterstattung abgefragt. Zur Ermittlung der personalen Zielorientierung wird um eine Charakterisierung des Lesers gebeten. Die funktionale Orientierung wird anhand der Dimensionen neutrale Informationsvermittlung, Beratung und Dienstleistung, Kontrolle und Beeinflussung und aktive Meinungsbildung abgefragt. Dabei liegt der Fokus explizit auf der Intention der Wirtschaftsberichterstattung und nicht auf dem Rollenselbstverständnis des Journalisten.

Interviewleitfaden Ressort- und Redaktionsleiter Online

Der Interviewleitfaden für die Online-Ressort- und Redaktionsleiter umfasst thematisch drei Schwerpunkte: (1) Struktur und Ausstattung der Onlineredaktion, (2) Verhältnis und Zusammenarbeit mit der Printredaktion und (3) Stellenwert und onlinespezifische Bearbeitung der Wirtschaftsberichterstattung.

(1) In einem ersten Schritt sollen ergänzende Daten zu Ausstattung und Struktur der Wirtschaftsberichterstattung in den Redaktionen erfasst werden. Dabei

wird, analog zur Befragung der Printredaktionen, die Gesamtgröße der Redaktion und die Anzahl der auf Wirtschaftsberichterstattung spezialisierten festen und freien Mitarbeiter erhoben. Zudem werden Informationen zu ihrer organisationalen Einbettung und ihrer Themenspezialisierung erhoben (vgl. zu den Ergebnissen Kap. 2.6).

(2) Die Zusammenarbeit zwischen Print- und Onlineredaktion kann auf unterschiedliche Art und Weise organisiert sein: Es ist denkbar, dass die Onlineredaktion als eigenständige Organisationseinheit weitgehend autonom von der Printredaktion Wirtschaftsberichterstattung betreibt und es nur wenige Berührungspunkte gibt. Ebenso ist aber auch möglich, dass die Onlineredaktion unmittelbar in die Printredaktion integriert ist und es zu einer engen Zusammenarbeit mit organisatorischen, personellen und inhaltlichen Überschneidungen kommt. Abgefragt wird daher die organisationale Anbindung an das „Muttermedium" sowie die (inhaltliche und thematische) Autonomie der Onlineredaktion und insbesondere Wirtschaftsberichterstattung im Web. Explizit wird nach der crossmedialen Verwertung von Inhalten zwischen Print- und Onlineangebot sowie gegebenenfalls nötigen Aufbereitungsschritten gefragt.

(3) Analog zur Befragung mit den Print-Ressortleitern soll der Stellenwert der Wirtschaftsberichterstattung in der Online-Ausgabe des Mediums ermittelt werden. Hierzu wird nach der Relevanz von Wirtschaftsthemen im Vergleich zu anderen Themen und zur Print-Ausgabe gefragt. Vor dem Hintergrund einer kohärenten Markenführung dürften Themenselektion und -aufmachung zwischen Print- und Onlineausgabe eines Mediums nicht fundamental voneinander abweichen, so dass die Befunde der Printbefragung auf die Onlineberichterstattung teilweise übertragbar sein sollten. Damit aber eventuell existierende Unterschiede in der strategischen Ausrichtung und Aufmachung der Berichterstattung ermittelt werden können, werden die Onlineressortleiter nach inhaltlichen Unterschieden zwischen der Print- und Online-Wirtschaftsberichterstattung ihrer Zeitung gefragt. Zudem werden die Befragten gebeten, ihre Zielgruppe zu definieren und die Schnittmenge zwischen On- und Offlinenutzern zu schätzen. Dadurch können Informationen zur Relevanz und Struktur der Zielgruppe gewonnen werden. Eine Spezifik von Onlinemedien ist, dass sie unmittelbare Rückmeldung über Zugriffszahlen und spontane Reaktionen und Diskussionen in Foren und Kommentarzeilen zu einzelnen Beiträgen liefern. Dadurch können Journalisten unmittelbares Feedback über das Interesse und die Meinung ihrer Leser zu bestimmte Themen erhalten. In diesem Zusammenhang werden die Nutzung solcher Feedbackkanäle und mögliche Rückwirkungen auf die Berichterstattung und die Themenplanung abgefragt.

Feldzeit, Durchführung und Auswertung der Interviews
Die befragten Ressortleiter und Redakteure wurden in der Woche vom 13. Juni bis 20. Juni 2011 zunächst postalisch und wenige Tage später per E-Mail um einen Termin für ein telefonisches Experteninterview gebeten, ggf. wurde mehrfach per Telefon nachgefasst. Auf diesem Wege wurden mit insgesamt elf von zwölf zuvor ermittelten Gesprächspartnern Interviewtermine vereinbart. Mit einem Onlineredakteur der *tz* kam leider kein Gesprächstermin zustande. Die Leitfadeninterviews wurden zwischen dem 24. Juni und 15. Juli 2011 telefonisch von zwei Interviewern durchgeführt. Die Interviews dauerten im Durchschnitt 31 Minuten (Wirtschaftsressortleiter und -redakteure Print) bzw. 29 Minuten (Online) und wurden digital mitgeschnitten. Die so gewonnenen Audioaufnahmen wurden anschließend transkribiert und ausgewertet. Die Auswertung erfolgte dabei in mehreren Einzelschritten: Zunächst wurden die Interviews gründlich gelesen, um sie auf Transkriptionsfehler zu prüfen und einen Überblick über das gesamte Material zu gewinnen. In einem zweiten Schritt wurden anhand einzelner Passagen materialorientierte Auswertungskategorien entwickelt, wodurch sichergestellt werden konnte, dass auch Themen, die im Verlauf des Interviews von den Gesprächspartnern neu aufgebracht wurden (und zuvor im Leitfadenentwurf nicht bedacht wurden), in der Kategorienbildung mit berücksichtigt wurden. Im nächsten Schritt wurden einzelne Passagen der Interviews entsprechend der entwickelten Kategorien kodiert, so dass im letzten Schritt eine systematische Beschreibung und Interpretation des erhobenen Materials vorgenommen werden konnte.

3.2.2 Ergebnisse: Zeitungsjournalisten

Relevanz und Themenschwerpunkte in Boulevardzeitungen
Wirtschaftsberichterstattung spielt aus Sicht der befragten Wirtschaftsredakteure und -ressortleiter im Boulevard tendenziell eine untergeordnete Rolle. Vor allem die Befragten der lokal bis regional ausgerichteten Boulevardzeitungen ohne Wirtschaftsressort schätzen die Relevanz von Wirtschaftsthemen im Vergleich zu anderen Themenbereichen in ihrem Blatt als verhältnismäßig gering ein. Häufig werden Sport- und Lokalberichterstattung als wichtigste Ressorts genannt:

> Zu einem Boulevardblatt greifen ja auch Leute aus unterschiedlichen Schichten, eben auch weil der Sport und das Lokale in der Regel einen größeren Stellenwert haben als Politik und Wirtschaft. *(Maternus Hilger, Express)*

Auch die Politikberichterstattung wird, mit unterschiedlicher Gewichtung, tendenziell von allen Befragten als wichtiger eingestuft als Wirtschaftsberichterstattung.

> Wir haben bei uns zwei Seiten, die sich mit Politik und Wirtschaft befassen, und ich würde sagen, da ist Politik schon eindeutig vorrangig, also der Wirtschaft vorangestellt. Doch es kommt natürlich immer auf die Themenlage an. Es gibt sicherlich große Wirtschaftsthemen, die einfach die Nation bewegt haben, die wir dann natürlich auch über ein paar Tage gespielt haben, in denen die Politik kürzer kam. Aber im großen Ganzen, im Jahresschnitt würde ich sagen, dass Wirtschaft einen deutlich kleineren Teil einnimmt als die Politikberichterstattung. *(Bettina Irion, B.Z.)*

Ein Befragter einer regionalen Boulevardzeitung berichtet, dass die Bedeutung der Wirtschaftsberichterstattung bei ihm in der Redaktion in den letzten Jahren zugenommen habe, was auch zu strukturellen Veränderungen in Zeitung und Redaktion geführt habe:

> Es gab bis vor ungefähr 15 Jahren überhaupt keine Wirtschaftsberichterstattung in unserer Zeitung. Man hat dann aber gemerkt, dass das Bedürfnis an Verbraucherthemen, aber auch an Wirtschaftsthemen durchaus gewachsen ist, auch in einer Boulevard-Zeitung. Deshalb hat man dann eine Wirtschaftsseite eingeführt. Das lief zunächst so nebenbei und vor ungefähr zehn Jahren hat man gesagt: Nein, wir wollen eine richtige Wirtschaftsseite haben mit zwei Mann Personal. Das ist für eine kleine Boulevard-Zeitung nicht viel, aber damit kann man, wenn beide Kollegen da sind, schon auch mal ein eigenes Thema recherchieren und nicht nur Agenturen nehmen. *(Karl-Heinz Dix, tz)*

Auch bei der *BILD-Zeitung* als überregionaler Boulevardzeitung wird bestätigt, dass Wirtschaftsberichterstattung in den letzten Jahren zunehmend wichtiger wurde.

Unterschiede in der Einschätzung der Relevanz von Wirtschaftsberichterstattung ergeben sich vor allem für verschiedene Themenbereiche. Boulevardzeitungen orientieren sich stark an der Lebenswelt ihrer Leser, zwei Elemente der Wirtschaftsberichterstattung werden von den Befragten besonders betont: der Nutzwert der Information für den Leser und seine Betroffenheit durch lokale, ökonomische oder emotionale Nähe.

Die große Bedeutung des Nutzwerts spiegelt sich vor allem in der zugeschriebenen Relevanz von Verbraucher- und Servicethemen. Wird Wirtschaftsberichterstattung explizit in einem „breiten" Verständnis angesprochen, das auch

Verbraucherthemen mitberücksichtigt, schätzen alle befragten Boulevardjournalisten Wirtschaftsberichterstattung als einen wichtigen Aspekt ihrer Zeitung ein:

> Wenn Sie es insgesamt so weit fassen, dass Sie Verbraucherthemen mit einbeziehen, ist die Wirtschaftsberichterstattung natürlich sehr wichtig, denn wir merken, dass gerade die Ratgeberseiten, also wirklich die konkreten Tipps für unsere Leser, enorm wichtig sind. Deshalb werden diese Themen auch sehr ernst genommen und für sehr wichtig gehalten. *(Bettina Irion, B.Z.)*

Diese Einschätzung ist unabhängig davon, wie die Service- und Verbraucherberichterstattung in der Redaktion organisiert ist: in der Wirtschaft oder einem eigenständigen Ressort. Verbraucher- und Ratgeberthemen gelten als wichtiger Bestandteil der Wirtschaftsberichterstattung, die ihren Platz auch auf anderen Seiten finden kann:

> Das wird hier sehr gepflegt: Ratgeber und Verbraucherfragen, das können Lebensmittelkennzeichnungen oder Versicherungsthemen sein und all diese Dinge. Das findet auch bei uns relativ groß statt, nicht nur auf der Seite zwei, für die ich zuständig bin, sondern wenn wir größere Ratgeberthemen haben, dann weichen wir auch auf andere Seiten aus. *(Maternus Hilger, Express)*

„Klassische" Wirtschaftsberichterstattung über Finanzthemen oder Unternehmen wird von den befragten Boulevardjournalisten größtenteils als uninteressant für ihre Leser eingeschätzt und hat daher eine geringe Relevanz. Auch bei der *BILD-Zeitung* findet Finanz- und Geldberichterstattung „oftmals in Ratgeberform auf der Seite Vier statt, ohne aber konkrete Anlagetipps zu geben" *(Nikolaus Blome, BILD)*. Anders verhält es sich mit der Unternehmensberichterstattung; sie spielt vor allem bei den regional orientierten Boulevardblättern und in den Regionalteilen der *BILD-Zeitung* eine größere Rolle:

> Reine Unternehmensberichterstattung machen wir im Grunde genommen nur, wenn es sich um Firmen handelt, die hier im Verbreitungsgebiet sind, also z.B. Ford, einer der größten Arbeitgeber hier oder Bayer Leverkusen. Da gehen wir auch schon mal zu Bilanzpressekonferenzen, was wir sonst eigentlich selten machen. *(Maternus Hilger, Express)*

Der hier betonte Lokalbezug der Themen verdeutlicht den von allen Boulevardjournalisten explizit oder implizit geäußerten Faktor „Betroffenheit": Wirtschaftsthemen werden relevant, sobald sie die Lebenswelt des Lesers berühren. Das kann durch lokale Nähe oder ökonomische Betroffenheit als Arbeitnehmer oder Verbraucher sein. Wie eine Befragte herausstellt, können Wirtschaftsthemen aufgrund ihrer emotionalen Komponente relevant sein, insbesondere wenn sie beispielsweise Traditionsunternehmen oder Marken betreffen, mit denen der Leser sich identifiziert:

> Gerade Firmen, die eine Zeit lang in der Krise waren – so etwas hat einfach auch einen emotionalen Faktor. [...] Nehmen wir den theoretischen Fall an, es gäbe plötzlich Mercedes nicht mehr: Auch wenn man sich selbst nie einen Mercedes leisten konnte – das ist einfach ein Traditionsunternehmen und es täte einem irgendwo doch in der Seele weh, wenn es das nicht mehr gäbe. Also eine emotionale Komponente hat die Wirtschaftsberichterstattung auch. *(Bettina Irion, B.Z.)*

Neben Finanz- und Unternehmensberichterstattung kann Wirtschaftspolitik als Kerngebiet konventioneller Wirtschaftsberichterstattung verstanden werden. Bei regional ausgerichteten Boulevardzeitungen wurde Wirtschaftspolitik als Gegenstand der Berichterstattung ausschließlich mit starkem Bezug auf den Leser genannt: Es geht dann um verständliche journalistische Antworten auf komplexe Sachfragen wie diese: „Wenn die Steuerentlastung kommt, was bedeutet das für den Leser, welche Entlastungen hat der, was macht das für ihn persönlich aus?"

Eine hohe Relevanz wirtschaftspolitischer Themen wurde vor allem von unserem Gesprächspartner bei der überregionalen *BILD-Zeitung* explizit angesprochen. Zudem scheinen wirtschaftspolitische Themen dabei mit zunehmender gesellschaftlicher Relevanz ins Politikressort „abzuwandern":

> Wirtschaftsberichterstattung, wenn Sie die Unternehmensberichterstattung außen vor lassen, ist für uns von sehr großer Bedeutung, und zwar immer dann, wenn es um große Politik geht, auf der Seite 2. [...] Die *BILD-Zeitung* nimmt Wirtschaft immer wichtiger, hat sie im Laufe der letzten Jahre immer wichtiger genommen, einfach weil sie immer weniger von der großen politischen, gesellschaftlichen Berichterstattung zu trennen ist. Ein Thema wie Rente wäre vor 15 Jahren immer im Wirtschaftsteil gelaufen, heute läuft es auch schon vorne in den politischen Teilen, und das ist eine Entwicklung, die die *BILD*-Zeitung aufgenommen hat, bei Rente sowieso, das sind immer große Themen gewesen. Aber in dem Maße, wie die Grenze zwischen Wirtschaftspolitik und „normaler Politik/Innenpolitik" schwinden, wird das auch immer mehr ein Thema für *BILD*. *(Nikolaus Blome, BILD)*

Relevanz und Themenschwerpunkte in den Qualitätszeitungen
Die Bedeutung der Wirtschaftsberichterstattung wird bei der *Märkischen Allgemeinen* und der *Süddeutschen Zeitung* höher eingeschätzt als bei den Boulevardzeitungen. In der *Süddeutschen Zeitung*, traditionell eher eine politische Autorenzeitung, ist die Relevanz der Wirtschaftsberichterstattung nach Einschätzung unseres Gesprächspartners „im Stellenwert auf einer Ebene mit den beiden Königsressorts: Innen- und Außenpolitik". *(Marc Beise, Süddeutsche Zeitung).* Thematisch und publizistisch versucht die *SZ*-Wirtschaftsredaktion, sehr breit alle Bereiche der Wirtschaftsberichterstattung abzudecken: mit der verbraucherorientierten Berichterstattung und „Wirtschaftsunterhaltung" innerhalb der Rubrik „Geld", über Unternehmensberichterstattung bis hin zu Finanz- und wirtschaftspolitischen Berichterstattung werden gezielt unterschiedliche Leserschichten angesprochen. Große Bedeutung wird vor allem Themen mit hoher gesellschaftlicher Relevanz zugesprochen, was auf eine besondere Bedeutung der wirtschaftspolitischen Themen hinweist.

Auch bei der *Märkischen Allgemeinen* wird mit der Wirtschaftsberichterstattung grundsätzlich das Ziel verfolgt, „einen möglichst breiten Überblick zu liefern" *(Mathias Richter, Märkische Allgemeine)*. Gleichzeitig spielt die Orientierung am regionalen Raum und am Leser, als ökonomisch und sozial Betroffenem der wirtschaftlichen Vorgänge, eine sehr große Rolle für die Setzung der Themenschwerpunkte. Insbesondere eine regional fokussierte Branchen- und Unternehmensberichterstattung wird von unseren Gesprächspartnern wiederholt als Stärke der eigenen Wirtschaftsberichterstattung thematisiert:

> Mit entscheidend für die Themenauswahl ist eine regionale Relevanz. Außerdem ist wichtig – das hängt auch mit unserem Seitenkopf-Titel „Wirtschaft und Soziales" zusammen – dass es die Leserschaft irgendwie betrifft. Deshalb steht bei der Unternehmensberichterstattung zum Beispiel der Aspekt Arbeitsplätze immer mit im Vordergrund. *(Mathias Richter, Märkische Allgemeine)*

Verbraucher- und Ratgeberthemen haben aus Sicht des Wirtschaftsressorts keine Bedeutung für die Wirtschaftsberichterstattung der *Märkischen Allgemeinen*, was aber vor allem mit der redaktionellen Entscheidung zusammenhängt, Verbraucherthemen in einer gesonderten Beilage durch ein eigenes Ressort abzudecken.

Quellen und Recherche
Nachrichtenagenturen werden von allen regionalen Redaktionen häufig verwendet. Dabei werden Agenturmeldungen insbesondere für kleinere Meldungen und

Kurznachrichten übernommen oder umgeschrieben. Ansonsten finden sie als thematische Anregung für weitere Recherchen Verwendung. Bei den überregionalen Zeitungen dienen Agenturmeldungen nur gelegentlich als Quelle, bei der *BILD-Zeitung* wird dies damit begründet, dass man sich selten darauf beschränke, die Nachrichtenlage abzubilden. Bei der *Süddeutschen Zeitung* wird Agenturmaterial zwar häufig verwendet, wird aber vor allem als Anstoß und zur Kontrolle der Themen genutzt. Abonniert haben alle befragten Wirtschaftsredaktionen *dpa*, am zweithäufigsten wird *dapd* genannt. In zwei regionalen Boulevardzeitungsredaktionen werden keine weiteren Agenturen für die Wirtschaftsberichterstattung verwendet. Die restlichen Redaktionen nennen neben *dpa*, mit unterschiedlicher Verteilung, *ap, afp* und *Reuters*. *Reuters* wird von einem Befragten insbesondere für die Unternehmensberichterstattung herausgestellt. Wesentliche Unterschiede zwischen Boulevard- und Qualitätszeitungen lassen sich aus den gemachten Angaben nicht ableiten, mit Ausnahme der *Süddeutschen Zeitung*. Diese hat „alle" üblicherweise in der deutschen Presse verwendeten Nachrichtenagenturen abonniert und bezieht zusätzlich spezielle Wirtschaftsinformationsdienste wie *Bloomberg*. Solche Dienste werden auch von der *BILD-Zeitung* gelegentlich verwendet. Die Nachrichtenagenturen dienen also bei der Boulevardpresse vor allem dazu, die aktuelle Nachrichtenlage abzubilden, gerade wenn es um überregionale oder internationale Wirtschaftsthemen geht. Bei der *Süddeutschen Zeitung* werden Agenturmeldungen darüber hinaus zum Anlass für weitergehende Recherchen und Berichte genommen.

Social Media und Blogs haben als Quelle kaum Relevanz. Alle Befragten der regionalen Boulevardzeitungen geben an, sie selten (zwei Nennungen) oder nie (eine Nennung) für die Wirtschaftsberichterstattung zu verwenden. Lediglich die beiden überregionalen Tageszeitungen verwenden Social Media und Blogs gelegentlich als Informationsquelle. Jedoch konnte keiner der Befragten auf Nachfrage ein konkretes Beispiel nennen, was aber vor allem mit einer geringeren Einbindung der Leitungsebenen in die tägliche redaktionelle Arbeit begründet wurde.

Nach Onlinequellen im Allgemeinen gefragt, geben alle Ressort- und Redaktionsleiter eine häufige Nutzung an. Bezogen auf konkrete Webadressen erwidert ein Befragter: „Es kommt immer darauf an, was man gerade braucht" *(Mathias Richter, Märkische Allgemeine)*, was sich insgesamt in der Heterogenität der Antworten der Befragten widerspiegelt: Genannt werden am häufigsten Portale und Seiten anderer Medien mit Wirtschaftsberichterstattung, aber auch die Seiten von Ministerien und Forschungsinstituten, das Bundesamt für Statistik oder Wikipedia. Unterschiede zwischen den einzelnen Pressegattungen lassen sich nicht ausmachen.

Alle Befragten nutzen andere Medien häufig: Am meisten werden überregionale Tageszeitungen mit Schwerpunkt Wirtschaft genannt: *Frankfurter Allgemeine Zeitung, Financial Times Deutschland, Handelsblatt.* Hinzu kommen überregionale deutsche Tageszeitungen und Nachrichtenmagazine. Während in den meisten Redaktionen die Zeitungen in der Printausgabe vorliegen, gibt ein Befragter einer regionalen Boulevardzeitung an, überwiegend die Online-Portale überregionaler Zeitungen zu nutzen. Mehrere Befragte beobachten die jeweiligen Konkurrenzprodukte, insbesondere um zu prüfen, ob wichtige Themen in der eigenen Zeitung übersehen wurden. Zudem wird in mehreren Redaktionen die Nachrichtenlage über das Fernsehen verfolgt. Nur bei der *Süddeutschen Zeitung* werden mit der *New York Times*, dem *Wallstreet Journal*, der englischsprachigen *Financial Times* und der *Neuen Zürcher Zeitung* zusätzlich zu den nationalen Medien explizit auch internationale Medien genannt.

Medienübergreifend nennen alle Wirtschaftsredakteure und -Ressortleiter Informanten und Interviewpartner als häufig genutzte Quelle; bei den regionalen Boulevardzeitungen sind dies vor allem „Experten" mit zwei wesentlichen Funktionen: Zum einen dienen sie den Redakteuren als Informationsquelle, insbesondere um bei komplexen Sachverhalten Fachwissen zu erhalten. Zum anderen werden Experten gezielt als externe Kolumnisten oder Interviewpartner in das Blatt geholt:

> Das sind Banken, Forschungsinstitute, Verbände, Arbeitgeber- und Arbeitnehmerverbände, also Gewerkschaften, Verband der Bayerischen Wirtschaft, aber auch eine ganze Reihe von Uni-Instituten für Finanzwirtschaft und so weiter. Wir holen uns einen Experten, der dem Leser die Hintergründe und die Auswirkungen erklären soll. Beispielsweise der Rettungsschirm für Griechenland: Was heißt das, was passiert mit dem Euro und so weiter. Da setzen wir dann auf den Sachverstand von Experten, weil wir das nicht aus dem Bauch heraus erklären können und wollen. Sondern jemand, der auch nachgewiesen sich wirklich auskennt. Da setzen wir sehr häufig drauf. Wir machen das entweder in Interviewform oder dann auch in Form von Fragen und Antworten. *(Karl-Heinz Dix, tz)*

Interviews spielen aus Sicht der Befragten insgesamt eine wichtige Rolle; nicht zuletzt wird mit „on-the-record-Zitaten" die Glaubwürdigkeit der Berichterstattung erhöht. Auch für die „Qualitätsmedien" sind Interviewpartner und Experten als Quelle von Fachwissen relevant. Insbesondere bei der *Süddeutschen Zeitung* wird betont, dass ein breites Informantennetz wichtig ist, um exklusiv und investigativ zu arbeiten.

Pressemitteilungen von Unternehmen sind im Boulevardjournalismus wie bei den Qualitätszeitungen von untergeordneter Bedeutung. Zwar geben alle Befragten an, dass sie Pressemeldungen von Unternehmen wahrnehmen und gelegentlich nutzen, räumen ihnen aber tendenziell eine geringe Relevanz für ihre Arbeit ein. Unser Gesprächspartner der *Süddeutschen Zeitung* verdeutlicht seinen prinzipiellen Anspruch an Recherche und Exklusivität an diesem Beispiel:

> Der Punkt ist: Wenn einer meiner Mitarbeiter erst durch eine Pressemitteilung auf zu ein berichtendes Thema aufmerksam wird, dann ist das schon mal schlecht. Das muss er eigentlich vor dieser Pressemitteilung wissen." *(Marc Beise, Süddeutsche Zeitung)*

Größere Bedeutung haben Pressemitteilungen von Verbänden und Forschungsinstituten, die fast alle häufig nutzen. Genannt werden in diesem Zusammenhang vor allem Wirtschaftsforschungsinstitute *(DIW, ifo)*, ein Befragter nennt zusätzlich Parteistiftungen und Umfrageinstitute.

Alle regionalen Boulevardzeitungen greifen für ihre Service- und Verbraucherberichterstattung auch auf externe Dienstleister als Quelle zurück. Am häufigsten genannt werden die Stiftungen Warentest, Finanztest und Ökotest. Bei den beiden überregionalen Tageszeitungen *BILD-Zeitung* und *Süddeutsche Zeitung* gibt es bei Nutzwertthemen gelegentlich Kooperationen mit externen Dienstleistern.

Der Recherche messen alle Befragten eine große Bedeutung für die eigene Arbeit bei. Für Wirtschaftsthemen lassen sich verschiedene Recherchemuster erkennen: Bei regionalen Boulevardzeitungen konzentriert man sich auf die Nachrecherche: Ausgehend von „Basisinformationen" zu einem Thema, das „in der Luft liegt bzw. über Agenturen oder über andere Medien" kommt, werden ergänzende Informationen oder Protagonisten gesucht, die zu einer boulevardspezifischen Aufmachung beitragen können. Ein Befragter betont, dass es in seiner Redaktion wichtig sei, die zu einem Thema „dazugehörigen Menschen" zu finden, um es „runter zu brechen" und nennt ein Beispiel:

> Wenn eine Firma 200 Leute entlässt, dann vermelden wir das nicht nur, sondern dann schicken wir Leute raus, die versuchen, Betroffene zu finden und ihre Lebenssituation schildern. Man kann dann exemplarisch vielleicht an einem oder im günstigsten Fall an mehreren Beispielen erzählen, was das für eine Konsequenz hat. *(Maternus Hilger, Express)*

Recherche wird in diesem Sinn überwiegend als ein Bündeln von Informationen und das Nachrecherchieren aufmachungsrelevanter Aspekte verstanden. Der Anspruch an die Recherche wirtschaftlicher Themen ist unter den regionalen Boulevardzeitungen unterschiedlich stark ausgeprägt. Karl-Heinz Dix von der *tz* betont in diesem Zusammenhang, dass die Themen für die Recherche nicht immer über Nachrichtenagenturen oder andere Informationskanäle kommen, sondern bei ihnen anhand unterschiedlicher Quellen auch selber entwickelt werden. Insbesondere der Aufmacher der Wirtschaftsseite solle möglichst immer selbst recherchiert sein.

Für die regionale Qualitätszeitung *Märkische Allgemeine* spielt nach Angaben unseres Gesprächspartners die Eigenrecherche ebenfalls eine sehr große Rolle, insbesondere für den Seitenaufmacher. Die Recherche dient auch hier vor allem der Ergänzung und Überprüfung von „Basisinformationen" anhand verschiedener Gesprächspartner und Quellen, sie spielt aber insbesondere eine große Rolle für die „Regionalisierung" von Themen.

Bei den beiden überregionalen Tageszeitungen *BILD* und *Süddeutsche Zeitung* wird der Anspruch an Themenexklusivität und investigative Recherche stärker als bei den regionalen Zeitungen betont. Für die Boulevardzeitung ist es dabei wichtig mit vielen Leuten zu sprechen, insbesondere um exklusive „On-the-record-Zitate" zu erhalten. Einen sehr hohen Anspruch an die Recherche stellt unser Gesprächspartner bei der *Süddeutschen Zeitung*:

Die Recherche ist das A und O. Der Anspruch muss sein, möglichst viel zuerst zu wissen und dann auch einordnen zu können und sich nicht auf das verlassen zu müssen, was einem vom Unternehmen in der Pressemitteilung mitgeteilt wird. Der Anspruch an jeden Kollegen ist, dass er so nah dran ist an dem Unternehmen oder an der Branche, die er betreut, dass er möglichst viel exklusiv hat. Und das heißt natürlich: ständige Recherche. [...] Man muss halt möglichst viele Quellen haben in einem Unternehmen – wenn wir von Unternehmen ausgehen, [...] ist mein Anspruch an den Kollegen, der das macht, dass er sich so intensiv eingearbeitet hat, dass er täglich im Gespräch mit Mitarbeitern von Siemens ist; sowohl in der Pressestelle – wir umgehen die ja nicht, wir arbeiten natürlich auch mit der Pressestelle zusammen –, aber es darf sich nicht darauf konzentrieren, sondern er muss direkt Zugang zu Führungskräften haben, er muss im Aufsichtsrat verdrahtet sein, besonders in den Ecken des Aufsichtsrats, wo man andere Dinge hört als von der Unternehmensleitung, er muss mit den Analysten reden, mit den Beobachtern in der Finanzszene für dieses Unternehmen, er muss mit der Konkurrenz reden über sein eigentliches Berichtunternehmen usw. Das ist der Anspruch. *(Marc Beise, Süddeutsche Zeitung)*

Aufmachung der Wirtschaftsberichterstattung
Wirtschaftsthemen werden in Tageszeitungen gattungsspezifisch nach inhaltlichen und formalen Kriterien aufbereitet. Bei allen Befragten spielt der Leser
als Orientierungspunkt eine zentrale Rolle für die Aufmachung. Dabei legen vor
allem die Boulevardredakteure sehr hohen Wert auf Komplexitätsreduktion:

> Wirtschaftsthemen neigen ja dazu, manchmal ein bisschen trocken zu sein, manchmal
> ein bisschen schwer verständlich. Gerade in Boulevardmedien ist es die große Kunst,
> komplizierte Sachverhalte so einfach darzustellen, dass jeder es versteht, auch wenn er
> von Wirtschaft ansonsten keine Ahnung hat. *(Bettina Irion, B.Z.)*

Wirtschaft soll dabei auf ein „allgemeinverständliches" Niveau „runtergebrochen"
und dem Leser vermittelt werden. Den Anspruch, Wirtschaft für die Allgemein-
heit verständlich zu erklären, sprechen einige der Befragten ausdrücklich als Un-
terscheidungsmerkmal zu Wirtschaftsberichterstattung in Qualitätszeitungen an:

> Ich denke, wir erklären mehr. Die klassische Stilform für uns ist: Fünf Fragen, also die
> fünf wichtigsten Fragen zu einem Thema, und dann geht's los. Das Stilmittel kommt in
> Wahrheit aus dem Angelsächsischen, hat aber hier im Boulevard weit mehr Einzug ge-
> halten als bei den anderen Überregionalen.[12] *(Nikolaus Blome, BILD)*

Einige Redakteure benennen auch die Probleme bei der Vermittlung von Wirtschaftsthemen. Mehrfach angesprochen wird dabei der Widerspruch zwischen le-
sernaher Vermittlung von Wirtschaftsthemen und einer richtigen, vollständigen
Darstellung, die alle Facetten eines Themas beleuchtet. Eine der Befragten aus
einer regionalen Boulevardzeitung bemerkt hierzu:

> Der bekannte Vorwurf lautet ja, dass man viel „schwarzweiß" malt. Das stimmt zum
> Teil auch, aber wir versuchen sicherlich immer, auch ein paar Grautöne reinzubringen,
> um dem Thema gerecht zu werden und die Darstellung nicht zu verzerren. Wir wollen
> dem Leser schließlich nichts Falsches erzählen. Doch natürlich können wir, schon aus
> Platzgründen, nicht jede feine Schattierung ausarbeiten, die zum Beispiel die *Financial
> Times* z. B. bringen könnte. *(Bettina Irion, B.Z.)*

---

12 Mit den „fünf wichtigsten Fragen zu ..." sind hier nicht die „klassischen" journalistischen W-Fra-
    gen der Nachrichtenrecherche gemeint. Es handelt sich um ein boulevardtypisches Stilmittel, in
    dem Fragen explizit formuliert und mit der dazugehörigen Antwort versehen werden.

Die befragten Qualitätszeitungsredakteure verfolgen ebenfalls das Ziel, ihre Wirtschaftsberichterstattung, je nach Zielgruppe, lesergerecht und erklärend aufzubereiten. Interessant ist, dass die *Süddeutsche Zeitung* in diesem Zusammenhang von mehreren der befragten Boulevardjournalisten als die deutsche Qualitätszeitung mit der besten Wirtschaftsberichterstattung hervorgehoben wird, eben gerade aufgrund ihres stark erklärenden und vermittelnden Ansatzes nach der Devise: „Wir erzählen euch Wirtschaft, wir erklären euch Wirtschaft".

Mit einer Ausnahme sprechen alle Befragten dem „klassischen" Boulevardstilmittel Personalisierung eine sehr große Bedeutung für die Vermittlung von Wirtschaftsthemen zu. Abstrakte Aspekte werden dabei anhand von exemplarischen Einzelschicksalen erzählt. Personalisierung dient im Boulevard einer stärkeren Emotionalisierung der Berichterstattung:

> Es macht sich manchmal einfach leichter und interessanter, wenn man Wirtschaftsthemen über Personen erzählt. Wenn ich zum Beispiel sage, 10 000 Leute bei Opel müssen gehen, dann ist die Zahl an sich natürlich schon schlimm genug. Aber wenn ich drei Leute habe, die sagen: „Ich arbeite hier seit 30 Jahren, jetzt weiß ich nicht, wie ich mein Haus noch abzahlen soll", dann betrifft das den Leser natürlich noch mehr. *(Bettina Irion, B.Z.)*

Allerdings ist Personalisierung als Stilmittel in der Wirtschaftsberichterstattung nicht immer einsetzbar:

> Der Versuch ist immer da, es so [personalisiert] aufzuziehen. Das würden wir, wenn es die Möglichkeit dazu gibt, immer wählen, aber Wirtschaftsberichterstattung ist oftmals eine Kategorie, in der das weniger gut möglich ist als in der Politik, darum sind wir bereit, auf diese Stilmittel auch einmal zu verzichten. *(Nikolaus Blome, BILD)*

Ein Befragter einer lokalen Boulevardzeitung betrachtet Personalisierung gar als weitgehend ungeeignete Vermittlungsstrategie für Wirtschaftsberichterstattung, „wenn man es nicht runterbrechen will auf Micky Mouse". Er nennt exemplarische Einzelfälle, in denen eine personalisierte Erzählweise möglich sei, „aber das hat natürlich, gerade in dem Bereich, sehr enge Grenzen" *(Karl-Heinz Dix, tz)*. Anders sehen das die Wirtschaftsressortleiter der Qualitätszeitungen. Für sie ist eine personalisierte Darstellung eine gerne genutzte Vermittlungsstrategie für Wirtschaftsthemen, um anhand von Personen „zugleich etwas über ein Unternehmen, über ein Produkt, eine Technologie oder über wirtschaftliches Engagement [zu] erzählen" *(Mathias Richter, Märkische Allgemeine)*. Ein Gesprächspartner hebt die

„ganz entscheidende" Bedeutung personalisierter Vermittlung hervor: Auch wenn nicht jede Geschichte personalisiert erzählt werden könne, versuche man „jeden Tag zwei, drei Themen zu identifizieren, von denen wir sagen, die kann man besonders gut über Menschen erzählen" *(Marc Beise, Süddeutsche Zeitung)*.

Ein Großteil der befragten Boulevardjournalisten betont, mit ihrer Berichterstattung einen Nutzwert für den Leser generieren zu wollen, damit er „persönlich was damit anfangen kann". Dies erfolgt vor allem durch eine verbraucherorientierte Themenwahl und eine entsprechende Aufmachung (Produktvergleiche, Testberichte etc.). Zudem werden finanz- oder wirtschaftspolitische Themen teilweise ebenfalls nutzwert- und ratgeberorientiert verarbeitet. Dafür kann beispielsweise die Steuerreform anhand der Frage der konkreten Entlastungen für den Leser „nutzwertig aufgemacht" oder wirtschaftliche Entwicklungen auf die Frage „Kasse pleite, was muss ich tun?" fokussiert werden. Berichterstattung mit Nutzwert findet zwar auch an verschiedenen Stellen in den Qualitätszeitungen statt, wird aber, anders als bei den meisten Boulevardzeitungen, von den Befragten nicht als typisches oder kennzeichnendes Merkmal ihrer Zeitung betrachtet.

Bei den lokalen und regionalen Boulevardzeitungen spielt der Verbreitungsraum eine wichtige Rolle bei der Setzung der Themenschwerpunkte. Einige Befragte beschreiben Lokalisierung als Aufmachungsstrategie. So erläutert beispielsweise ein Redakteur, dass in seiner Zeitung für die Berichterstattung über den Konjunkturaufschwung gezielt nach regionalen Firmen gesucht werde, die neue Mitarbeiter einstellen. Ein solches Thema werde dann bewusst lokal gemacht, „weil sich die Leute dann eher damit identifizieren können" *(Maternus Hilger, Express)*. Auch regionale Qualitätszeitungen setzen in ihrem Wirtschaftsteil gezielt auf Regionalisierung:

> Die Stärke unseres Wirtschaftsteils ist schlicht, dass es zu einem erheblichen Teil ein regionaler Wirtschaftsteil ist. Das heißt, wenn eine *dpa*-Meldung über, sagen wir mal *MTU* läuft, dann wird die so umgebaut, so umgeschrieben und unter Umständen auch noch etwas dazu recherchiert, dass der Bezug nach Ludwigsfelde hergestellt ist, wo sich ein für Brandenburg bedeutender Produktionsstandort befindet. Andernfalls wäre es möglicherweise gar keine Nachricht. Das ist also der Fokus: Diejenigen Unternehmen, die im Land irgendwie eine Rolle spielen, haben Priorität bei der Berichterstattung, weil sie für die Menschen in der Region Arbeitsplätze bieten. Und deshalb sind solche Nachrichten relevant. *(Mathias Richter, Märkische Allgemeine)*

Bei der *Süddeutschen Zeitung* spielt eine regionale oder lokale Orientierung der Wirtschaftsberichterstattung, vermutlich aufgrund des nationalen Verbreitungsgebietes, allenfalls im Lokalteil der Zeitung eine Rolle. Bei *BILD* und *Märkischer*

Allgemeinen wird darauf hingewiesen, dass in den Außen- bzw. Lokalredaktionen auch Wirtschaftsberichterstattung stattfinde, über die unser jeweiliger Gesprächspartner aber nur eingeschränkt Auskunft geben könne.

Meinungsfreudigkeit gilt als Gattungsmerkmal der Boulevardpresse und die Darstellung von Meinungen thematisieren mehrere Boulevardredakteure: Einer charakterisiert die Wirtschaftsberichterstattung in seiner Zeitung explizit als „meinungsfreudig", ein anderer spricht in diesem Zusammenhang vor allem das Einholen externer Meinungen und Sichtweisen an:

> Wenn man das Thema anders [als in Form einer Meldung] aufbereitet, ist es immer wichtig, Pro und Contra aufzunehmen. Einseitig sagen wir mal aus DGB-Sicht oder einseitig aus Sicht der Arbeitgeber zu berichten, das geht eigentlich nicht. Wenn, dann sollte man beide Positionen darstellen, wobei man natürlich verschiedene Leute mit unterschiedlichen Meinungen in die Zeitung bringt. *(Maternus Hilger, Express)*

Um Meinungen in die Zeitungen zu bekommen, ist, wie ein anderer Ressortleiter berichtet, vor allem das Einholen wörtlicher Zitate wichtig für die Boulevardberichterstattung. Ein Befragter berichtet zudem, dass öfters Gastkolumnisten angefragt würden, um Kommentare zu Wirtschaftsthemen zu verfassen.

Neben inhaltlichen Kriterien prägen formale Aspekte die Aufmachung der Wirtschaftsberichterstattung. Hier werden von den Boulevardredakteuren und -ressortleitern vor allem eine einfache, „klare Sprache" sowie eine übersichtliche Gliederung mit Zwischenpunkten und Zwischenüberschriften angesprochen, so „dass der Leser sich da auch zurechtfindet". Große Bedeutung besitze die Vermittlung von Informationen über Tabellen und Grafiken oder exemplarischen Beispielrechnungen. Grafiken werden einerseits insbesondere im Ratgeber- und Servicebereich eingesetzt, um beispielsweise Rankings und Übersichten zu bieten. Andererseits dienen sie dazu, Zahlen und Fakten übersichtlich darzustellen und eine komplexe Geschichte „auf einen Blick" umzusetzen. Einige Befragte berichten, dass Grafiken als Ersatz für Symbolbilder verwendet werden, um so „die Seite ein bisschen bunter zu gestalten und die Bleiwüste zu durchbrechen" *(Bettina Irion, B.Z.)*.

Dem Einsatz von Bildern messen alle Befragten große Bedeutung für die Wirtschaftsberichterstattung in Boulevardzeitungen bei.

> Das ist bei Boulevard natürlich immer ganz wichtig. Wir können eigentlich keine großen Artikel machen, ohne entsprechende Bilder dazu zu haben. Was bei Wirtschaftsthemen manchmal ein bisschen schwierig ist. Wenn es um Unternehmen geht, kann

man natürlich immer das Unternehmen von außen zeigen oder den Chef, aber das ist relativ unspannend. *(Bettina Irion, B.Z.)*

Ein Boulevardredakteur gibt an, dass Themen unter Umständen kleiner aufgemacht werden, wenn es kein passendes Bildmaterial gibt. Ausschlusskriterium für ein Thema sei ein Mangel an Bildern aber nicht, was von einem anderen Befragten bestätigt wird: „Wenn das Thema gut ist, zerbrechen wir uns den Kopf, wie wir es bebildern. […] Aber es ist nicht entscheidend, ob ich dazu gute Fotos habe" *(Karl-Heinz Dix, tz)*. Der Einsatz von Symbolbildern wird von allen Befragten tendenziell abgelehnt, aber nicht grundsätzlich ausgeschlossen. Mehrere Gesprächspartner betonen, dass es wichtig sei, Menschen auf den Bildern zu haben.

Die Bebilderung von Wirtschaftsthemen wird auch bei den Qualitätszeitungen wichtiger, hat aber keine Relevanz für Themenwahl oder Positionierung eines Artikels:

> Wir machen uns aber sehr viele Gedanken über Bilder. Grafik und Fotos sind mittlerweile – auch das ist eine Entwicklung, wo wir in den letzten zwei, drei Jahren noch mal ein ganzes Stück vorangegangen sind – ganz zentral. Wir machen keine Null-achtfünfzehn-Bilder, aber wir würden nicht die Platzierung eines Artikels auf einer Seite davon abhängig machen, ob wir davon ein gutes oder schlechtes Bild haben. Dann würden wir notfalls auch ein schlechtes Bild drucken, aber wir verwenden sehr viel Zeit darauf, ein gutes Bild zu finden. *(Marc Beise, Süddeutsche Zeitung)*

Grafiken spielen eine wichtige Rolle bei den Qualitätszeitungen, teilweise dienen sie auch zur Ergänzung „schwacher" Bilder:

> Die Wirtschaft macht sehr viel Grafik, häufig in Kombination mit Bildern. Das hat den positiven Nebeneffekt, dass selbst weniger starke Bilder dann noch funktionieren. Das wertet gelegentlich die Optik einer ganzen Seite auf. *(Mathias Richter, Märkische Allgemeine)*

Redaktionelle Strategien und Publikumsbild

Die starke Orientierung am Publikum spielt, wie bereits dargestellt, in der Wirtschaftsberichterstattung aller Redaktionen eine wichtige Rolle. Die Zielgruppen, an denen sich die journalistische Arbeit orientiert, unterscheiden sich jedoch voneinander. Gleiches gilt für die funktionale Orientierung der verschiedenen Zeitungsgattungen.

Regionale Boulevardzeitungen verfolgen nach Angabe der Redakteure und Ressortleiter mit ihrer Wirtschaftsberichterstattung vor allem zwei Ziele: Sie

möchten einerseits neutral und vermittelnd informieren, haben aber den Anspruch, insbesondere mit Blick auf die Verbraucherberichterstattung, Berater und
Dienstleistung für den Leser zu sein. In geringerem Maße soll der Leser aktiv
dabei unterstützt werden, sich eine Meinung zu Wirtschaftsthemen zu bilden.
Keinen Zuspruch findet das Ziel, die Wirtschaftsberichterstattung solle kontrollierend und anwaltschaftlich sein. In einem Fall stößt dieses Ziel explizit auf Ablehnung. Die in den regionalen Boulevardzeitungen verfolgten redaktionellen Strategien decken sich folglich weitgehend mit den von Heinrich/Moss und Spachmann
erhobenen Befunden zu funktionalen Strategien in regionalen Tageszeitungen
(vgl. Kapitel 3.1.2).

Die regional ausgerichteten Boulevardzeitungen gehen von einer „durchschnittlichen, normalen" Leserschaft mit „einer durchschnittlichen Bildung" aus.
In ihren ökonomischen Rollen charakterisieren sie ihre Leser „eher als Arbeitnehmer", ein Befragter beschreibt seine Leser als „Verbraucher", ein anderer nennt
zudem Rentner und Arbeitslose. Finanziell werden die Leser als Personen beschrieben, die „in seltenen Fällen" Aktien haben und ihr Geld meistens „ganz
klassisch anlegen als Festgeld" oder auf ein „Sparbuch gepackt" haben.

Nach den Interessen ihrer Leser an Wirtschaftsberichterstattung gefragt, betonen alle Wirtschaftsredakteure und Ressortleiter regionaler Boulevardzeitungen insbesondere den Nutzwert der Berichterstattung; Wichtig für den Leser sei,
„dass er [sie] selber nutzen kann, beim Einkaufen zum Beispiel, bei der Auswahl
der Handytarife, bei all diesen Dingen im täglichen Leben Orientierung findet"
(Karl-Heinz Dix, tz). Der Nutzwert beschränkt sich dabei nicht nur auf Hilfe bei
Konsumentscheidungen, sondern umfasst die allgemeine ökonomische Lebensführung. Aus Sicht der Befragten interessieren den Leser an der Wirtschaftsberichterstattung Antworten auf Fragen wie:

> Wird was für ihn teurer, hat er morgen noch seinen Arbeitsplatz, wird sein Steuergeld
> verschwendet? Was kann ich machen, um Steuern zu sparen und das Geld, was ich
> habe, richtig anzulegen? *(Bettina Irion, B.Z.)*

Insbesondere „die Finanzwelt oder Konzerne" und „Selbstständige" sehen die Befragten Wirtschaftsredakteure und Ressortleiter der regionalen Boulevardzeitungen „weniger" als ihre Leserschaft.

Unser Gesprächspartner bei der *BILD* beschreibt die Publikumsorientierung
einer überregionalen Boulevardzeitung differenzierter: Im Bereich der Verbrau-
cher- und Serviceberichterstattung spiele der Leser insbesondere als Konsument
eine Rolle, der in „der von der Flut des Angebots" und „der Menge der Fallstricke
[…] sich viele Fragen stellt und die beantwortet haben möchte" *(Nikolaus Blome,*

BILD). Im Bereich der Wirtschaftsnachrichten und Wirtschaftspolitik richte sich die Zeitung auch an „Entscheider", „den politischen Raum" und die „Unternehmensspitzen". Dabei interessiere weniger die Ratgeberseite oder die „Brot-und-Butter-wirtschaftspolitische Berichterstattung". Für Entscheider spiele die *BILD-Zeitung* eine wichtige Rolle „einfach als Leitmedium in der öffentlichen Debatte, als Leitmedium und meistzitierte Tageszeitung im politischen Bereich" *(Nikolaus Blome, BILD)*.

Ähnlich breit wie das Publikumsbild der *BILD* ist ihr funktionaler Anspruch. Wirtschaftsberichterstattung soll alle aufgeführten Punkte leisten: Neutral und vermittelnd informieren, Beratung und Dienstleistung sein, kontrollierend und anwaltschaftlich sein und den Leser aktiv darin zu unterstützen, sich eine Meinung zu bilden. Herausgehoben werden jedoch die Ziele, Berater und Dienstleistung zu sein, was sich in der Zeitung an der Ratgeberseite manifestiere. Als zweiter Punkt wird die Meinungsbildung des Lesers hervorgehoben: „Eine Meinung soll sich der Leser dank der Nachrichten, die wir produzieren, die wir vielleicht auch exklusiv produzieren, eben auch bilden können" *(Nikolaus Blome, BILD)*. In diesem Zusammenhang spiele auch die Schnelligkeit der Berichterstattung eine Rolle.

Bei den Qualitätszeitungen gibt es wesentliche Unterschiede in der Ausrichtung der Publikumsorientierung: Die regionale Tageszeitung definiert ihre Leser vor allem anhand ihres Verbreitungsgebietes. Spezifische ökonomische Rollen haben dabei eine untergeordnete Bedeutung:

> „Wir machen als Regionalzeitung eine Zeitung für Brandenburger. Der Wirtschaftsteil richtet sich daher nicht hauptsächlich an Unternehmer, oder an abhängig Beschäftigte oder sonst eine bestimmte Zielgruppe. Wir machen Zeitung für Leute, die in diesem Land leben und mit den Ereignissen in diesem Land zu tun haben." *(Mathias Richter, Märkische Allgemeine)*

Die Wirtschaftsberichterstattung richtet sich primär an einen ökonomischen Laien, der „kein Ökonomiestudium" hinter sich hat. Nach der funktionalen Orientierung der Zeitung gefragt, betont unser Gesprächspartner insbesondere Vermittlungs- und Meinungsbildungsfunktion von Tageszeitungen. Kontrollierende und anwaltschaftliche Funktionen lehnt er für seine Wirtschaftsberichterstattung eher ab:

> Wichtig ist, dass wir die Menschen über die wichtigsten Ereignisse im Land informieren, Zusammenhänge erläutern, Konflikte beschreiben und Positionen darstellen, damit sie selbst in der Lage sind, sich ein eigenes, kritisches Urteil zu bilden. Dafür sind wir da. Das ist auch der Zweck unserer Kommentierung. Es ist ein Meinungsangebot,

das der Leser ablehnen oder befürworten kann. Aber wir machen keine Kampagnen und unterstützen auch keine Kampagnen. Selbst wenn wir sie mir persönlich sympathisch sind, würde ich mich da immer zurückhalten. *(Mathias Richter, Märkische Allgemeine)*

Bei der als überregionale Qualitätszeitung exemplarisch untersuchten *Süddeutschen Zeitung* wird das Publikum als heterogen beschrieben. Einerseits orientiert sich die Wirtschaftsberichterstattung stark an den klassischen Abonnenten der Zeitung, von denen nur ein Bruchteil den Wirtschaftsteil regelmäßig liest. Der Leser soll gezielt über verbraucherorientierte Themen und „Wirtschaftsunterhaltung" stärker an den Wirtschaftsteil der Zeitung herangeführt werden. Gleichzeitig richtet sich die Zeitung in ihrer Unternehmens- und Finanzberichterstattung durchaus auch an Unternehmen und Entscheider. Die Berichterstattung orientiert sich folglich an zwei Zielgruppen und wendet sich insgesamt eher an ein akademisch gebildetes Publikum, wie an den beispielhaft angeführten Lesergruppen deutlich wird:

Ich möchte gerne, dass der Lehrer oder die Architektin auch den Wirtschaftsteil liest. Ich darf aber den Finanzchef der Allianz nicht verlieren. *(Marc Beise, Süddeutsche Zeitung)*

Hinsichtlich der funktionalen Orientierung verfolgt die *Süddeutsche Zeitung* ebenfalls das Ziel, den Leser aktiv in seiner Meinungsbildung zu unterstützen. Unser Gesprächspartner betont aber explizit, dass alle vier genannten Aspekte (neutral informieren, beratende Dienstleistung sein, kontrollierend und anwaltschaftlich sein, den Leser aktiv unterstützen, sich eine Meinung zu bilden) zum Programm der *Süddeutschen Zeitung* gehören.

3.2.3 Ergebnisse: Onlinejournalisten

Zusammenarbeit zwischen Print- und Onlineredaktion
Die Zusammenarbeit der für Wirtschaftsberichterstattung zuständigen Print- und Onlineredakteure ist bei den Zeitungen auf unterschiedlichen Ebenen geregelt. Innerhalb der beiden[13] regionalen Boulevardzeitungen erfolgt die Koordination auf Redaktionsebene: Beim *Express* ist die Onlineredaktion zwar räumlich von

---

13 Leider konnte kein Interview mit einem Redakteur der *tz Online* durchgeführt werden; das Interview mit *maerkischeallgemeine.de* konnte aufgrund von Umstrukturierungen in der Redaktion

der Printredaktion getrennt, dennoch wird die Zusammenarbeit möglichst eng gestaltet. Es gibt keine personellen Überschneidungen zwischen dem Print- und Onlinebereich, verfolgt wird aber eine Strategie des „Miteinander, kein Nebeneinander" *(Thomas Kemmerer, Express)*. Die Onlineredaktion kann gelegentlich auf Ressourcen der Printredaktion zurückgreifen und die Printredakteure sind angehalten, die Onlineredaktion mit aktuellen Nachrichten zu beliefern. In welchem Maße dies erfolgt, hängt aber von der Auslastung der Printredaktion ab. Online- und Printredakteure nehmen gemeinsam an allen Konferenzen teil.

Bei der *B.Z.* gibt es keine räumliche Trennung zwischen Online- und Printredaktion, alle sind zusammen in einem Newsroom untergebracht. Dadurch wird die Verständigung zwischen Print und Online erleichtert: „[Wir] sind wie in einem Newsroom üblich auch räumlich eng beieinander, deshalb bekommen wir automatisch alles mit, was Print macht und umgekehrt" *(Oliver Stüber, B.Z. Online)*. Die Onlineredaktion ist dennoch „komplett autonom". Personelle Überscheidungen gibt es nicht und auch die Themen der (Wirtschafts)Berichterstattung werden eigenständig im Online-Ressort festgelegt.

Bei den beiden überregionalen Blättern *Süddeutsche Zeitung* und *BILD* erfolgt die Zusammenarbeit zwischen Print und Online vor allem auf Ressortebene. Aufgrund der räumlichen und strukturellen Anbindung des Politik/Wirtschaft-Onlineressorts von *Bild.de* an den Newsroom des Muttermediums kann die Onlineredaktion auf Redakteure aus dem Parlamentsbüro oder dem Printressort Politik/Wirtschaft zurückgreifen, zu denen auch drei Wirtschaftsredakteure in einem eigenen „Ressort im Ressort" gehören (vgl. hierzu auch Kapitel 3.2.2). Trotz dieser räumlichen und strukturellen Nähe zwischen dem Politik/Wirtschaft-Online- und Printressort sind Print- und Onlineredaktion auf der organisatorischen Ebene prinzipiell getrennt: Es gibt für beide Bereiche einen eigenen Chefredakteur, eigene Redaktionsleitungen und die Produktion verläuft in der Regel getrennt. Die Koordination wichtiger Themen und ggf. die Buchung zusätzlicher Redakteure für die Onlineberichterstattung erfolgt vor allem innerhalb einer morgendlichen Telefonkonferenz zwischen der Print- und Onlineressortleitung Politik/Wirtschaft sowie dem Parlamentsbüro, in der man „über die Themen des Tages [...], aber auch darüber, wer denn wann was für Online schreiben kann" *(Dietrich Menkens, Bild.de)* redet. Auch bei den restlichen „großen *BILD*-Printkonferenzen" sind nach Auskunft unseres Gesprächspartners immer „Onliner" dabei.

---

der *MAZ* nicht vergleichend ausgewertet werden. Die Ergebnisdarstellung bezieht sich daher auf die vier übrigen Onlineredaktionen.

Bei der *Süddeutschen Zeitung* verläuft die Zusammenarbeit zwischen Print- und Onlineredaktion ebenfalls primär auf Ressortebene. Das Online-Wirtschafts-ressort ist in der Themenplanung dabei völlig unabhängig von den Printkollegen. Dem organisatorisch übergeordneten Online-Newsdesk gegenüber verfügt das Ressort prinzipiell über weitgehende Themenautonomie, wobei

[…] die schichtführenden Kollegen, die am Newsdesk sitzen, von sich aus auch The-menwünsche äußern und sagen, o.k. wir haben über den Vormittag die Nachrichten-lage verfolgt und wir finden dieses oder jenes Thema müsste man noch stärker betonen oder müsste man überhaupt aufgreifen. *(Lutz Knappmann, sueddeutsche.de)*

Unser Gesprächspartner betont zudem, dass die Themenwahl unter den Redak-teuren nicht immer von der Ressortleitung vorgegeben werde, sondern stark ei-genverantwortlich verlaufe. Trotz der Autonomie des Online-Wirtschaftressorts und der Tatsche, dass es keine direkte personelle Überscheidungen zwischen den beiden Ressorts gibt, ist die institutionalisierte Koordination zwischen Print- und Onlineressort auf eine enge Zusammenarbeit angelegt:

Es gibt innerhalb des Wirtschaftsressorts Print einen eigenen Newsdesk für die Zei-tung und an diesem ist ein Arbeitsplatz für Online. Da sitzt der Kollege, der den Ti-tel Online-Koordinator trägt und tatsächlich bei allen Arbeitsabläufen der Zeitung mit am Tisch ist und dadurch sehr eng mitbekommt, was da diskutiert wird. Wir haben morgens eine kurze gemeinsame Konferenz, in der Online mit die Agenda setzen kann. Denn da wir ab morgens um sieben die Nachrichtenlage scannen, stellen wir dann kurz in einer Art Impulsreferat vor, was die Themen des Tages sind. Daraus ergibt sich in aller Regel eine sehr konstruktive Diskussion mit den Kollegen vom Print. Da ist die Anbindung sehr, sehr eng, und sehr angenehm. *(Lutz Knappmann, sueddeutsche.de)*

Crossmediale Contentverwertung

Alle befragten Onlineredaktionen greifen auf Artikel und Material ihres jeweiligen Printpendants zurück. Nach dem prozentualen Anteil der aus dem Printressort übernommenen Artikel gefragt, geben alle Befragten bei Online-Boulevardme-dien eine Zahl zwischen 30 und 40 Prozent an. Eine Schätzung der Anzahl der Übernahmen ist aufgrund der Aktualität des Mediums und den damit verbunde-nen Arbeitsabläufen schwierig, wie einer der Befragten verdeutlicht:

Also, morgens, wenn Sie ins Büro gehen, Ihren Computer anstellen und auf *Bild.de* gehen, dann werden Sie vieles finden, was auch in der Zeitung ist, weil in der Nacht die Zeitung sozusagen online gestellt wird. Der Anteil von Printgeschichten, die online gestellt wurden, reduziert sich natürlich über den Tag, bis irgendwann alle verschwunden sind. Wenn man mal einen Tag nimmt, 24 Stunden und dann einen Strich darunter zieht, [...] dann würde ich mal grob geschätzt sagen [...] 30 Prozent Print, 70 Prozent Online. [...] Aber die Rechnung geht nicht ganz auf, weil die Artikel sich auch mischen: Beispielsweise wird ein Printartikel online gestellt über das Thema Steuerreform. Der steht morgens online. Und in den Artikel werden dann morgens ab fünf oder sechs Uhr von Onlineredakteuren frische Nachrichten reingeschrieben. Ab wann ist es dann eigentlich ein Online-Artikel und wie lange ist es noch ein Print-Artikel? *(Dietrich Menkens, Bild.de)*

Ob bei anderen Boulevardzeitungen eine kontinuierliche Aktualisierung der Onlineartikel wie oben für *Bild.de* beschrieben erfolgt, wurde nicht erhoben. In welchem Umfang und nach welchen Kriterien Printartikel online verwertet werden, ist in den Redaktionen unterschiedlich organisiert. Bei der *B.Z.* werden die Printartikel nach Redaktionsschluss von der Onlineredaktion ausgesucht. Hinzu kommen Kooperationen zwischen Online- und Printredaktion in der aktuellen Berichterstattung, für die auch auf Informationen von Printkollegen zurückgegriffen wird. Dabei handelt es sich nach Angaben unseres Gesprächspartners aber um aktuelles Geschehen und „Berlingeschichten", die „nichts mit Wirtschaft zu tun" haben. Auch beim *Express* werden ausgewählte Artikel online übernommen, insgesamt scheinen Online- und Printredaktion hier stärker integriert zu sein. So soll die Printredaktion „wenn Nachrichten aktuell sind, auch die Online-Redaktion [...] beliefern" *(Thomas Kemmerer, Express.de)*, was auf eine angestrebte Zusammenarbeit über den Tag hinweg schließen lässt.

Bei *Bild.de* wird ein großer Teil der Artikel über Nacht online gestellt, wobei hier eine Auswahl getroffen wird, da manche „Themen auch schon am Tag vorher online auserzählt" sind *(Dietrich Menkens, Bild.de)*. Zudem wird im Laufe des Tages über die Übernahme von Artikeln verhandelt. Insbesondere bei Exklusivthemen gibt es Abstimmungsprozesse, wenn aber „der oberste Print-Politikchef sagt ‚Nein, das ist exklusiv, das bleibt exklusiv, damit wollen wir irgendwie auch noch die Zeitung verkaufen', dann ist Online da erst mal raus. Also die Parole ‚online first' gilt bei Bild nur bedingt" *(Dietrich Menkens, Bild.de)*.

Für die Wirtschaftsberichterstattung bei *sueddeutsche.de* spielt auch die Übernahme von Artikeln aus dem Wirtschafts-Printressort eine große Rolle. Insgesamt werden in etwa 10–15 % der Artikel übernommen, was aber stark themen- und tagesabhängig ist. Das Wirtschaftsressort-Online wählt nach dem ersten Andruck der Printausgabe passende Artikel für den Online Auftritt aus, die dann strategisch platziert werden:

> Das heißt aber nicht, dass wir das sofort abends drauf packen. Sondern wir gucken die Zeitung durch und entscheiden, welcher Artikel für uns heute Abend noch spannend ist, weil es ein Thema weiter vorantreibt. Ein anderer Artikel ist vielleicht etwas, womit man am nächsten Morgen sehr schön den Tag eröffnen kann. Da wird dann sehr genau abgewogen, was relevant für unsere Leser ist, und zu welchem Zeitpunkt es Sinn ergibt, den Beitrag zu spielen. *(Lutz Knappmann, sueddeutsche.de)*

Nach dem ersten Printandruck werden die Artikel bei der *Süddeutschen Zeitung* in mehreren Schritten aktualisiert. Diese Aktualisierungen werden automatisch oder manuell online übernommen.

Während die Content-Übernahme aus der Printredaktion in das Onlineangebot bei allen befragten Zeitungen stattfindet, ist der umgekehrte Weg die Ausnahme. Fast alle Onlineredaktion und -ressortleiter geben an, dass nur selten ein Artikel eines Onlineredakteurs in die Printausgabe der Zeitung übernommen werde. Tendenziell erwarten aber alle Befragten, dass das in Zukunft häufiger vorkommen wird. Die einzige Ausnahme stellt derzeit die *Süddeutsche Zeitung* dar, in der es bei Wirtschaftsthemen, laut unseres Gesprächpartners, öfters als in anderen Ressorts zu Übernahmen von der Website in die Zeitung kommt. Die Printkollegen lassen sich zudem auch gerne mal von den Online-Bilderstrecken anregen.

Fast alle befragten Online-Redaktions- und Ressortleiter geben an, dass Artikel teilweise für die Übernahme in das Onlineangebot optimiert werden. Innerhalb des Textkorpus werden dabei zumeist keine Änderungen vorgenommen. Unter den befragten Onlineredaktionen scheint Einigkeit zu herrschen, dass „ein guter Print-Text [...] auch ein guter Online-Text" ist, an dem „man nicht mehr viel machen" muss *(Oliver Stüber, B.Z. Online)*. Geändert werden vor allem die Überschriften der Printartikel, um sie „sachlicher", eher an „klassischen Nachrichtenüberschriften" orientiert zu gestaltet. Zudem werden Artikel häufig mit Bildern ergänzt. Grafiken und Bildergalerien finden auch Verwendung, um Geschichten „nutzwertiger" zu machen:

> Es gibt beispielsweise auf Seite zwei eine Printgeschichte, die uns aber so nicht interessiert, die wir ganz anders drehen, anders verkaufen wollen, die wir nutzwertiger machen wollen. Das können wir machen, indem wir sie durch Galerien ergänzen.

Nehmen wir mal an eine Inflationsmeldung – Preise gestiegen, gesunken, was auch immer – das würde man natürlich für Online entsprechend ergänzen mit einer [Bilder] Galerie: „Was ist denn teurer geworden?", die zehn Produkte, die besonders genannt werden müssen. *(Dietrich Menkens, Bild.de)*

Zusätzlich erwähnen mehrere Befragte, dass die Artikel mit Links ergänzt werden. Die Einbindung von Videos spielt vor allem für die beiden überregionalen Zeitungen eine Rolle, für die regionalen Blätter ist es hingegen tendenziell zu aufwendig.

Publikum, Relevanz und Aufmachung

Alle befragten Online-Redaktions- und -Ressortleiter betonen, dass es nur geringfügige Überschneidungen zwischen Print- und Onlinelesern ihrer Zeitung gebe. Die Schätzungen der Schnittmenge reichen von „unter 10 Prozent" *(Thomas Kemmerer, Express.de; Lutz Knappmann, sueddeutsche.de)* bis zu zehn bis fünfzehn Prozent *(Oliver Stüber, B.Z. Online)*. Auch bei der *BILD* ist es „entsprechend ausgeforscht, dass *Bild.de*-Leser sich von *BILD*-Lesern deutlich unterscheiden". Die Onlineleser werden durch die Befragten insgesamt jünger eingeschätzt als die Leser der gedruckten Ausgabe. Bei *Bild.de* und *Express.de* geht man zudem von einem höheren Bildungsniveau und einem ausgeprägten Interesse an wirtschaftlichen Themen der Online-Leserschaft aus. Unser Gesprächspartner der *B.Z. Online* betont vor allem die Heterogenität der Zielgruppe:

> Berliner sind für uns die erste Zielgruppe, aber online versucht man natürlich jeden zu fischen, […] Eine feste Zielgruppe in diesem Sinne haben wir also nicht. Wir versuchen schlicht und ergreifend, die Reichweite so gut zu erhöhen, wie das mit einem kleinen Team möglich ist. *(Oliver Stüber, B.Z. Online)*

Die Einschätzung von Bedeutung und Aufmachung der Wirtschaftsberichterstattung ist in den Onlineredaktionen ähnlich wie bei ihren Muttermedien. Insbesondere bei den lokalen Boulevardzeitungen haben Wirtschaftsthemen eine geringe Bedeutung. Bei *B.Z. Online* schätzt man die Relevanz von Wirtschaftsthemen als eher „niedrig" bzw. Wirtschaft als ein „kleines Feld", das „relativ unwichtig" ist ein. Bei *Express.de* führt man dies unmittelbar auf die Zielgruppe und das Profil der eigenen Marke zurück, betont aber auch, die Konjunkturabhängigkeit der Wirtschaftsberichterstattung:

> Natürlich hat [Wirtschaft] einen deutlich geringeren Stellenwert, aber das hat auch einfach mit unserer Zielgruppe zu tun, mit den Themen, die wir vom Kern unserer Marke

eher bearbeiten. Wir sind eine Boulevardzeitung und nicht das Handelsblatt oder die Financial Times. Also nimmt Wirtschaft eher eine Nebenrolle ein. Aber in dem Moment, in dem eine wirtschaftliche Geschichte Auswirkungen auf sehr viele Menschen hat, kann diese auch ein großes Thema werden. *(Thomas Kemmerer, Express.de)*

Online werden bei den regionalen Boulevardzeitungen kaum andere inhaltliche Schwerpunkte in der Wirtschaftsberichterstattung als in der Zeitung gesetzt. Für die *B.Z. Online* erkennt unser Gesprächspartner allenfalls Unterschiede in Umfang und Menge der Wirtschaftsberichterstattung:

Die Masse ist einfach größer online. Es kann deshalb schon sein, dass wir ab und zu ein Wirtschaftsthema aus den Agenturen in längerer Form mitnehmen, als die Print-Ausgabe. Wirtschaftsberichterstattung ist aber wie gesagt ein sehr kleines Feld, deswegen sehe ich nicht, dass man da einen anderen Schwerpunkt setzt. *(Oliver Stüber, B.Z. Online)*

An einer anderen Stelle im Interview verdeutlicht er, dass dies insbesondere damit zusammenhänge, dass Online „viel mehr Platz" biete, während „der Platz im Print immer begrenzter" sei. Auch bei *Express.de* hat Wirtschaftsberichterstattung einen geringen Stellenwert, ist Online aber stärker ratgeberorientiert: „den einzigen Unterschied, den ich vielleicht noch sehen würde, ist, dass wir versuchen online [...] Ratgeberthemen stärker zu machen" *(Thomas Kemmerer, Express.de)*. Bei beiden Zeitungen wird angegeben, dass Wirtschaftsthemen von den Onlinenutzern nur wenig nachgefragt werden.

Anders als bei den Internet-Portalen der regionalen Boulevardzeitungen wird der Wirtschaftsberichterstattung bei *Bild.de* ein „durchaus große[r] Stellenwert" zugesprochen. Nach Einschätzung unseres Gesprächspartners wird Online mehr über Wirtschaftsthemen berichtet als in der Zeitung:

Print ist da mit Blick auf Geld und Unternehmensberichterstattung sehr zögerlich, das findet nur in Randbereichen statt oder allenfalls mal auf einer Serviceseite, während das bei bild.de anders ist. Wir haben unterschiedliche Channels zu füllen, der Platz ist unendlich und da findet man Wirtschaftsthemen in allen möglichen Variationen, entweder im Politikchannel auch wirtschaftspolitische Berichte über Griechenland-Krise, Euro-Krise usw., aber auch im Geld/Wirtschafts-Channel, der davon [vom Politikchannel] abgetrennt ist. Alles zum Thema Finanzmärkte, Unternehmen, aber auch sehr viele Unternehmensportraits – und das ist der große Unterschied zwischen Print und Online. *(Dietrich Menkens, Bild.de)*.

Insbesondere Wirtschaftsthemen mit hohem Nutzwert erfahren auf *Bild.de* eine hohe Nachfrage:

> Alles, was mit Nutzwert zu tun hat, wird natürlich stark nachgefragt. Was bedeutet das für mich, wo kann ich was sparen, welches Produkt kommt für mich in Frage? Aber auch – und jetzt sind wir bei der Wirtschaftspolitik – das Thema der vergangenen Tage: Steuerreform – Wie viel kriege ich denn am Ende mehr? Und *BILD* oder *Bild.de* zeigt die große Nettotabelle, dass läuft dann nicht nur nicht schlecht, sondern das war gestern das bestgeklickte Thema auf Bild.de – besser als Sport, Unterhaltung. *(Dietrich Menkens, Bild.de).*

Neben nutzwertorientierten Themen setze *Bild.de* zunehmend auf Unternehmensberichterstattung in Form von Firmenportraits, die ebenfalls eine starke Nachfrage von Seite der Nutzer erfahren.

Unser Gesprächspartner bei *sueddeutsche.de* betont, dass die Relevanz wirtschaftlicher Themen „konjunkturabhängig" sei. Im Augenblick schätzt er den Stellenwert von Wirtschaftsthemen als sehr hoch ein, was aber „in Zeiten die nicht so dramatisch sind" *(Lutz Knappmann, sueddeutsche.de)* etwas anders sei. Im Vergleich zur Print-Wirtschaftsberichterstattung finde bei *sueddeutsche.de* nicht mehr oder weniger Wirtschaftsberichterstattung statt, sie sei aber stärker Verbraucher- und Nutzwertorientiert:

> Wirtschaft findet online anders statt als im Print, weil sie Themen anders erzählen müssen, weil sie im Zweifel einen größeren Schwerpunkt auf Service, auf Verbrauchernähe und so etwas setzen müssen. […] Alle Themen, bei denen ich Wirtschaft auf eine Ebene herunterbrechen kann, die mit dem Leser zu tun hat, funktionieren ungleich besser. *(Lutz Knappmann, sueddeutsche.de)*

Fast alle befragten Onlineredaktionen setzen Diskussionsforen oder andere Kommentarfunktionen auf ihrer Homepage ein. Bei *Express.de* wird die Kommentarfunktion nur in ausgewählten Fällen eingesetzt, *B.Z. Online* setzt solche direkten Feedbackkanäle nicht ein. Die beiden regionalen Boulevardzeitungen begründen den sparsamen bzw. Nichteinsatz vor allem mit der personalintensiven Betreuung und Moderation solcher Feedbacktools. Eine Moderation ist aus Sicht aller Befragten notwendig. Ein Gesprächspartner betont, dass sie rechtlich verpflichtet seien die Inhalte zu kontrollieren, andere begründen die aufwendige Moderation solcher Foren auch damit, dass „Debatten, wie überall sonst leider im Internet auch sehr schnell eskalieren" *(Lutz Knappmann, sueddeutsche.de)*. Die Nutzung und die Intensität der Diskussionen variieren dabei. Insbesondere bei den beiden überregionalen Blättern wird das „sehr intensiv genutzt [...]. Und je pointierter eine Geschichte ist, desto höher geht's da her" *(Lutz Knappmann, sueddeutsche.de)*. Bei *Bild.de* werden insbesondere Politik und Wirtschaftsthemen diskutiert und zwar, wie unser Gesprächspartner betont, „sehr kontrovers".

Fast alle Befragten betrachten es als großen Vorteil, unmittelbares Feedback auf einzelne Artikel zu erhalten. Sie geben an, daraus auch Rückschlüsse für die weitere Berichterstattung zu ziehen:

> Die Vorteile sind natürlich, dass man daraus, wenn man sich damit beschäftigt, auch nochmal Geschichten ziehen kann, Hinweise bekommen kann, was interessiert die Leute besonders, welche Aspekte hat man vielleicht selbst noch vernachlässigt. *(Dietrich Menkens, Bild.de)*

> Sie bekommen unmittelbar ein Feedback darüber, wie eine Geschichte ankommt. Ob eine Geschichte geglaubt wird, ob User irgendetwas bemerken, was ihnen unlogisch erscheint in einer Geschichte, wenn sie auf Fehler hinweisen. Aber sie kriegen auch tatsächlich Diskussionen in Gang, d. h. sie kriegen ein gutes Bild davon, was die Nutzer umtreibt und wie die bestimmte Themen einordnen und bewerten; und das spielt definitiv zurück auf die Arbeit hier; weil sie für die eigene Themengewichtung daraus wichtige Erkenntnisse ziehen können". *(Lutz Knappmann, sueddeutsche.de)*

Zusätzlich zu Foren und Kommentaren auf der eigenen Seite nutzen mehrere Redaktionen Facebook und Twitter. Diese Plattformen dienen einerseits dem Marketing, um auf die eigene Seite aufmerksam zu machen, andererseits sind sie externalisierte Diskussionsplattformen, auf denen gezielt zur Abgabe von Feedback und Kommentaren angeregt wird. Ein Befragter weist darauf hin, dass die Diskussionen dort, anders als in anonymen Foren, seltener eskalieren, da eine Vielzahl der User mit Klarnamen agiere. Neben den direkten Feedbackkanälen werden die Abrufzahlen einzelner Artikel in allen befragten Redaktionen genau überwacht. Alle Gesprächspartner betonen, dass die Klickzahlen ein wichtiger Orientierungspunkt seien und Rückwirkung auf die weitere Themenplanung habe.

> Wir betrachten die Zahlen, um daraus Schlüsse zu ziehen und um zu sehen, wie gut Themen ankommen. Wenn wir erkennen, dass ein Thema gut läuft, dann ist es auf alle Fälle eine Lehre für den Moment, aber auch für zukünftige Beiträge, die aus dem gleichen Themenfeld kommen. *(Thomas Kemmerer, Express.de)*

Andere Befragte betonen hingegen stärker die Bedeutung für die unmittelbare Themenplanung und die Fortführung erfolgreicher Geschichten, sogenannter „Developing Stories":

> Wenn wir merken dass es eine große Aufmerksamkeit gibt – wie zum Beispiel bei dem zuvor geschilderten Unternehmensportrait, da haben wir noch zwei Folgegeschichten gemacht über das Portrait der Chefin hinaus[…]– um die Leute dann weiter zu füttern, ja klar, das ist hier gang und gäbe. *(Dietrich Menkens, Bild.de)*

Rückwirkungen des direkten (durch Diskussionen und Kommentare) und/oder indirekten (durch Klickzahlen) Feedbacks auf die Printberichterstattung gibt es allerdings nur „teilweise" *(B.Z. Online)* und in eher indirekter Form, etwa wenn die Zeitungsredaktion erkennt, dass bestimmte Ratgeber online gut funktionieren, und daraufhin diese Themen auch stärker „in der Zeitung gespielt werden" *(Thomas Kemmerer, Express.de)*. Alle Befragten betonen in diesem Zusammenhang, dass Online- und Printredaktionen sehr unterschiedliche Publika bedienen und daher Rückschlüsse von der Onlineakzeptanz bestimmter Themen auf die gedruckte Zeitung nur schwer möglich seien.

> Es findet ein zunehmender Austausch statt, aber dass sich jetzt Print an den Onlineklickzahlen orientiert, das sehe ich eher nicht. Da sagen die zuständigen Blattmacher […] „mir san mir" und wir entscheiden aus dem Bauch heraus, wir kennen unsere *BILD*-Leserschaft besser, da lassen wir uns nicht […] beeindrucken. *(Dietrich Menkens, Bild.de)*

Bei den Qualitätszeitungen hat das Onlinefeedback keine oder „tendenziell wenig" Bedeutung für die Wirtschafts-Printberichterstattung.

Die unterschiedliche Organisation und Ausstattung der Onlineredaktionen und die inhaltlichen Schwerpunktsetzungen manifestieren sich auch in der Bearbeitung wirtschaftlicher Themen. Alle befragten Online-Ressort- und -Redaktionsleiter bestätigen, dass Meldungen von Nachrichtenagenturen eine große Rolle für die tägliche Arbeit spielen. Insbesondere in den Onlineredaktionen der regionalen Tageszeitungen konzentriert sich die „eigene", also nicht aus dem Printressort übernommene Wirtschaftsberichterstattung, primär auf das Zusammenfassen und Ergänzen von Agenturmeldungen. Eigene Recherche spielt kaum eine Rolle:

> Das ist schon stark auf Agenturen fokussiert, das ist ganz klar. […] Es bleibt natürlich nicht viel Zeit, weil man jeden Tag einen gewissen Output, eine gewisse Quantität braucht. Zeit für eigene Recherche bleibt nur bei stark nachgefragten Themen wie

größeren Lokalgeschichten. Das beschränkt sich dann aber auf Telefonrecherche. Bei Wirtschaftsmeldungen ist das sehr selten. Da nehmen wir zwei, drei Agentur-Texte, verarbeiten diese, ergänzen sie unter Umständen und fertig. *(Oliver Stüber, B.Z. Online)*

Bei *Express.de* versteht man sich prinzipiell als „Nachrichtenredaktion" und arbeitet in erster Linie mit Agenturmaterial, das dann ggf. noch nutzwertig ergänzt wird. Die starke Orientierung an Agenturmeldungen steht einerseits mit dem Aktualitätsanspruch in den Onlineredaktionen in Zusammenhang, andererseits spielen auch die Ressourcen der Redaktion eine Rolle:

> Natürlich arbeiten wir sehr stark mit Agenturmaterial, wenn es schnell gehen muss. Wir werten auch sehr intensiv die Wirtschaftspresse aus und reichern dann mit Agenturmaterial oder auch mit Eigenrecherche an. […] Wir haben hier eine Wirtschaftsredakteurin online, die natürlich in aller Regel selten dazu kommt lange zu recherchieren, die sich dann aber möglicherweise auch aus anderen Quellen bedient und z. B. Printreporter oder Korrespondenten anzapft. *(Dietrich Menkens, Bild.de)*

Bei *Bild.de* profitiert man so von „der großen *BILD*-Maschine", in der es „genügend Leute [gibt], die man anzapfen kann". Für die Wirtschaftsberichterstattung wird so gelegentlich auf die Außenredaktionen oder auf das Print-Wirtschaftsressort zurückgegriffen.

Bedeutung haben Agenturmeldungen auch für die Arbeit in der Redaktion von *sueddeutsche.de*, unser Gesprächspartner berichtet aber, dass sie häufig stark bearbeitet würden, da Qualität im Zweifelsfall wichtiger als Nachrichtenschnelligkeit sei.

> „[Agenturmeldungen] haben Relevanz, aber wir bemühen uns, eine Meldung so fundiert aufzuschreiben, dass nicht einfach nur schnell mal eben die Agenturmeldung auf die Seite geklatscht ist. […] Also aktuelle Nachrichten sind absolut wichtig aber nicht um jeden Preis" *(Lutz Knappmann, sueddeutsche.de)*.

Im Gegensatz zu den anderen Befragten, betont unser Gesprächspartner bei *sueddeutsche.de* stärker die zusätzliche Recherche, die ein Onlineredakteur übernehmen muss, wenn er einen Wirtschaftsartikel verfasst. Dabei liege der gesamte Produktionsprozess des Artikels, von der Recherche, Bildersuche, Ergänzung mit Links bis hin zum Seitenumbruch bei längeren Artikeln bei einem Redakteur. Dieser produziere den ganzen Text soweit fertig, dass die nachgeordneten Abnahme-Instanzen nur noch Korrekturen, aber keine grundsätzlichen Produktionsschritte übernehmen müssen.

4 Formen und Inhalte der Wirtschafts-
berichterstattung in der Boulevardpresse

4.1 Zum Stand der Forschung

4.1.1 Wirtschaftsberichterstattung in den Printmedien

Bevor wir mithilfe einer quantifizierenden und vergleichenden Inhaltsanalyse die Wirtschaftsberichterstattung der Boulevardpresse untersuchen, wird hier zunächst der Forschungsstand im Überblick referiert. In einem ersten Schritt fassen wir die relevanten Befunde zur Wirtschaftsberichterstattung in Printmedien generell zusammen, bevor wir uns der sehr speziellen Fragestellung im Boulevardkontext widmen. Dabei werden wir ergänzend auf Befunde zum Boulevardjournalismus insgesamt bzw. der in letzter Zeit rege geführten, normativ aufgeladenen Debatte über eine Boulevardisierung und die Qualität der Medien zurückgreifen.

Als Ausgangspunkt zahlreicher wissenschaftlicher Auseinandersetzungen mit Wirtschaft in Tageszeitungen identifiziert Klaus Spachmann (2005) die Ende der 1960er Jahre von Peter Glotz und Wolfgang Langenbucher geäußerte Kritik an der Wirtschaftsberichterstattung in Deutschland (vgl. Glotz/Langenbucher 1969: 65 ff.): Der Wirtschaftsteil in regionalen Tageszeitungen sei zu klein, Wirtschaftsberichterstattung fast ausschließlich auf ein Fachpublikum zugeschnitten, zu wenig verbraucherorientiert, trocken und einfallslos gestaltet. Man könne die Texte „gar nicht ‚journalistisch' nennen" (Glotz/Langebucher 1969: 69), die Aufgabe der aktuell-universellen Tageszeitung werde „total verfehlt" (ebd.).

Gerd Sachs (1980) knüpft an die Kritik von Glotz/Langenbucher (1969) an. Er untersucht die *Frankfurter Allgemeine Zeitung, Süddeutsche Zeitung, Welt, BILD, Spiegel, Zeit* und *Stern* sowie die *Bunte Illustrierte, Neue Revue* und *Quick* auf Anteile und Themen ihrer Unternehmensberichterstattung. Zugriffskriterium für die Analyse war das Auftauchen mindestens einer von 82 großen deutschen Kapitalgesellschaften im Text (N = 774). Dabei bescheinigte er den untersuchten Pressemedien insgesamt ein geringes Interesse an Unternehmen. Im *Stern* und den drei untersuchten Illustrierten, aber auch in *BILD* identifizierte Sachs im gesamten

Untersuchungszeitraum, dem Jahr 1976, keinen einzigen Unternehmensbericht. Lediglich die *Frankfurter Allgemeine Zeitung* (393 Artikel) und die *Süddeutsche Zeitung* (294 Artikel) berichteten umfangreich über deutsche Unternehmen (vgl. Sachs 1980: 74). Gleichzeitig beschreibt der Autor eine signifikant positive Korrelation zwischen der Anzahl der Beschäftigten und der Anzahl der Aktionäre eines Unternehmens auf der einen und der Anzahl der Berichte über das Unternehmen in den Massenmedien auf der anderen Seite: Je größer das Unternehmen, desto eher wird es Gegenstand der Berichterstattung. Insgesamt spielen in den untersuchten Artikeln vor allem finanzielle Aspekte eine Rolle. Die Berichterstattung richte sich in erster Linie an Aktionäre des Unternehmens; Interessen der Arbeitnehmer würden kaum, spezifische Informationsinteressen anderer Gruppen überhaupt nicht berücksichtigt (vgl. Sachs 1980: 167 ff.).

Auch Wolfgang Posewang (1982) stellt der Wirtschaftsberichterstattung in Deutschland ein mangelhaftes Zeugnis aus. Bei seiner Untersuchung von 18 regionalen Abonnementzeitungen über zwei natürliche Wochen im Oktober 1977 und Mai 1980 konzentrierte sich der Autor auf die Verbraucherberichterstattung. Dabei wertete er 1 336 Artikel aus den Ressorts Politik, Wirtschaft, Lokales, Vermischtes sowie die Beilagenseiten aus. Es wurde unter anderem erhoben, welche Intention die Texte haben (Ergänzen, Berichtigen, Kritisieren), aus welcher Perspektive sie verfasst sind (verbraucher- vs. marktzentriert) oder wer die Adressaten der Texte sind (vgl. Posewang 1982: 257). Posewang kommt dabei zu dem Ergebnis, dass die Berichterstattung regionaler Tageszeitungen in den seltensten Fällen an den Bedürfnissen der Verbraucher, sondern stattdessen überwiegend am Marktparadigma orientiert ist – die untersuchten Zeitungen vermitteln die Themen, die ihnen auf dem Informationsmarkt angeboten werden. Der Autor vermisst kritische Artikel, die auch thematisch eine Distanz zur Anbieterseite der Unternehmen aufbauen (vgl. Posewang 1982: 240 ff.). Die Presse im Verbraucher- und Konsumsektor arbeite „nicht mit dem für andere Sparten vergleichbaren journalistischen Einsatz" (Posewang 1982: 242).

Schröter (1990) beschäftigt sich ebenfalls schwerpunktmäßig mit der Qualität von Wirtschaftsberichterstattung. Seine Leitfrage ist aus der „Perspektive eines an Wirtschaftsunternehmen interessierten, kritischen Mediennutzers" (Schröter 1990: 252) formuliert: „Welche Chance der Orientierung über die gesellschaftliche Rolle und das Handeln von Großunternehmen bietet die Medienberichterstattung an?" Er untersucht in erster Linie, inwiefern „Mitteilung und vermittelte Mitteilung" (Schröter 1990: 253) in der Wirtschaftsberichterstattung einander entsprechen – kurz: Werden Akteure von den untersuchten Massenmedien korrekt wiedergegeben (Sorgfalt/Richtigkeit). Darüber hinaus evaluiert der Autor die

Quellentransparenz und erfasst die Themenstruktur. Gegenstand seiner Erhebung sind dabei die Tageszeitungen *FAZ, FR, SZ* und *Die Welt*, das Nachrichtenmagazin *Der Spiegel* sowie die Wirtschaftsmagazine *Capital, Manager Magazin, Industriemagazin* und die *Wirtschaftswoche*. In einem Untersuchungszeitraum von sechs Wochen analysiert Schröter 2 597 Artikel in denen mindestens eines von 16 ausgewählten deutschen Großunternehmen auftaucht. Ergänzend befragte er die in den Texten erwähnten Akteure nach ihrer Einschätzung der Richtigkeit der wiedergegebenen Informationen. Er kam dabei zu dem Ergebnis, dass jedes fünfte Zitat nicht im genauen Wortlaut wiedergegeben wird – aus seiner Sicht eine „beachtliche Verletzung elementarer handwerklicher Regeln" (Schröter 1990: 255). Bei der Kennzeichnung von Quellen kämen die Journalisten ihrer Sorgfaltspflicht hingegen weitgehend nach (vgl. ebd: 256). Tageszeitungen wirft er auf Basis seiner Ergebnisse jedoch zusätzlich vor, eine thematisch oberflächliche Berichterstattung, überwiegend im Stil eines „Verlautbarungsjournalismus" zu betreiben, während sich von ihm untersuchte wöchentlich erscheinenden Medien verstärkt mit wirtschaftlichen und gesellschaftlichen Rahmen- und Randbedingungen von Unternehmen beschäftigen (vgl. Schröter 1990: 258 ff.).

Laut Spachmann (2005) legen die Studien von Sachs (1980) und Schröter (1990) nahe, dass Unternehmensberichterstattung in den 1970er und 1980er Jahren „hauptsächlich als Fachjournalismus auf[trat] und […] (noch) nicht den Zugang zur breiten Öffentlichkeit gefunden [hatte]" (Spachmann 2005: 248).

Hilgert und Stuckmann (1991) identifizieren in ihrer knappen Analyse von vier überregionalen Tageszeitungen die thematischen Schwerpunkte sowie die Anteile eigener Artikel und Agenturmeldungen innerhalb der Wirtschaftsberichterstattung. Ihre Stichprobe beinhaltet alle Ausgaben der *Frankfurter Allgemeinen Zeitung*, der *Frankfurter Rundschau*, der *Welt* sowie der *Süddeutschen Zeitung* in vier natürlichen Wochen im Juli und August 1990. Der Agentur-Anteil ist in den Wirtschaftsressorts der *Süddeutschen Zeitung* (60 %) und der *Frankfurter Rundschau* (40 %) besonders hoch, *Die Welt* und die *Frankfurter Allgemeine Zeitung* kommen mit maximal 15 Prozent Agenturmeldungen aus. Bei allen Blättern machen Berichte über Unternehmen etwa die Hälfte des gesamten Textaufkommens im Wirtschaftsteil aus, gefolgt von Artikeln zur deutschen Wirtschaftspolitik sowie – mit großem Abstand – Berichte zu weltwirtschaftlichen Aspekten. Verbraucherorientierte Themen stehen in der Themenrangliste der Wirtschaftsressorts ganz unten (vgl. Hilgert/Stuckmann 1991: 17 ff.).

Die Studie von Claudia Mast (2003) veranschaulicht jedoch eine Abkehr vom Fachjournalismus, der den Wirtschaftsressorts bis dahin vorgeworfen wurde. Demzufolge ist die Wirtschaftsberichterstattung bereits zum Zeitpunkt ihrer Inhaltsanalyse 1998 zur Einführung des Euro „weit von dem Bild entfernt, das Kritiker des Wirtschaftsjournalismus lange Zeit gezeichnet haben" (Mast 2003: 102). Zwischen dem 1. April und dem 31. Mai 1998 erfasste sie in einer Fallstudie Berichte zum Euro und der Europäischen Währungsunion in der *Frankfurter Allgemeinen Zeitung, Frankfurter Rundschau, Süddeutschen Zeitung, Welt* und *Handelsblatt.* Dabei beobachtete sie vor allem die erhöhte Durchlässigkeit von Ressortgrenzen. Wirtschaft finde nicht mehr nur in einem abgeschlossenen Wirtschafts- und Finanzteil statt, sondern auch in anderen Ressorts der Zeitungen (vgl. Mast 2003: 102 f.). Zudem orientierten sich die untersuchten Zeitungen vermehrt an ihren Lesern, thematisierten Vor- und Nachteile der neuen Währung und erläuterten praktische Konsequenzen. In jedem siebten der untersuchten Artikel werden Verbraucheraspekte angesprochen (vgl. Mast 2003: 106 ff.).

Um Inhalte und Aufmachung von Wirtschaftsthemen geht es in den Studien von Hans Mathias Kepplinger und Simone Christine Ehmig (2003, 2005), deren Untersuchungsinstrument für die hier durchgeführte Untersuchung relevant ist (vgl. 4.2.1). Jeweils von März bis Juli 2003 und 2005 untersuchten sie zehn Wirtschaftsmagazine, vornehmlich mit Blick auf Themen und Aufmachung. Im Segment der Wirtschaftsmagazine identifizierten sie dabei zwei Schwerpunkte: Allgemeines Wirtschaftsgeschehen auf der einen und Geldanlagen auf der anderen Seite. Dabei hatte der überwiegende Teil der Beiträge (82 %) aus Lesersicht eine individuelle (private) Relevanz, ein deutlich kleinerer Teil (18 %) stellte mit Thema und Aufmachung eine institutionelle (berufliche) Relevanz her.

Kritisiert wurde die Wirtschaftsberichterstattung lange für ihre komplexe Sprache, die insbesondere für ein Laienpublikum schwer zugänglich ist, so dass die Wirtschaftsberichterstattung als zu wenig rezipientenorientiert bewertet wurde (vgl. Scheufele/Haas 2008: 82 f.; Dernbach 2010: 242). Zudem sei die Wirtschaftsberichterstattung bis in die 1990er Jahre insbesondere in Regionalzeitungen zu sehr auf die Produktionsseite bezogen, so dass zu wenig Verbraucherthemen Beachtung fanden (vgl. Mast/Spachmann 2005: 57). Mittlerweile sei diese Darstellung jedoch zu Gunsten der Leser verschoben – sie werden auch als „Verbraucher, Arbeitnehmer und Anleger" (Mast 2003: 83) anerkannt und die Berichterstattung sei zunehmend darauf zugeschnitten.

Arlt und Storz (2010) untersuchten im Auftrag der Otto Brenner Stiftung, die Qualität der Wirtschaftsberichterstattung im Rahmen der Finanzmarktkrise ab 2007. Ihre Inhaltsanalyse umfasst dabei die Berichterstattung zu 16 Ereignissen im Zusammenhang mit dem Geschehen an den Finanzmärkten im Zeitraum von 2003 bis 2009 in fünf überregionalen Tageszeitungen *(Financial Times Deutsch-*

land, Frankfurter Allgemeine Zeitung, Handelsblatt, Süddeutsche Zeitung, die ta-geszeitung), zwei Fernsehnachrichtensendungen *(Tagesschau, Tagesthemen)* sowie den Basisdienst der Nachrichtenagentur *dpa.* Die Beiträge wurden qualitativ und quantitativ untersucht. Die quantitative Analyse beschränkt sich dabei auf die Auszählung von Worthäufigkeiten. Bei einer sogenannten qualitativen Analyse bewerten die Autoren die Qualität der Berichterstattung auf Artikelebene anhand einer vierstufigen Skala, mit der handwerkliche sowie inhaltliche Kriterien gemessen werden. Bei der inhaltlichen Bewertung nehmen Arlt und Storz – wenn auch in begrenztem Maße – eine normative Position ein, von der aus sie die Qualität der Berichterstattung evaluieren. Sie kommen dabei zu dem Ergebnis, dass der Wirtschaftsjournalismus dem globalen Finanzmarkt gegenüber stehe wie „ein er-grauter Stadtarchivar dem ersten Computer mit einer Mischung aus Ignoranz und Bewunderung, ohne Wissen, wie er funktioniert, ohne Ahnung von den folgenrei-chen Zusammenhängen, die sich aufbauen" (Arlt/Storz 2010: 8). In der untersuch-ten Berichterstattung vermissen die Autoren vor allem eine kritisch-distanzierte Haltung.

Der Wandel des Finanzmarktes vom Dienstleister der Realwirtschaft hin zur eigen-ständigen Branche mit hochspekulativen Entscheidungs- und Handlungskriterien wird vom tagesaktuellen Wirtschaftsjournalismus mindestens bis zum August 2007 in der Regel ohne Problembewusstsein begleitet und begrüßt: Die Informationen sind dürftig, die Orientierung ist irreführend. (Arlt/Storz 2010: 8).

In Tabelle 11 wird der relevante Forschungsstand noch einmal zusammengefasst.

4.1.2 Boulevard, Boulevardisierung und Qualität

Unter dem Schlagwort Boulevardisierung wird seit einigen Jahren in der Öffent-lichkeit wie in der publizistik- und politikwissenschaftlichen Fachöffentlichkeit die Entwicklung der Medien kritisch diskutiert. Dabei geht es in erster Linie um eine unterhaltsame, personalisierte und emotionalisierte Berichterstattung über Politik, die allerdings der Komplexität politischer Entscheidungsprozesse und der Ernsthaftigkeit politischer Sachfragen nicht angemessen sei. Phänomene, die in der politischen Kommunikations- und Medienforschung zuvor unter Topoi wie Entertainisierung, Amerikanisierung, Verflachung oder schlicht Kommerzialisie-rung verhandelt wurden, werden dabei pauschal dem Genre „Boulevard" zuge-

Tabelle 11 Inhaltsanalysen der Wirtschaftsberichterstattung in der deutschen Tagespresse

Studie	Methode	Gegenstand	Stichprobe	Erkenntnisinteresse	Relevante Befunde
Sachs (1980)	Inhaltsanalyse mit quantitativen und qualitativen Elementen	Tages- und Wochenpresse in Deutschland	Beiträge zu 82 deutschen Kapitalgesellschaften in SZ, FAZ, Welt, BILD, Spiegel, Zeit, Stern sowie drei Illustrierten im gesamten Jahr 1976 (N=774)	Darstellung von Unternehmen in der Presse	▪ Thematisierungskriterien (maßgeblich: Anzahl der Beschäftigten, Anzahl der Aktionäre) ▪ Themen der Unternehmensberichterstattung
Posewang (1982)	Inhaltsanalyse mit quantitativen und qualitativen Elementen, quantitative Journalistenbefragung	Regionale Abonnementzeitungen in Deutschland	Verbraucherberichterstattung in 18 publizistischen Einheiten; Untersuchungszeitraum: Zwei natürlichen Wochen (Oktober 1977 und Mai 1980) (N=1336)	Qualität der Verbraucherinformationen in der Tagespresse	▪ Themenstruktur und Umsetzung von Verbraucherthemen
Schröter (1990)	Quantitative Inhaltsanalyse, quantitative Journalistenbefragung	Tages-, Wochen- und Wirtschaftspresse in Deutschland	Artikel in FAZ, FR, SZ, Welt, Spiegel, Capital, Manager Magazin, Industriemagazin, Wirtschaftswoche, in denen mindestens eines von 16 ausgewählten deutschen Unternehmen Gegenstand der Berichterstattung war, Untersuchungszeitraum: sechs Monate (abgeschlossen 1986) (N=2597)	Qualität der Wirtschaftsberichterstattung	▪ Themenstruktur ▪ Quellentransparenz ▪ Sorgfalt/ Richtigkeit
Hilgert/ Stuckmann (1991)	Quantitative Inhaltsanalyse	Überregionale Abonnementzeitungen in Deutschland	Ausgaben von SZ, FAZ, Welt, FR in vier natürlichen Wochen (Juli/August 1990)	Thematische Schwerpunkte der Wirtschaftsberichterstattung in Tageszeitungen	▪ Umfang der Wirtschaftsberichterstattung in Tageszeitungen ▪ Verhältnis: Eigen-/ Fremdbeiträge
Mast (2003)	Quantitative Inhaltsanalyse	Überregionale Tagespresse in Deutschland	Berichterstattung über den Euro und die Europäische Währungsunion in FAZ, FR, SZ, Welt, Handelsblatt zwischen dem 1. April und dem 31. Mai 1998	Themen und Aufmachung der Wirtschaftsberichterstattung in Tageszeitungen	▪ Wirtschaft als Querschnittsthema ▪ Hoher Anteil verbraucherorientierter Berichterstattung
Arlt/ Storz (2010)	Qualitative Inhaltsanalyse mit quantitativen Elementen	Massenmedien in Deutschland	dpa, Tagesthemen und Tagesschau (ARD), Frankfurter Allgemeine Zeitung, Financial Times Deutschland, Handelsblatt, Süddeutsche Zeitung, die tageszeitung	Qualität der Wirtschaftsberichterstattung	▪ keine kritisch-distanzierte Haltung der untersuchten Medien zur Entwicklung an den Finanzmärkten

schrieben. Zusammenfassend beschreibt Donsbach (2005: 25) das Phänomen der Boulevardisierung als „eine zunehmende inhaltliche und stilistische Entpolitisierung [...] zugunsten unterhaltender Elemente in den Medien." Boulevardisierung wird damit als Prozess der Angleichung der seriösen Medien und insbesondere des Fernsehens an die Boulevardpresse (vgl. u. a. Landmeier/Daschmann 2011) im Sinne einer Abwärtskonvergenz mit der Folge von Qualitätsverlust interpretiert. Hier ist nicht der Ort, den empirischen Gehalt oder die normative Geltung der zuweilen kulturkritisch getönten Klage über den (Ver-) Fall der politischen Kommunikation zu diskutieren. Es geht hier um Wirtschaftsberichterstattung und nicht um Politik, und es geht um Boulevardmedien im Vergleich mit sog. Qualitätsmedien und nicht um einen Prozess der Angleichung durch Boulevardisierung der letzten. Gleichwohl lohnt in unserem Erkenntniszusammenhang ein kursorischer Blick auf die Boulevardisierungs- und Qualitätsforschung, denn es lassen sich deskriptive (nicht primär normative) Kriterien für eine allfällige Inhaltsanalyse gewinnen sowie Überlegungen für eine Einordnung der Fragen und Ergebnisse ableiten.

Boulevardisierung

Der Begriff „Boulevardisierung" tauchte in der Fachliteratur erstmals Mitte der 1980er Jahre in Verbindung mit deutschen Fernsehnachrichten auf (vgl. Krüger 1985); im angelsächsischen Sprachraum ist, abgeleitet vom „Tabloid"-Format der Yellow Press, von Tabloidization die Rede (vgl. Donsbach/Büttner 2005: 24).

Hauptmerkmal von Boulevardisierung ist nach Esser (1999) vor allem eine erhöhte personalisierte, spekulative, pessimistische, emotionale und skandalisierte Berichterstattung. Donsbach und Büttner (2005: 26) operationalisieren Boulevardisierung über ein Set an Indikatoren zu denen neben den eben genannten u. a. auch „Negativismus" oder „Konflikthaltigkeit" zählen. Darüber hinaus gingen formale und stilistische Veränderungen wie kürzere Berichte, weniger Hintergrund, vermehrte illustrative Darstellung und ein lockerer Sprachstil mit der Boulevardisierung einher. Dulinski (2003) ergänzt eine zunehmende Einfachheit der Sprache sowie die stärkere Gewichtung von Bildern und optischen Elementen.

Sämtliche Definitionen der Boulevardisierung blicken dabei auf inhaltliche und stilistische Merkmale der Boulevardpresse (vgl. Lünenborg 2006). Boulevardjournalismus dient vielfach als Synonym für „Sensationsjournalismus" (vgl. Dulinski 2003: 91 f.)

Eine wichtige Rolle in der Berichterstattung von Boulevardzeitungen spielt die Emotionalität. Nussberger betont, dass die Boulevardpresse „bevorzugt auf die Emotion oder den Affekt abzielt" (Nussberger 1984: 29) und auch Saxer et al.

(1979) heben in ihrer Analyse der schweizerischen Boulevardzeitung *Blick* hervor, dass Emotionalisierung eine boulevardtypische Erzählstrategie darstellt. Büscher widmet diesem Aspekt sogar seine Dissertation und untersucht die „Emotionalität in Schlagzeilen der Boulevardpresse" (1996) am Beispiel der *BILD*.

Ebenso wie das Phänomen der Emotionalisierung deuten Bruck/Stocker die Personalisierung als diskursive Strategie zur Reduktion von Komplexität. Sie kritisieren allerdings, dass so das Verstehen der Welt lediglich vorgetäuscht werde, bezeichnen die Strategien als „den komplexen Zusammenhängen der Welt gegenüber […] völlig inadäquat" (Bruck/Stocker 1996: 25) und beklagen, dass beispielsweise bei der Katastrophenberichterstattung persönliche Details auf Kosten einer Analyse der Ereignisse in einem soziopolitischen Rahmen viel eher in den Vordergrund gerückt würden. Es liegen auch empirische Belege für entsprechende Tendenzen vor: So hat *BILD* in der Hartz-IV-Debatte emotionaler und personalisierter berichtet als andere Tageszeitungen. Besonders beim Emotionalisierungsgrad liegt *BILD* weit vor den vier untersuchten Abonnementzeitungen (vgl. Reinemann 2008: 217).

Emotionalisierung und Personalisierung werden (mit Ausnahme von Bruck/ Stocker 1996) überwiegend wertfrei betrachtet. Die Phänomene werden eher als Selbstverständlichkeit in Kaufzeitungen akzeptiert denn vorwurfsvoll vorgetragen. Ein Grund dafür dürfte sein, dass das Kriterium der Sachlichkeit in der Debatte um journalistische Qualität weitestgehend vernachlässigt wird. Unter den gängigen Qualitätskriterienkatalogen berücksichtigt nur die Definition von Hagen (1995) die Sachlichkeit in der Berichterstattung explizit (vgl. hierzu: Beck et al. 2010: 15 ff.).

Medienqualität

Der wissenschaftliche Diskurs umfasst bis heute zahlreiche Modelle journalistischer Qualität (vgl. Arnold 2009; Beck et al. 2010). Den bis dato wohl umfangreichsten, weil verschiedene Konzepte integrierenden, Kriterienkatalog legt Arnold (2009) vor. Er unterscheidet dabei drei Ebenen journalistischer Qualität: Der funktional-systemorientierten Ebene der gesellschaftlichen Funktion von Journalismus, der normativ-demokratieorientierten Ebene fundamentaler gesellschaftlicher Werte sowie der nutzerbezogen-handlungsorientierten Ebene der Rezipienten. In seinem Modell entsprechen den drei Ebenen folgende Qualitätskriterien (vgl. ebd.: 162 ff.):

- funktional-systemorientierte Kriterien: Vielfalt, Aktualität, Relevanz, Glaubwürdigkeit, Unabhängigkeit, Recherche, Kritik, Zugänglichkeit, Hintergrund- sowie Lokal-/Regionalberichterstattung

- normativ-demokratieorientierte Kriterien: Ausgewogenheit, Neutralität/Trennung von Nachrichten und Meinung, Achtung der Persönlichkeit
- nutzerbezogen-handlungsorientierte Kriterien: Anwendbarkeit, Unterhaltsamkeit, Gestaltung

Als Ausgangspunkt für die funktional-systemorientierten Kriterien journalistischer Qualität kann die Entwicklung betrachtet werden, in deren Rahmen der Journalismus gesellschaftliche Funktionen übernommen hat: Er kompensiert die Folgen der funktionalen Differenzierung, indem er vor allem adäquate Orientierungs- und Vermittlungsleistungen erbringt. Die normativ-demokratieorientierte Kriterien entstammen hingegen keiner in erster Linie systemtheoretischen Logik. Hier bilden vielmehr fundamentale Werte einer demokratisch-pluralistischen Gesellschaft die theoretische Grundlage für die Formulierung von Qualitätskriterien. Nutzerbezogen-handlungsorientierte Kriterien haben ihren Ursprung nicht in makro-perspektivischen Theorien, sondern in Ansätzen des Redaktionsmarketings und der Medienökonomie auf der Mikroebene. Dabei spielen vor allem die Wünsche und Bedürfnisse der Konsumenten eine Rolle (vgl. Arnold 2009).

Auch Akzeptanz und Markterfolg journalistischer Produkte rücken so ins Blickfeld der Qualitätsforschung (vgl. ebd.).

Bereits in diesem frühen Stadium der Qualitätsdebatte in Deutschland betonte Ruß-Mohl, dass Qualität vom jeweiligen Medium, der Zielgruppe, dem Genre sowie der Funktion abhänge, die Journalismus im Sinne eines mediumspezifischen Selbstbildes erfülle. Denn einzelne normativ formulierte Ziele und Qualitätskriterien konkurrierten zwangsläufig gegeneinander und ließen sich nicht gleichzeitig erreichen – z. B. Verständlichkeit und Exaktheit der journalistischen Darstellung:

> Wer konkret werden will, darf nicht Äpfel mit Birnen vergleichen. Die ‚Bild'-Zeitung lässt sich nicht an der ‚Frankfurter Allgemeinen Zeitung' und diese nicht am ‚Stern' qualitativ messen. Sehr sinnvoll kann es dagegen sein, Medienprodukte innerhalb desselben Marktsegmentes zu vergleichen, also z. B. nach Qualitätskriterien für Boulevardzeitungen zu suchen und ‚Bild' an ‚Super!' und dem ‚Kurier' oder auch am ‚Express' und der ‚tz' zu messen. (Ruß-Mohl 1991: 85 f.)

Wir unternehmen mit der vorliegenden Studie zum einen den gattungs-, also boulevardinternen Vergleich in Gestalt einer komparatistischen Analyse der Strukturen und Inhalte der Wirtschaftsberichterstattung in unterschiedlichen Boulevardzeitungen. Darüber hinaus erscheint es uns aber sinnvoll, Vergleichsmaterial in anderen Marktsegmenten zu erheben und bei der Interpretation zu berücksichtigen. Dabei geht es weniger um einen Qualitätswettbewerb und wir gehen auch nicht davon aus, dass sich Qualitätsindikatoren wie die bei Boulevardmedien vermutlich höhere Publikumsakzeptanz mit anderen Qualitätsindikatoren wie dem bei Qualitätszeitungen höheren Umfang der Berichterstattung zu einem „Gesamtindex" verrechnen lassen. Wir unterstellen ebenso wenig einen Konvergenzprozess im Sinne von Boulevardisierung oder Qualitätsverlust. Aber wir versuchen, die Tiefenschärfe unserer Momentaufnahme durch die Erhöhung des Kontrasts zu verbessern.

4.1.3 Wirtschaftsberichterstattung in Boulevardzeitungen

Normativ geprägte Annahmen dominierten lange Zeit die Lehrmeinung der Publizistikwissenschaft über die Formen und Inhalte der Wirtschaftsberichterstattung in der Boulevardpresse. So schreibt Burkhardt Röper im von Emil Dovifat 1969 herausgegebenen Handbuch der Publizistik über den „Wirtschaftsteil":

> In den [...] Boulevardblättern sind zwischen die allgemeinen Nachrichten kurze Wirtschaftsmeldungen eingestreut, wenn die zugrunde liegenden Ereignisse den Geldbeutel der Leser unmittelbar berühren. Das sind z. B. nachhaltige Konjunkturschwankungen, Steueränderungen, Lohnerhöhungen, Preisschwankungen von Konsumgütern, Auf- und Abwertungen. Ferner wird zuweilen über Produktionsrekorde oder „Riesengewinne" einzelner Wirtschaftszweige oder Firmen reißerisch berichtet. Einige wenige Blätter dieser Art bringen einen, wenn auch sehr knappen, rudimentären, so doch schon geschlossenen Wirtschaftsteil [...] Hier werden im Telegrammstil rund ein Dutzend Nachrichten von 4–6 Zeilen Länge veröffentlicht [...]. (Röper 1969: 206)

Knappe Meldungen im Telegrammstil, mangelnde Strukturierung und Ressortierung, reißerischer Stil, vordergründige Nutzwertbetonung auf Kosten eines tieferen Verständnisses von Hintergründen – das sind die Befunde bzw. Bewertungen vor vier Jahrzehnten. Methodisch gehen solche Aussagen noch nicht auf systematische, quantifizierende Inhaltsanalysen zurück, sondern ganz überwiegend auf die Methode der sog. Zeitungsautopsie, also der phänomenologischen, mehr oder weniger systematischen Inaugenscheinnahme und Deskription von Zeitungsausgaben. Die Befunde müssen deshalb nicht zwangsläufig falsch sein, aber sie erscheinen in zweifacher Hinsicht fragwürdig: Zum einen hinsichtlich der empirischen Validität und Reliabilität für die Boulevardpresse der 1960er Jahre, vor allem aber hinsichtlich der Frage, ob und wie sich der Wirtschaftsjournalismus heutzutage in deutschen Boulevardzeitungen und ihren Onlineangeboten darstellt. Zum anderen wurden die Formen und Inhalte der Wirtschaftsberichterstattung durch die Boulevardpresse leider auch in den letzten Jahren trotz der vielfach diagnostizierten Bedeutungszunahme von Wirtschaftsjournalismus generell kaum publizistikwissenschaftlich analysiert.[14]

Mast und Spachmann (2005) nehmen eine recht nüchterne Bewertung der Darstellung von Wirtschaftsthemen in Boulevardmedien vor:

> Straßenverkaufszeitungen [...] greifen Wirtschaftsthemen konsequent aus Perspektive ihres jeweiligen Publikums auf. Wenn Wirtschaft in Boulevard- oder Zielgruppenmedien auftaucht, geht es entweder um Unterhaltung und Befriedigung der Neugier oder um Nutzwert und Service. [...] Personalisierung, Emotionalisierung und Sensationalismus zeichnen ein einseitiges Bild der Wirtschaft bzw. dessen, was an ökonomischen Themen die Veröffentlichungsschwelle überwinden kann. (Mast/ Spachmann 2005: 59).

Als Beispiel nennen sie das Privatleben prominenter Wirtschaftsakteure und betonen das Hervorstehen sensationalistischer Aspekte. Ebenso fänden sich Tendenzen, dass Rezipienten direkt mit Handlungsaufforderungen angesprochen werden oder die Redaktion macht sich zum Sprachrohr der vermeintlichen Interessen ihres Publikums. Gleichzeitig müssen die Autoren einräumen, dass mit Boulevardzeitungen ökonomische Themen breite Bevölkerungskreise erreichen (vgl. Mast/Spachmann 2005: 59). Diese Einschätzungen stützen sich jedoch überwiegend nicht auf empirische Erhebungen, so dass eine Forschungslücke hinsichtlich der Untersuchung der Wirtschaftsberichterstattung in Boulevardzeitungen bestätigt werden kann.

In einer Darstellung von Mast und Spachmann (vgl. Abb. 6), die Angebotsformen für Wirtschaftsinformationen nach Reichweite der Medien und Spezialisierungsgrad der Redaktionen aufführt, nimmt Wirtschaft in Boulevardmedien die unterste Position ein – aufgrund der einerseits hohen Reichweite der Medien, andererseits jedoch wegen des geringsten Spezialisierungsgrades der Redaktionen.

---

14 Wenngleich sich einige inhaltsanalytische Untersuchungen mit Wirtschaft in Fernsehsendungen (vgl. exempl. Friedrichsen 1992; Beck/Amann 2008) oder den Zusammenhängen von Inhalten und Wirkung befassen: Bertram Scheufele und Johannes Haas (2008) beschäftigen sich mit dem Einfluss von Wirtschaftsberichterstattung auf das Geschehen an der Börse, Lutz M. Hagen (2005) untersucht den Zusammenhang zwischen Wirtschaftsberichterstattung der konjunkturellen Entwicklung.

Abbildung 6   Angebotsformen für Wirtschaftsinformationen in den Medien
(Quelle: Mast/Spachmann 2005: 55)

Die empirisch-inhaltsanalytische Forschung zur Boulevardpresse mit einem spezifischen Fokus auf Wirtschaftsberichterstattung ist als äußerst defizitär zu bezeichnen und blieb bislang bestenfalls ein Randaspekt.

Eine Ausnahme in der ansonsten fast ausschließlich auf *BILD* fokussierten Forschung zu Boulevardzeitungen bietet die Untersuchung von Wersig et al. (1991).
Vor dem Hintergrund der geöffneten Vertriebsmärkte in den neuen Bundeslän-
dern und der damit verbundenen Entstehung der Kaufzeitung *Super!* (Burda
Verlag) vergleichen die Autoren das neue Boulevardblatt mit der *BILD* und dem
Berliner Kurier. Untersucht werden alle Artikel der genannten Zeitungen in einer
natürlichen Woche im Juli 1991 (N = 2735). Wersig et al. heben die Vermittlung
von Information und Lebenshilfe, insbesondere mit Blick auf die Praxis des bundesdeutschen Rechtsstaates und der sozialen Marktwirtschaft, positiv hervor (vgl.
Wersig et al. 1991: 62). Den thematischen Schwerpunkt der Berichterstattung bildet der Sport (20 %), gefolgt von Artikeln aus dem Bereich Verbraucher/Lebens-
rat (15 %). Kultur/Freizeit war in 12 %, Wirtschaft/Soziales in 11 Prozent der Artikel
das zentrale Thema (vgl. Wersig et al. 1991: 33).[15]

---

15 Aussagen über den Anteil der Politikberichterstattung sind aufgrund des spezifischen Codeplans
    nicht möglich (vgl. Wersig et al. 1991: 33).

Ulrich Saxer, Heinz Bonfadelli, Walter Hättenschwiler und Michael Schanne (1979) befassen sich in einer quantitativen Inhaltsanalyse mit der schweizerischen Boulevardzeitung *Blick*. In einem Unterkapitel widmen sich die Autoren dabei der Wirtschaftsberichterstattung, die sie in einer funktionalen Definition beschreiben als „die Summe aller Tatbestände, die sich auf Güter und Dienstleistungen beziehen" (Saxer et al. 1979: 45). Sie erkennen innerhalb des Erhebungszeitraums von 1959 bis 1979 eine deutliche Entwicklung der Wirtschaftsberichterstattung von abstrakten Themen („Wirtschaft allgemein", „Verbände", Unternehmen") zu für die Leser „greifbaren" Themen („Arbeitsplatz", „Produkte", „Dienstleistungen") und erklären dies mit zunehmender Konsumentenorientierung. Für die letzte Erhebungswelle 1978/79 sprechen die Autoren von einer „gänzliche[n] Verschiebung der Wirtschaftsberichterstattung des Boulevardblatts auf den Arbeitnehmer- und Konsumentenbereich" (Saxer et al. 1979: 56).

Reinemann (2008) begreift *BILD* als journalistischen Akteur, formuliert spezifische Präferenzen des Akteurs und misst daran sein Handeln in der politischen Debatte um die Hartz-IV-Gesetze. Grundlage der Untersuchung bilden Artikel aus *BILD* sowie jeweils zwei überregionalen und regionalen Abonnementzeitungen, die sich im Zeitraum von acht natürlichen Wochen im Juli und August 2004 mit den Hartz-Reformen befassen (N = 807). Bei der Themensetzung von *BILD* erkennt der Autor eine „starke (regionalisierte) Publikumsorientierung (Adäquanzstrategie), die letztlich ökonomisch motiviert ist" (Reinemann 2008: 220). Im Fazit seiner Studie geht Reinemann am Rande auf Qualität in der Boulevardberichterstattung ein. So habe *BILD* im Untersuchungszeitraum „spekulativer, personalisierter, emotionaler und einseitiger als die anderen Zeitungen" (Reinemann 2008: 217) berichtet. Je negativer der einzelne Bericht war, desto stärker ausgeprägt waren diese Attribute. In einzelnen Phasen der Erhebung attestiert er *BILD* jedoch einen durchaus nüchternen, ausgewogenen und sachlichen Stil. Angesichts einer zunächst betont informativen Berichterstattung über die Sozialreformen, die sich allerdings später zunehmend skandalisierender Stilmittel bediente, konstatiert Reinemann (2008: 221):

> Es ist also nicht so, dass eine nüchterne, ausgewogene, sachliche und an Themen orientierte Berichterstattung überhaupt keine Handlungsalternative des Boulevardjournalismus wäre. Vielmehr kann sich auch ein Boulevardblatt an den Maßstäben journalistischer Qualität orientieren. Tut es das nicht, ist auch dies das Ergebnis einer bewussten Entscheidung.

Neben Reinemann (2008) haben Hans-Jürgen Arlt und Wolfgang Storz (2011) die einzige Arbeit vorgelegt, die sich explizit mit der Wirtschaftsberichterstattung in einer Boulevardzeitung, nämlich *BILD*, beschäftigt. Grundlage der Untersuchung sind alle von Anfang Januar bis Ende September 2010 in *BILD* veröffentlichten Artikel, die sich mit der Griechenland- oder Eurokrise befassen. Die entsprechenden Artikel, die zwischen dem 1. März und dem 31. Mai erschienen (N = 121), werden neben der qualitativen Auswertung zu einer Inhaltsanalyse auf Basis der sogenannten Lexikometrie herangezogen. Dabei handelt es sich den Autoren zufolge um eine automatisierte Textauswertung, die unter anderem Worthäufigkeiten misst und erhebt, welche Wörter häufig in der Nähe von anderen bestimmten Wörtern auftauchen (vgl. Arlt/Storz 2011: 86). Kernbefund ihrer Studie ist, dass *BILD* kein Journalismus bzw. keine Zeitung sei,[16] sondern stattdessen eine Veröffentlichung, deren Inhalte in erster Linie die Funktion erfüllten, das Produkt *BILD* zu vermarkten. Entsprechend erkennen sie große Schnittmengen zwischen den Strategien von Werbung und Marketing und den Methoden von *BILD*. Die Informationsleistung der Zeitung zur Griechenlandkrise bewerten die Autoren als ungenügend. *BILD* verbreite lediglich, was in die spezifische Erzählungslogik der Zeitung passe und verschweige Informationen, die ein differenziertes Bild der Griechenlandkrise zeichnen würden (vgl. Arlt/Storz 2011: 9).

Die relevanten Befunde zu Inhaltsanalysen von Boulevardzeitungen und Wirtschaftsberichterstattung werden in Tabelle 12 noch einmal zusammengefasst.

4.2 Formale und inhaltliche Analyse

4.2.1 Methode

„Wirtschaft": Abgrenzung von Ressorts und Themen
Bei der Untersuchung von Wirtschaftsberichterstattung in Boulevardzeitungen stellen sich zunächst die Fragen, in welchen Ressorts Wirtschaftsberichterstattung stattfindet und was demnach als Wirtschaftsberichterstattung definiert werden kann.

In einer Untersuchung von Qualitätszeitungen[17] zeigt Claudia Mast (2003), dass die Ressortgrenzen verschwimmen und Wirtschaft nicht nur in einem abgeschlossenen Wirtschafts- und Finanzteil stattfindet, sondern auch in anderen Ressorts der Zeitungen (vgl. Mast 2003: 102 f.). Es liegt daher die Vermutung nahe,

---

16 Die Definition der Begriffe Journalismus und Zeitung bleibt dabei jedoch lückenhaft.
17 Untersucht wurden: Frankfurter Allgemeine Zeitung, Frankfurter Rundschau, Süddeutsche Zeitung, Welt und Handelsblatt.

Tabelle 12   Inhaltsanalysen der Boulevardpresse in Deutschland mit Befunden zu Wirtschaftsberichterstattung

Studie	Methode	Gegenstand	Stichprobe	Erkenntnisinteresse	Relevante Befunde zur Wirtschaftsberichterstattung
Saxer et al. (1979)	Quantitative Inhaltsanalyse	Blick	Geschichtete Zufallsstichprobe: 93 Exemplare von Blick aus den Jahrgängen 1959/60, 1964/65, 1969/70, 1974/75 und 1978/79	Überblick über Inhalte und publizistische Strategien der schweizerischen Boulevardzeitung Blick	Verschiebung von abstrakter Wirtschaftsberichterstattung hin zu für die Leser „greifbaren" Themen
Wersig et al. (1991)	Quantitative Inhaltsanalyse	Super!, BILD, Berliner Kurier	Vollerhebung über eine natürliche Woche im Juli 1991 (Mo–Fr)	Publizistische Profile von Boulevardzeitungen vor dem Hintergrund politischer, ökonomischer und gesellschaftlicher Probleme nach der Wiedervereinigung	Anteil der Berichterstattung im Bereich Wirtschaft/Soziales an der Gesamtberichterstattung (11 %)
Reinemann (2008)	Quantitative Inhaltsanalyse	Tagespresse in Deutschland, insb. BILD	Alle Artikel in BILD, Allgemeiner Zeitung Mainz, Leipziger Volkszeitung, Süddeutscher Zeitung und Die Welt, die sich im Juli und August 2004 (acht natürliche Wochen) mit der Hartz-IV-Reform beschäftigen	Das Handeln von BILD als politischem Akteur in der Debatte zur Hartz-IV-Reform	Das Handeln von BILD orientiert sich wechselweise an Sachargumenten und ökonomischen sowie politisch weltanschaulichen Motiven
Art/Storz (2011)	Qualitative Inhaltsanalyse	BILD	Alle Artikel in BILD, die sich im Zeitraum Januar bis September 2010 mit der Griechenland- und Eurokrise beschäftigen	Qualität und Mechanismen der Berichterstattung von BILD	BILD ist kein Journalismus sondern lediglich eine periodische Veröffentlichung, weil sie Kriterien journalistischer Qualität weitgehend nicht entspricht

dass diese Ergebnisse ebenso für Boulevardzeitungen gelten. Die Ressortstruktur kann deshalb als alleiniger Indikator für das Auffinden von Wirtschaftsberichterstattung nicht herangezogen werden. Zumal einige der hier untersuchten
Boulevardzeitungen entweder gar kein Wirtschaftsressort haben *(Express)* oder
Wirtschaft an das Politikressort anbinden *(BILD, B.Z.)*. Lediglich die *tz* weist ein
eigenes Wirtschaftsressort auf (vgl. Kap. 2.6). Wir haben daher zunächst in einer
Vorstudie durch eine Zeitungsautopsie und parallel dazu im Online-Angebot bestimmt, ob und wo genau (Rubriken, Seiten, Websites und -pages) Wirtschaftsberichterstattung stattfindet:

Die Berichterstattung über Themen aus dem Bereich Wirtschaft verteilt sich,
anders als in klassischen Abonnementformaten, in den meisten Boulevardzeitungen auf mehrere Ressorts (vgl. Tabelle 13). Nur der *Berliner Kurier* und die
Münchner *tz* bieten ihren Lesern einen eigenen Wirtschaftteil an. Die *Abendzeitung* und die *B.Z.* verknüpfen jeweils Politik und Wirtschaft in einem Ressort
miteinander. In allen Zeitungen finden sich Themen aus der Wirtschaft jedoch
auch im Lokal- oder Regionalteil, dann mit entsprechender regionaler Prägung.
Darüber hinaus werden auf den Ratgeberseiten fast aller Zeitungen immer wieder
wirtschaftliche Themen aufgegriffen, bspw. staatliche Förderung für Solaranlagen
oder Steuerberechnung. Die Themen werden dabei konsequent aus der Nutzer-
perspektive bearbeitet und sollen den Lesern in erster Linie eine Hilfestellung im
Alltag bieten.

Weiterhin wird der Wirtschaftsberichterstattung in Qualitätszeitungen (vgl.
Mast 2003: 106 ff.) in frühen Studien von Boulevardzeitungen (Saxer et al. 1979: 56)
eine zunehmende Orientierung von abstrakten Themen hin zu solchen, die für
den Leser greifbarer sind und Anwendungscharakter haben, attestiert. Demzufolge ist eine Definition des Begriffes Wirtschaftsberichterstattung erforderlich,
die weit genug ist, um sowohl aktuelle wirtschaftliche Inhalte, als auch Angebote
über allgemeine grundlegende wirtschaftliche Fragestellungen und redaktionelle
Angebote, die einen Service- oder Ratgeberbezug aufweisen, unabhängig von der
Aufmachung des Themas, zu fassen.

Als Wirtschaftsberichterstattung werden demnach in dieser Studie in Anlehnung an Heinrich (1989) alle Aussagen verstanden:

> deren Gegenstand das System Wirtschaft und Wirtschaftspolitik ist, in dem die Ent-
> scheidungen über Allokation der Ressourcen, über Produktion, Distribution, Konsum
> und Vermögensbildung in geld- und realwirtschaftlicher Dimension getroffen werden
> und Wirkungen entfalten;

deren Gegenstand die Ökonomik – also die individuelle und/oder gesellschaftliche Kosten-Nutzen-Analyse – anderer Teilsysteme ist, wie z. B. Gesundheit, Bildung, Freizeit, Kultur, Landesverteidigung usw.;

deren Gegenstand die ökonomischen, also auf den Maßstab des Geldes reduzierten Wirkungen von Ergebnissen und Maßnahmen sind, z. B. Kosten- und Einkommenseffekte von Umweltschutzmaßnahmen oder eines Musikfestivals. (Heinrich 1989: 284)

Tabelle 13   Wirtschaftsberichterstattung in Boulevardzeitungen (Durchschnittswerte)

Titel	Umfang Gesamt	Wirtschaftsteil (Umfang)	Andere Rubriken mit Wirtschafts-berichterstattung
Abendzeitung/ 8-Uhr-Blatt	40 S.	Politik und Geld (S. 4)	Seite 1 (Nachrichten) Thema des Tages (S. 3) Regionalteil (zweites Buch) AZ-Service (zweites Buch)
BILD	24 S.	–	Seite 1 (Nachrichten) Politik (S. 2) Regionalteil (S. 3 u. weitere) Ratgeber (S. 4)
B.Z.	45 S.	Politik & Wirtschaft (S. 2/3)	Berlin (ab S. 6), Service (3 Seiten)
Berliner Kurier	35 S.	Markt (1 Seite, unterschiedlich platziert)	Politik (S. 2/3) Berlin (ab S. 4)
Express	32 S.	–	S. 1 (Nachrichten) Politik (S. 2) Report (S. 3) Ratgeber (1 Seite) Regionalteil (letztes Buch)
Hamburger Morgenpost	50 S.	–	Politik (S. 6/7) Hamburg Beruf und Karriere (1–2 Seiten) Ratgeber (1–2 Seiten)
Morgenpost für Sachsen	35 S.	–	Politik (S. 2/3) Regionalteil (ab S. 4)
tz	30 S.	Geld + Markt (1 Seite, unterschiedlich platziert)	Seite 1 (Nachrichten) München und Region (ab S. 3) Bayern (ab S. 11)

Gegenstand der Berichterstattung können demnach das System Wirtschaft selbst, Wirtschaftspolitik, Unternehmen aber auch private und öffentliche Haushalte sein.

Diese Definition dient als Zugriffskriterium für unsere quantitative Inhaltsanalyse. Um sich dem Untersuchungsgegenstand zu nähern und eine Vorstellung davon zu bekommen, wie Wirtschaftsberichterstattung in Boulevardzeitungen charakterisiert ist, wurde zunächst eine qualitative Vorstudie am Untersuchungsmaterial durchgeführt. In diesem Rahmen wurde das Untersuchungsmaterial zunächst gesichtet und einzelne Ausgaben exemplarisch auf ihrer Wirtschaftsberichterstattung hin untersucht. Ziel dieser Vorstudie war es, die Besonderheiten von Wirtschaftsberichterstattung sowohl thematisch als auch in der Umsetzung zu ermitteln. Durch diese explorative Herangehensweise an das Forschungsfeld konnte die Begriffsdefinition direkt am Untersuchungsgegenstand validiert und der Rahmen des Themenspektrums von Wirtschaftsberichterstattung erarbeitet werden.

Untersuchungsmaterial, -zeitraum und Codierung Printanalyse
Für die systematische quantitative Inhaltsanalyse wurden aufgrund der Strukturanalyse und theoretischer Überlegungen (vgl. Kapitel 2.7) vier Boulevardzeitungen ausgewählt: (1) die *B.Z.*, (2) *BILD Hamburg*, (3) der *Kölner Express* und (4) die *tz*. Als Vergleichsmedien wurden außerdem die regionale Abonnementzeitung (5) *Märkische Allgemeine (MAZ)* sowie die überregionale Abonnementzeitung (6) *Süddeutsche Zeitung (SZ)* analysiert. Die untersuchten Medien werden bis auf *B.Z.* und *BILD* von verschiedenen Verlagshäusern herausgegeben und erreichen unterschiedliche Vertriebsgebiete innerhalb Deutschlands.

Der Untersuchungszeitraum umfasst eine bewusst ausgewählte zusammenhängende (natürliche) Woche von Montag, den 23.05.2011 bis Samstag, den 28.05.2011. Der ausgewählte Zeitraum kann im Rahmen des Ereigniskontextes als „normale" Nachrichtenwoche bezeichnet werden. Innerhalb dieser Woche wurden die sechs Zeitungen komplett als Vollerhebung untersucht. Nicht berücksichtigt wurden bei der Analyse die Beilagen der Zeitungen und der Sportteil.

Bei der Analyse wurden zunächst zwei Ebenen unterschieden: Auf der ersten Ebene stellt die Ausgabe einer Zeitung die Untersuchungseinheit dar und wird auf formale Kriterien hin untersucht (Zeitungsebene). Im nächsten Schritt werden die zu untersuchenden Artikel entsprechend dem oben beschriebenen Zugriffskriterium (Definition Wirtschaftsberichterstattung) ermittelt. Dabei wird ein Artikel dann als Wirtschaftsberichterstattung erfasst, wenn entsprechend des Zugriffskriteriums Wirtschaft das Hauptthema des Artikels ist. Alle Artikel, die ein anderes Hauptthema aufweisen bzw. lediglich einen Wirtschaftsbezug herstellen (als Nebenthema oder Randaspekt) werden nicht in die Untersuchung einbezogen. Auf der zweiten Ebene (Artikelebene) stellen dann alle so ausgewählten Wirtschaftsartikel die Untersuchungseinheit dar.

Die Codierung erfolgte auf Basis eines ausführlichen Codebuches nach mehreren Pretests und umfangreichen Coderschulungen durch ein sechsköpfiges Team, auf das das Untersuchungsmaterial nach Wochentagen aufgeteilt wurde. Die einzelnen Zeitungsausgaben wurden so von verschiedenen Personen bearbeitet. Die Zuverlässigkeit der Codierung wird über einen standardisierten Reliabilitätstest als Intercoderreliabilität gemessen. Dafür ergibt sich bezogen auf eine mehrheitliche Übereinstimmung der Coder ein Reliabilitätskoeffizient von .95 für die gesamte Codierung.[18] Reliabilitätswerte ab .7 werden in der Regel methodisch als unproblematisch angesehen.

Untersuchungsmaterial, -zeitraum, und Codierung Onlineanalyse

Ausgehend von einem Befund zum wirtschaftspublizistischen Mehrwert der Website von *BILD* (vgl. Beck et al. 2009: 45–49) halten wir eine systematische Prüfung für sinnvoll, ob die Websites von Boulevardzeitungen tatsächlich ein ergänzendes und erweiterndes Angebot an Wirtschaftsinformationen liefern und wie sich dieses – im Vergleich zu den analysierten Printausgaben – beschreiben und bewerten lässt.

Demnach wurde zu den sechs untersuchten Tageszeitungen bei der Onlineanalyse das jeweilig korrespondierende Onlineangebot untersucht: (1) *Bild.de*, (2) *B.Z. Online*, (3) *Express.de*, (4) *tz Online*, (5) *maerkischeallgemeine.de* und (6) *sueddeutsche.de*.

Der Untersuchungszeitraum für die Analyse ist identisch mit dem der Analyse der Printberichterstattung und umfasst ebenfalls eine natürliche Woche vom 23.05.11 bis 28.05.11. Für die Untersuchung wurden die kompletten Websites der Onlineangebote täglich zu einem festen Messzeitpunkt[19] (12 Uhr) heruntergeladen und gespiegelt.[20] Während bei der Printanalyse die Zeitungsausgaben der ausgewählten Medien als Vollerhebung untersucht wurden, wurde bei den On-

---

18 Die Reliabilitäten für einzelne Variablen sind an keiner Stelle kleiner als .7. Tendenziell bereitet aber das Zählen von Artikeln, Service- und Anzeigenseiten in der Zeitung ähnlich wie das Messen der Flächen bei der Codierung die größten Schwierigkeiten.

19 Der Download eines Onlineangebots muss technisch an einem bestimmten Zeitpunkt erfolgen. Dabei ergibt sich das Problem, dass die Inhalte immer nur zu den Zeitpunkten X und Y usw. analysiert und bewertet werden können. Alles, was zwischen zwei Messzeitpunkten passiert, kann nicht vollständig erfasst werden. Die Vorstudie am Material hat aber gezeigt, dass von dieser Problematik in erster Linie die Platzierung der Artikel betroffen ist: Neu eingestellte Artikel verdrängen ggf. die Position eines anderen, bleiben aber online verfügbar.

20 Der Download wurde mit dem Programm Httrack (http://www.httrack.com/) durchgeführt. Dies ermöglicht die Speicherung ganzer Websites im Original mit allen Dateien, Artikeln, Bildern, Videos, Anzeigen usw. und ermöglicht den Offline-Abruf.

line-Angeboten aus forschungsökonomischen Gründen auf Basis einer Vorstudie eine Auswahl an zu analysierenden Bereichsstartseiten getroffen:

Dabei wurden für jedes Onlineangebot ausgehend von der jeweiligen Startseite (Home) bis auf die zweite Navigationsebene jene Bereichsstartseiten ausgewählt und untersucht, die potentiell Wirtschaftsberichterstattung enthalten.[21]

Die Durchführung der Codierung erfolgte wiederum auf zwei Ebenen: Zuerst wurden die jeweiligen Bereichsstartseiten als Untersuchungseinheit betrachtet. Die dort relevanten Artikel wurden dann im zweiten Schritt analog zum Vorgehen bei den Printmedien auf Artikelebene mit gleichem Zugriffskriterium untersucht. In einem dritten Schritt wurde eine Überschneidungsanalyse durchgeführt, die darauf abzielt, systematisch jene Artikel zu ermitteln, die in identischer oder abgeänderter Form sowohl in den Zeitungsausgaben der untersuchten Medien als auch in den jeweiligen Onlineangeboten erscheinen.

Die Codierung des Onlinematerials wurde durch das gleiche Coderteam, im Anschluss an die Codierung der Zeitungsausgaben wieder nach Wochentagen aufgeteilt, übernommen. Die Qualität der Codierung kann durch zusätzliche Pretests, Coderschulungen und einen Reliabilitätstest sichergestellt werden. Die Intercoderreliabilität bezogen auf eine mehrheitliche Übereinstimmung bei der Onlinecodierung liegt bei .86.[22]

Operationalisierung: Formale und inhaltliche Kategorien
Das Codebuch ist, wie allgemein üblich, in formale und inhaltliche Kategorien unterteilt.

---

21 Es wurden folgende Bereichsstartseiten untersucht: Startseite (Home); (1) Bild: News, Politik, Geld, Ratgeber, Digital, Regional: Hamburg; (2) B.Z.: Aktuell, Aktuell: Berlin, Aktuell: Deutschland, Aktuell: Welt, Ratgeber; (3) Express: News, Ratgeber, Regional; (4) tz: Aktuelles: München, Bayern, Welt, Politik, Wirtschaft, Multimedia, Service, (5) MAZ: Nachrichten, Lokales; (6) SZ: Politik, Wirtschaft, Geld, Karriere, München & Region, Bayern, Medien, Digital, Auto.

Dieses Vorgehen führt dazu, dass das Untersuchungsmaterial zunächst ausgehend von der Navigationsstruktur des Mediums ausgewählt wird. Dadurch wird eine unterschiedliche Anzahl an Bereichsstartseiten pro Onlinemedium analysiert, was zu Verzerrungen bei den Ergebnissen führen kann.

22 Damit liegt der Reliabilitätskoeffizient zwar etwas niedriger als der der Printcodierung mit .95, kann methodisch aber als unbedenklich bezeichnet werden. Insgesamt erreichen wiederum jene Variablen unterdurchschnittliche Werte, die auch in der Codierung der Presseberichterstattung niedriger waren (Zählen der Service- und Artikelanzahl usw.). Allerdings zeigt sich hier, dass bei der Onlinecodierung zum Teil die identischen Variablen zur Printcodierung Online schlechtere Reliabilitätswerte erzielen. Die Spezifika der Rezeption (Lesen am Bildschirm o. ä.) haben möglicherweise also einen Einfluss auf die Messung bei der Codierung und erschweren diese.

Auf Zeitungsebene wird die jeweilige Untersuchungseinheit (Ausgabe/Zeitungsexemplar) hinsichtlich formaler Kriterien untersucht, wie u. a.: absolute und relative Umfänge (Seitenanzahl der Zeitungsausgabe, Anzahl der Artikel, Seitenanzahl der Anzeigen usw.). Auf Artikelebene werden formale Merkmale wie der Flächenumfang von Überschriften, Texten und dazugehörigen Bilder oder Grafiken gemessen. So können Aussagen über Umfang und Gewichtung der Wirtschaftsberichterstattung getroffen werden, vor allem in Relation zur Gesamtberichterstattung.

Neben weiteren formalen Kriterien auf Artikelebene wie Paginierung, Rubrik, Stilform, Platzierung usw. werden zudem gestalterische Merkmale von Bildern, Tabellen, Grafiken oder Infokästen zu den Artikeln erhoben. Dazu gehören die Anzahl von Bildern o. ä., Quellen und die Darstellung auf Bildern (z. B. Personen, Gebäude, Produkte/Konsumgüter). Außerdem wird erfasst, ob Bilder oder Grafiken einen Symbolcharakter aufweisen.

Die inhaltlichen Kategorien auf Artikelebene orientieren sich vor allem an den Befunden der im Forschungsstand zitierten Studien. Aus der Debatte um die Qualität journalistischer Produkte lassen sich einige Merkmale ableiten, anhand derer rein deskriptiv – ohne eine normative Bewertung dieser Merkmale vorzunehmen – Aussagen über Aufbereitung von Wirtschaftsberichterstattung getroffen werden können:

Um die Themenvielfalt und die Themenstruktur der Wirtschaftsberichterstattung zu ermitteln, wird auf Artikelebene das Haupt- oder Schwerpunktthema des Artikels erfasst. Mithilfe der Vorstudie kann das gesamte Themenspektrum, in dem sich Wirtschaftsberichterstattung bewegt, ermittelt werden. Wobei die konkreten Ausprägungen in Anlehnung an den Themenkatalog von Kepplinger/Ehmig (2002) erstellt werden. Einige Kategorien der Autoren werden auf Basis der durchgeführten Vorstudie zusammengefasst (Managementfragen mit Arbeitswelt/Karriere), andere nicht übernommen (z. B. Gesundheit). Die Ausprägung Wirtschaftskriminalität kommt hinzu. Die hier durchgeführte Untersuchung orientiert sich dementsprechend an acht Themen der Wirtschaftsberichterstattung: (1) Allgemeines Wirtschaftsgeschehen/Wirtschaftspolitik, (2) Steuern, (3) Branchen/Unternehmen, (4) Finanzen, (5) Versicherungen, Immobilien, (6) Konsum- und Freizeitangebote, (7) Arbeitswelt/Karriere und (8) Wirtschaftskriminalität. Zusätzlich wird gemessen, inwiefern es sich dabei um ein Thema handelt, das als Dauerthema die Medienberichterstattung beschäftigt: wie die Wirtschafts- oder Eurokrise, die Hartz-IV-Debatte, Börsennachrichten oder der Atomausstieg/Fukushima.

Neben dieser inhaltlichen Vielfalt werden zusätzlich jeweils der Urheber des Artikels sowie die Transparenz bezüglich der Quellen innerhalb eines Artikels erhoben. Auch können formale Kriterien wie die Varianz von Stilform und Textlänge Ausdruck einer formalen Vielfalt sein.

Den Boulevardmedien wird häufig unterstellt, vor allem jene Themen zu bedienen, die einen für die jeweiligen Leser regionalen Bezug aufweisen (vgl. Reinemann 2008: 220). Erfasst wird daher ebenso, wo ein Ereignis stattfindet, d. h. der Ort, an dem sich das faktische Geschehen abspielt. Bezugspunkt ist die jeweilig codierte Zeitung (z. B. *tz:* Wenn München genannt = lokal). Der Ereignisort muss explizit genannt sein.[23]

Weiterhin wird in einem Artikel die hergestellte Relevanz erfasst, also die Sozialebene, auf der ein Artikel verortet werden kann. Dabei wird erhoben, inwiefern die Berichterstattung Zusammenhänge auf gesamtgesellschaftlicher Ebene (Makroperspektive), auf der Ebene gesellschaftlicher Teilbereiche wie Institutionen oder Unternehmen oder aber auf der Mikroebene, also bei Personen bzw. dem Individuellen/Partikulären verortet (vgl. fög 2010: 93).[24]

Ausgehend von der Idee, dass ein Thema auf unterschiedliche Art und Weise aufbereitet sein kann, wird die Aufmachung eines Themas analysiert. Dabei wird unterschieden zwischen (1) politisch oder gesellschaftlich kontrovers bzw. problematisierend aufbereiteten Themen, (2) Sachthemen bzw. neutrale Wissensvermittlung mit Daten und Fakten (wie Börsenkursen), (3) Verbraucher-/Konsumenten- oder Anwenderthemen und (4) Unterhaltung und Human Touch. Kepplinger/Ehmig bezeichnen in ihrer Studie diese Variable als Funktion eines Artikels und messen die drei erstgenannten Indikatoren. Bei der Vorstudie am Untersuchungsmaterial wird die vierte Ausprägung als zusätzliche, möglicherweise boulevardspezifische Aufmachungsstrategie ermittelt.

Außerdem können aus der Forschungsliteratur zur Boulevardisierung (vgl. Kapitel 4.1) weitere Merkmale von Aufmachungsstrategien herangezogen werden, die in Anlehnung an die jeweiligen Studien operationalisiert wurden. Diese Merkmale dienen der reinen Deskription von Wirtschaftsberichterstattung in Boulevardzeitungen und basieren nicht auf normativ aufgeladenen Hypothesen: Erfasst werden: (1) Emotionalisierung, (2) Skandalisierung/Sensationalismus, (3) Spekulation, (4) Negativismus, (5) Vermischung aus Nachricht und Meinung, (6) Per-

---

23 Werden mehrere Orte des Geschehens genannt, wird hierarchisch codiert: lokal vor national vor international. Berlin kann als Ereignisort sowohl lokal als auch national sein (Bundespolitik).

24 Auch Kepplinger/Ehmig (2005) erheben die Relevanz auf Basis der Makro-, Meso- und Mikroebene (auch wenn sie dies nicht konkret so benennen). Sie operationalisieren diese jedoch weitaus differenzierter und arbeiten allein schon bei der privaten Relevanz mit einer 5-stufigen Skala (ebd.: 45).

sonalisierung und (7) Privatisierung[25], (8) Bewertung von Akteuren in Bezug auf rollennahe (Eigenschaften zur Funktionsrolle der Person) oder rollenferne Eigenschaften der Person (private/persönliche Eigenschaften). Zudem werden mit einer qualitativen Variable (9) Besonderheiten im Sprachstil erfasst. Dabei wird gemessen, ob innerhalb eines Artikels Elemente des jeweiligen Merkmals im Artikel vorkommen oder diese Hauptaspekt des gesamten Artikels sind.

Vor dem Hintergrund der zunehmend nutzerorientierten Berichterstattung werden außerdem Beratung/Service-Aspekte in Artikeln erhoben. Dabei wird erfasst, ob in einem Artikel (1) Serviceangebote wie Produktvergleiche oder Börsennachrichten mit implizitem Beratungscharakter enthalten sind, (2) Verhaltensempfehlungen oder -Anweisungen oder (3) Kaufempfehlungen ausgesprochen werden (z.B. „Jetzt in Gold investieren!"). Schließlich wird ermittelt, ob es auf der gleichen Seite der Zeitung weitere Artikel zum Thema gibt, inwiefern innerhalb eines Artikels auf weitere Artikel zum Thema verwiesen wird oder ob auf andere Zusatzinformationen wie Servicetelefonnummern oder Internetseiten hingewiesen werden.

Kategorien der Online-Inhaltsanalyse

Der Codeplan für die Inhaltsanalyse der Onlineberichterstattung ist weitestgehend deckungsgleich mit der oben beschriebenen Inhaltsanalyse der Zeitungen konzipiert. Teile davon werden entsprechend an die jeweiligen Spezifika der Onlineberichterstattung angepasst. Ansonsten werden möglichst die identischen Variablen erhoben, um einen Vergleich zwischen Print und Online zu ermöglichen. Im Folgenden erläutern wir nur die Abweichungen zum Codeplan der Zeitungsanalyse. Da die inhaltlichen Indikatoren auf Artikelebene gleichermaßen für Print- und Onlineangebot gelten, werden somit nur die formalen Kategorien und die Überschneidungsanalyse erläutert.

Auf der ersten Ebene (Ebene der Bereichsstartseiten) werden nur auf den Startseiten der jeweiligen Onlineangebote die Anzahl von Artikeln (alle Artikel, aktuelle und nicht-aktuelle Wirtschaftsartikel), Anzeigen und Serviceelementen[26] gezählt. Auf allen Bereichsstartseiten wird erfasst, wo und wie auf der Seite ein

---

25 Während unter Personalisierung erfasst wird, ob in einem Beitrag einzelne wirtschaftliche oder politische Akteure (Personen) als Vermittlungsstrategie in den Fokus rücken, wird unter Privatisierung codiert, ob in einem Beitrag einzelne Privatpersonen als Vermittlungsstrategie in den Fokus rücken anstatt das Thema bzw. strukturelles Handeln eher abstrakt darzustellen.

26 Serviceleistungen sind: nicht-redaktionelle Inhalte häufig mit Eingabefeldern; ggf. gesponsert z.B. Tarifrechner, Stromvergleich, Immobilienservice, Wetter, News über Twitter, Facebook, RSS-Feed, Abo-Service, Konzerttickets usw.

relevanter Artikel platziert ist z. B. als Aufmacher und/oder im Wechsel mit anderen Artikeln.

Im nächsten Schritt werden mit dem gleichen Zugriffskriterium wie bei der Zeitungsanalyse die relevanten Artikel identifiziert. Allerdings wird zusätzlich das Kriterium Aktualität herangezogen: So werden auf Artikelebene nur jene Artikel untersucht, die am jeweiligen Untersuchungstag online gestellt wurden (maßgeblich ist dabei das Datum des Artikels)[27].

Formal wird auf Artikelebene statt der gemessenen Umfänge in der Printberichterstattung die Wortanzahl erhoben.

Neben der Position eines Artikels (obere oder untere Bildhälfte), wird zudem erfasst, ob an ein und derselben Position verschiedene Artikel im Wechsel nacheinander erscheinen. Die Größe der Bilder o. ä. wird über drei Ausprägungen (größtes Hauptbild, mittleres Nebenbild, kleines Symbol-/Miniaturbild) erhoben. Zusätzlich zum Codeplan der Zeitungsanalyse wird Online auch erfasst, ob die Bilder eines Artikels animiert oder statisch sind. Als Besonderheit der internetspezifischen Aufbereitung werden außerdem Videos erfasst (Anzahl und Größe). In einem weiteren Schritt wird kodiert, ob es auf der Seite des Artikels zusätzlich Videos und/oder Bilder(strecken) zum Thema gibt.

Vergleichende Analyse/Überschneidungsanalyse

Bei der Überschneidungsanalyse geht es darum, ob und wie Artikel, die der Printausgabe der Zeitung entstammen, zusätzlich in identischer oder abgeänderter Form Online erscheinen (oder umgekehrt). Die Analyse wurde zunächst von jedem Coder am Untersuchungsmaterial eines Tages durchgeführt. Im Anschluss daran wurde das gesamte Material von zwei Codierern nochmals bearbeitet, um Überschneidungen zu ermitteln, die über die Tagesberichterstattung hinausgehen. Erfasst wurde dabei, in welchem Medium der jeweilige Artikel mit welcher Zeitverschiebung innerhalb der Untersuchungswoche zuerst erschien und ob die Überschrift sowie der Artikel selbst abgeändert sind (gekürzt, verlängert oder komplett verändert).

---

27 Dabei ergibt sich folgende Unschärfe: Es besteht die Möglichkeit, dass ein Artikel zu einem Zeitpunkt online gestellt und am nächsten Tag noch einmal bearbeitet wird, wobei auch das Datum des Artikels u. U. angepasst wird. Diese Doubletten-Artikel wurden bei der Bereinigung des Datensatzes im Nachhinein ausgeschlossen.

4.2.2 Ergebnisse: Presseberichterstattung

Vor dem Hintergrund der Zielstellung der vorliegenden Studie, einer (ersten) systematischen Erfassung und Evaluation der Wirtschaftsberichterstattung in Boulevardzeitungen (Kaufzeitungen), erfolgt die Auswertung der gewonnen Daten überwiegend deskriptiv. Zur Einordnung der Ergebnisse dient ein Vergleich zwischen den vier Boulevardzeitungen *(BILD, B.Z., Express, tz)* mit zwei Abonnementzeitungen – die *Märkische Allgemeine (MAZ)* und die *Süddeutsche Zeitung (SZ)*.

Stichprobenbeschreibung

Untersucht wurden insgesamt jeweils sechs Ausgaben von *BILD, B.Z., Kölner Express, tz, MAZ* und *SZ* im Untersuchungszeitraum vom 23. 05. 2011 bis 28. 05. 2011. Dabei wurden 36 Zeitungsausgaben mit insgesamt 957 Wirtschaftsartikeln analysiert. Über die Hälfte dieser Artikel (544) stammt aus den beiden Abonnementzeitungen, der kleinere Teil (413) aus den Boulevardzeitungen (Tabelle 1 im Anhang).

Die im ersten Schritt durchgeführte Analyse auf Zeitungsebene zeigt zunächst, in welchem Verhältnis die unterschiedlichen Inhalte der Zeitungen – also Anzeigen, Service-Elemente und Berichterstattung – zu einander stehen (Abbildung 7 und Tabelle 1). Es wird deutlich, dass der Anteil an Anzeigen bei den Boulevardzeitungen im Durchschnitt ca. ein Drittel der gesamten Zeitung ausmacht (30,3 %).[28] Wobei dieser Anteil bei der *BILD-Zeitung* mit 27,2 Prozent von allen Boulevardzeitungen am niedrigsten und beim Express mit 34,7 Prozent am höchsten ist. Bei der *MAZ* machen die Anzeigen mit 20 Prozent einen wesentlich kleineren Teil der Zeitung aus. Gleiches gilt für die *SZ*, wo 17,8 Prozent der Zeitung mit Anzeigen gefüllt sind.

Ähnlich verhält es sich mit dem Service-Teil der Zeitungen. Dazu zählen in dieser Studie beispielsweise das Inhaltsverzeichnis der Zeitung, TV-/Kino-Programm, Kreuzworträtsel, Horoskope, Wetter, Comics oder Lottozahlen.

Dieser Anteil ist bei der *B.Z.* mit 15,2 Prozent am höchsten und bei der *BILD* mit 9,1 Prozent von den Boulevardzeitungen am niedrigsten. Die *SZ* weist einen Serviceanteil von 6,4 Prozent auf. Anzeigen und Service zusammengefasst ma-

---

28 Dabei wurden hier nur Anzeigen erfasst, die explizit auch als solche gekennzeichnet sind. In einigen Ausgaben der Boulevardzeitungen gibt es entgegen dem Trennungsgebot Artikel, die wie normale Berichterstattung aussehen, aber vermutlich Anzeigen sind. Demnach ist davon auszugehen, dass der Anzeigenanteil ggf. in einzelnen Medien tatsächlich sogar höher ist. (Zum Beispiel: B.Z.-Ausgabe vom 28. 05. 2011, S. 34 unter der Überschrift „Zuhause plus Mieten & Wohnen".)

Abbildung 7   Flächenanteile pro Zeitungsausgabe (in Prozent)

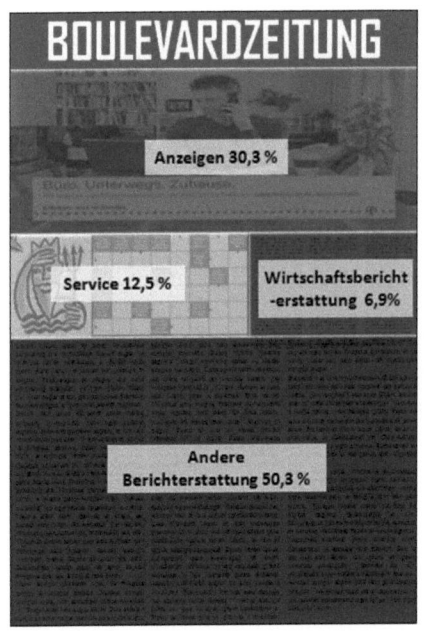

chen bei den Boulevardzeitungen dementsprechend im Durchschnitt 42,8 Prozent der Zeitung aus. Während dies bei der *SZ* 24,2 Prozent sind.

Der nach Abzug von Anzeigen und Service-Elementen verbleibende Teil für die Berichterstattung einer Zeitung gestaltet sich wie folgt (Tabelle 14): Während bei der *SZ* ein Viertel der Zeitung (das sind durchschnittlich fast 10 Seiten einer *SZ*-Ausgabe) für Wirtschaftsberichterstattung zur Verfügung steht, ist dieser Anteil bei den Boulevardzeitungen mit im Durchschnitt knapp 7 Prozent um ein Vielfaches niedriger: Den geringsten Anteil an Wirtschaftsberichterstattung weist die *B.Z.* mit 5,7 Prozent auf. Dies entspricht ungefähr 2,5 Seiten pro *B.Z.*-Ausgabe mit durchschnittlich 45 Seiten. Der höchste Anteil an Wirtschaftsberichterstattung bei den Boulevardzeitungen ist mit 8,3 Prozent bei der *tz* zu finden (dies entspricht 3 von durchschnittlich 34 Seiten). Die *MAZ* hat mit 13,3 Prozent einen doppelt so hohen Wirtschaftsanteil wie die Boulevardzeitungen.

Dementsprechend hat die Gesamtberichterstattung in den Boulevardzeitungen einen Anteil von durchschnittlich 57,2 Prozent an der jeweiligen Zeitung. Die

Tabelle 14   Flächenanteile (in Prozent); Basis: Gesamtfläche
               der untersuchten Zeitung

Medium	BILD	B.Z	Express	tz	Mittel-werte Boule-vard	MAZ	SZ
Durchschnitt-liche Seitenzahl	(N = 24)	(N = 45)	(N = 32)	(N = 34)	(N = 34)	(N = 26)	(N = 38)
Anzeigen	27,2	28,0	34,7	30,9	30,3	20,0	17,8
Service	9,1	15,2	11,4	12,4	12,5	9,2	6,4
Wirtschaftsbe-richterstattung	6,4	5,7	6,4	8,3	6,9	13,3	25,6
Andere Bericht-erstattung	57,3	51,1	47,5	48,4	50,3	57,5	50,2
Gesamt	100,0	100,0	100,0	100,0	100,0	100,0	100,0

BILD weist mit 63,7 Prozent einen vergleichsweise hohen Anteil an Berichterstattung auf, besonders niedrig ist der Anteil beim *Express* mit 53,9 Prozent, also fast 10 Prozent weniger als bei der *BILD*. *MAZ* und *SZ* bewegen sich auf einem ähnlich hohen Niveau mit 70,8 Prozent bei der *MAZ*, und 75,8 Prozent bei der *SZ*.

Welchen Stellenwert die Wirtschaftsberichterstattung im Vergleich zur Gesamtberichterstattung einer Zeitung einnimmt, zeigen die jeweiligen Flächenanteile: Für die Boulevardzeitungen ergibt sich ein Anteil von durchschnittlich 11,5 Prozent, bei der *MAZ* liegt dieser Anteil bei 18,8 Prozent und bei der *SZ* bei 32,9 Prozent. Der Flächenanteil der Wirtschaftsartikel der *tz* ist mit 14,5 Prozent unter den Boulevardzeitungen am höchsten, bei der *B.Z.* mit 9,8 Prozent am niedrigsten.

Neben den Flächenanteilen liefert die Anzahl der Wirtschaftsartikel, gemessen an der Anzahl aller Artikel, Aussagen über das relative Gewicht der Wirtschaftsberichterstattung (Tabelle 15). Die Ergebnisse sind im Grunde mit geringfügigen Unterschieden deckungsgleich mit den Flächenanteilen: Dabei ist der Anteil der Wirtschaftsberichterstattung gemessen an der Anzahl aller Artikel in einer durchschnittlichen Ausgabe der Untersuchungswoche bei den Boulevardzeitungen recht ähnlich verteilt und liegt im Durchschnitt bei 11,2 Prozent. Unterdurchschnittlich niedrig ist der Anteil der Wirtschaftsberichterstattung vergleichsweise in der *B.Z.* (10,4 %), am höchsten beim *Kölner Express* (12,6 %). In der *MAZ* liegt

Tabelle 15   Anteil Wirtschaftsartikel an Gesamtberichterstattung pro
Ausgabe (in Prozent); Basis: Gesamtzahl aller Artikel (Durchschnittswerte pro Ausgabe)

Medium	BILD	B.Z.	Express	tz	Mittel-werte Boule-vard	MAZ	SZ
	(N = 161)	(N = 173)	(N = 127)	(N = 146)	(N = 152)	(N = 174)	(N = 191)
Andere Be-richterstat-tung	89,4	89,6	87,4	88,4	88,8	81,6	69,1
Wirtschafts-berichterstat-tung	10,6	10,4	12,6	11,6	11,2	18,4	30,9
Gesamt Be-richterstat-tung	100,0	100,0	100,0	100,0	100,0	100,0	100,0

dieser Anteil bei 18,4 Prozent. Die *Süddeutsche Zeitung* weist im Vergleich zu den Boulevardmedien einen ca. dreimal so hohen Anteil an Wirtschaftsberichterstattung auf (30,9 %).

Das heißt: In einer durchschnittlichen Boulevardzeitung ist ca. jeder zehnte Artikel ein Wirtschaftsartikel, in der *MAZ* jeder sechste Artikel und in der *SZ* ist jeder dritte Artikel ein Wirtschaftsartikel. Zusammenfassend zeigen die Ergebnisse, dass sich die Boulevardzeitungen bis auf einzelne Abweichungen insgesamt recht ähnlich sind, was die Flächenstruktur der Zeitungen angeht. Demnach nimmt Wirtschaftsberichterstattung bei der *MAZ* bis zu zwei Mal und bei der *SZ* bis zu drei Mal mehr Raum ein als in den Boulevardzeitungen.

Formale Charakteristika der Wirtschaftsberichterstattung
Die Verteilung der Wirtschaftsartikel nach Ressorts zeigt ein zum Teil sehr differenziertes Bild (Tabelle 5 im Anhang): Bei *SZ* und *MAZ* ist die Wirtschaftsberichterstattung auf die Ressorts Wirtschaft und Politik konzentriert (insgesamt 72,7 % bei *SZ* und 50,5 % bei *MAZ*). Bei der Regionalzeitung *MAZ* ist sie außerdem zu 28,1 Prozent im Lokalteil zu finden. Bei den Boulevardzeitungen findet Wirtschaftsberichterstattung zusätzlich auf Seite 1 und vor allem in Ratgeber- und Service-Ressorts der Zeitungen statt. Auch der Lokalteil spielt eine wichtige Rolle. Zwischen den Boulevardzeitungen gibt es dabei jedoch einige Unterschiede: Während in *BILD* Wirtschaftsartikel zu 2,9 Prozent auf Ratgeber-/Service-Seiten der

Zeitung zu finden sind, ist dies bei der *B.Z.* zu 38,2 Prozent der Fall. Der Anteil an Wirtschaftsberichterstattung im Lokalteil ist vor allem bei der *tz* mit 28,4 Prozent um 10 Prozent höher als bei den anderen Boulevardzeitungen.[29] Gleichzeitig ist der Anteil an Wirtschaftsartikeln auf der Seite 1 bei der *BILD* im Vergleich zu den anderen Zeitungen mit 26,9 Prozent besonders hoch. Bei der *B.Z.* liegt dieser Anteil mit 2,7 Prozent weiter unter den Werten der anderen Boulevardzeitungen.

Insgesamt betrachtet fokussieren die regionalen Boulevardzeitungen ihre Wirtschaftsberichterstattung im Vergleich zu *MAZ* und *SZ* (sowie zu *BILD*) eher auf Ressorts wie Ratgeber/Service und Lokales. Die Wirtschaftsberichterstattung in der *tz* verteilt sich auf die Ressorts ähnlich wie in der *MAZ* – abgesehen von deutlich mehr Wirtschaftsartikeln im Ratgeberteil und damit weniger in den Ressorts Politik/Wirtschaft.

Tabelle 16 zeigt, dass Wirtschaftsberichterstattung durchaus eine Chance hat, auf Seite 1 platziert zu werden. Dies ist vor allem in den Boulevardzeitungen *Express* und *BILD* der Fall (26,9 % *BILD*, 23,7 % *Express*). Mit 2,3 Prozent ist dieser Anteil bei der *B.Z.* am niedrigsten. Außerdem ist in den Boulevard- wie Qualitätszeitungen im Schnitt jeder fünfte Artikel ein Aufmacher, also der größte Artikel auf der Seite. Lediglich bei der *BILD* gibt es mit 12,5 Prozent unterdurchschnittlich wenige Aufmacher.

Tabelle 16   Wirtschaftsartikel auf Seite 1 (in Prozent); Basis: Gesamtanzahl aller Wirtschaftsartikel pro Medium

Medium	BILD	B.Z.	Express	tz	Boulevard Gesamt	MAZ	SZ
	(N = 104)	(N = 110)	(N = 97)	(N = 102)	(N = 413)	(N = 192)	(N = 352)
Nicht auf der Titelseite	73,1	97,3	76,3	88,2	83,7	89,6	92,0
Auf Seite 1	26,9	2,7	23,7	11,8	16,3	10,4	8,0
Gesamt	100,0	100,0	100,0	100,0	100,0	100,0	100,0

---

29 Bei der BILD gibt es einen äußerst hohen Anteil an Wirtschaftsartikeln in „anderen Ressorts" (38,6 %). Dazu gehören jene Artikel, bei denen kein Ressort benannt ist und nicht eindeutig einem Ressort zugeordnet werden können. Bei der BILD gibt es neben dem Lokalteil, kleineren Rubriken (wie Geld, Liebe-Leben, Gesundheit usw.) und dem Sportteil keine explizit bezeichneten Ressorts, sondern nur den Vermerk „Bundesausgabe".

Hinsichtlich der Vielfalt bei den Stilformen zeigt Tabelle 17 interessante Ergebnisse: Bei *SZ* und *MAZ* ist die Hälfte der Wirtschaftsberichterstattung in Form von Berichten verfasst. Der nächst größere Teil der Wirtschaftsartikel sind Kurznachrichten bzw. Meldungen, bei der *MAZ* sind das 33,9 Prozent und bei der *SZ* 27,8 Prozent. Dieses Verhältnis zwischen Kurznachrichten und längeren Berichten findet sich ähnlich auch beim *Express* (wobei dort die Kurzmeldungen mit 38,1 % ausgeprägter sind) und bei der *tz*. Bei *B.Z.* und *BILD* dagegen ist diese Verteilung genau anders herum: Dort ist der größte Teil der Wirtschaftsberichterstattung als Kurznachricht verfasst (*B.Z.* 45,5 %, *BILD* 55,8 %). Interviews lassen sich bei *BILD*, *B.Z.* und *Express* allenfalls ausnahmsweise finden. Beim *Express* stellt im Vergleich zu allen anderen Zeitungen die Reportage eine besonders häufige Stilform der Wirtschaftsberichterstattung dar. Mit 8,2 Prozent liegt der Anteil im Vergleich bis zu viermal so hoch wie bei allen anderen Zeitungen. Bei der *B.Z.* erfolgt zudem Wirtschaftsberichterstattung überdurchschnittlich oft mithilfe von Tabellen und Grafiken, dabei handelt es sich beispielsweise um Produktübersichten wie der täglich erscheinende „Ihr *B.Z.* Einkaufszettel".

Tabelle 17   Wirtschaftsberichterstattung nach Genre/Stilform (in Prozent); Basis: Gesamtanzahl aller Wirtschaftsartikel pro Medium

Medium	BILD	B.Z.	Express	tz	Boule-vard Gesamt	MAZ	SZ
	(N = 104)	(N = 110)	(N = 97)	(N = 102)	(N = 413)	(N = 192)	(N = 352)
Meldung/ Kurznachricht	55,8	45,5	38,1	28,4	42,0	33,9	27,8
Bericht/ Nachrichten-bericht	31,7	39,1	47,4	52,9	42,8	50,0	52,0
Interview	1,9	0,0	1,0	3,9	1,7	2,1	3,7
Reportage	1,9	3,6	8,2	2,0	3,9	2,6	3,4
Kommentar/ Meinung	6,7	3,6	3,1	6,9	5,1	7,8	11,4
Leserbrief	1,9	1,8	0,0	1,0	1,2	2,6	0,0
Tabellen/ Grafiken/ Übersichten	0,0	5,5	0,0	3,9	2,4	1,0	0,9
Sonstiges	0,0	0,9	2,1	1,0	1,0	0,0	0,9
Gesamt	100,0	100,0	100,0	100,0	100,0	100,0	100,0

Die *tz* weist im Grunde eine ähnliche Verteilung der Stilformen der Wirtschaftsberichterstattung auf wie die beiden Abonnementzeitungen. So liegt der Anteil von Interviews in der *tz* mit 3,9 Prozent weit höher als bei den übrigen Boulevardzeitungen. Meinungsbetonte Stilformen (Kommentar/Leitartikel/Glosse usw.) sind bei der *tz* (6,9 %) aber auch der *BILD* (6,7 %) auf ähnlich hohem Niveau wie bei der *MAZ* (7,8 %). Während bei der *SZ* dieses Genre 11,4 Prozent ausmacht, liegen die *B.Z.* (3,6 %) und der *Express* (3,1 %) hier weit darunter.

Transparenz der Urheber und Quellen
Neben der Vielfalt der Stilformen in der Berichterstattung sind andere Aspekte von Vielfalt interessant. Hier erhoben wurden die Urheberschaft eines Artikels und bis zu drei Quellen, die innerhalb des Artikels benannt werden. Abbildung 8 zeigt zunächst die Urheberschaft. Es ergibt sich ein recht homogenes Bild mit einer eindeutigen Zweiteilung zwischen Abonnement- und Boulevardzeitungen. Bei über 60 Prozent (mehr als jedem zweiten Artikel) in Boulevardzeitungen bleibt für den Leser unklar, wer den Artikel verfasst hat. Bei *MAZ* und *SZ* dagegen ist der Anteil an Artikeln ohne erkennbaren Urheber vergleichsweise niedrig (*MAZ* 12 %, *SZ* 8,2 %).

Abbildung 8   Transparenz der Urheberschaft (in Prozent); Basis: Gesamtanzahl aller Wirtschaftsartikel pro Medium

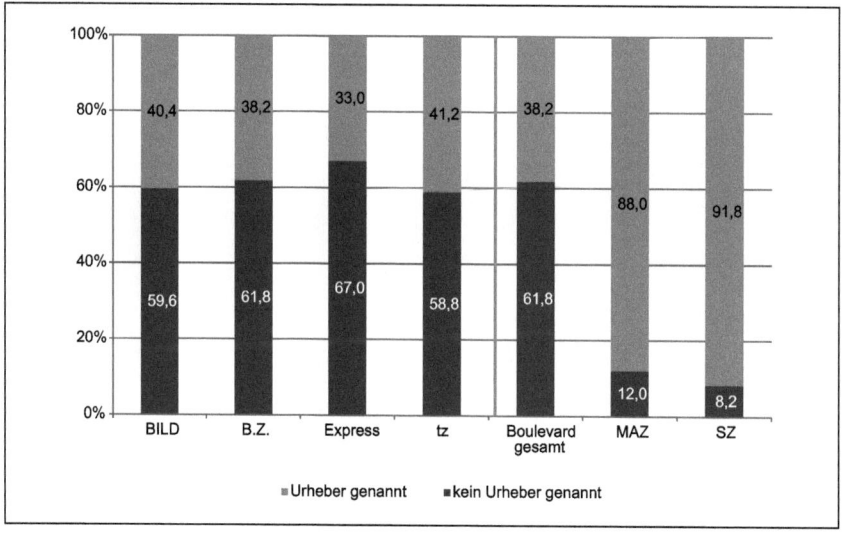

Dabei ist der Anteil an Artikeln, der ausweislich der Redaktionsangaben von Nachrichtenagenturen stammt, bei der *MAZ* mit 28,1 Prozent aller Artikel besonders ausgeprägt und fast doppelt so hoch wie bei der *SZ*. Unter den Boulevardzeitungen werden Nachrichtenagenturen als Urheber nur bei der *B.Z.* angegeben (12,7 %). Bei *BILD, Express* und *tz* ist zu vermuten, dass der Anteil an Artikeln mit Nachrichtenagenturen als Urheber dennoch ähnlich hoch ist. Zusätzlich wird deutlich, dass die *SZ* mit über 70 Prozent einen besonders hohen Anteil an Autorenstücken aufweist, während die *B.Z.* mit 23,6 Prozent unter dem Boulevarddurchschnitt von 32,6 Prozent liegt.

Betrachtet man die Quellen, auf die innerhalb von Artikeln ausdrücklich Bezug genommen wird, zeigt sich bei den Boulevardzeitungen mit 58,4 Prozent ein höherer Anteil an Artikeln ohne Quellennennung als bei der *MAZ* mit 40,1 Prozent und *SZ* mit 40,3 Prozent (Abbildung 9). Besonders hoch ist der Anteil ohne Quellen in Artikeln beim *Express* (70,1 %). Eine jeweils ähnliche Struktur in der Verteilung weisen einerseits *BILD* und *tz* sowie andererseits *MAZ* und *SZ* auf. Letztgenannte Zeitungen zeichnen sich vor allem durch einen im Vergleich zu den Boulevardzeitungen zwei- bis dreimal so hohen Anteil an Artikeln mit mehreren genannten Quellen aus.

Abbildung 9   Anzahl Quellen im Artikel (in Prozent); Basis: Gesamtanzahl aller Wirtschaftsartikel pro Medium

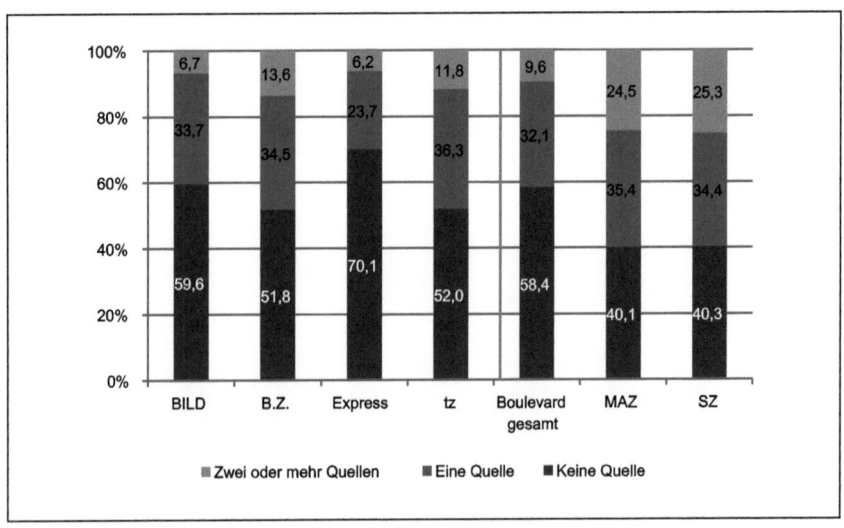

Die Prozentwerte der *B.Z.* sind an dieser Stelle vor der Prämisse zu sehen, dass in der *B.Z.* der Anteil an Agenturmeldungen relativ hoch ist. Wurde eine Nachrichtenagentur als Urheber des Artikels benannt, wurde diese zusätzlich als Quelle codiert. Werden die Artikel mit Nachrichtenagenturen als Urheber einmal außen vorgelassen, gleichen sich die Werte der *B.Z.* denen der *BILD* und des *Express* an.

Bezogen auf die Gesamtanzahl aller im Artikel genannten Quellen der Wirtschaftsberichterstattung haben politische Institutionen und Parteien die höchste Bedeutung mit fast 39,2 Prozent bei den Boulevardzeitungen, 41 Prozent bei der *MAZ* und 30,5 bei der *SZ* (Tabelle 3 im Anhang). Daneben spielen Unternehmen als Quelle eine wichtige Rolle – vor allem bei *SZ*, *MAZ* und *B.Z.*; der *Express* nutzt häufig Quellen aus Forschung und Wissenschaft. Außerdem zeigt sich, dass neben den Verbänden andere Medien bei den Boulevardzeitungen als Quellen öfter genannt werden als bei der *MAZ* und *SZ*. Dabei wird vor allem auf *BILD am Sonntag*, *BILD*, *SZ*, *Financial Times Deutschland*, das *Handelsblatt* und die *FAZ* verwiesen.

Themenfelder der Wirtschaftsberichterstattung
In dieser Untersuchung wird Wirtschaftsberichterstattung nach insgesamt acht Themenfeldern unterschieden (Abbildung 10). Es wird deutlich, dass *SZ* und *MAZ* eine ähnliche Themenstruktur aufweisen. Das gleiche gilt für die *BILD* und *tz*, die wiederum der *SZ* und *MAZ* nahe kommen.

Abbildung 10   Themenfelder der Wirtschaftsberichterstattung (in Prozent);
                  Basis: Gesamtanzahl aller Wirtschaftsartikel pro Medium

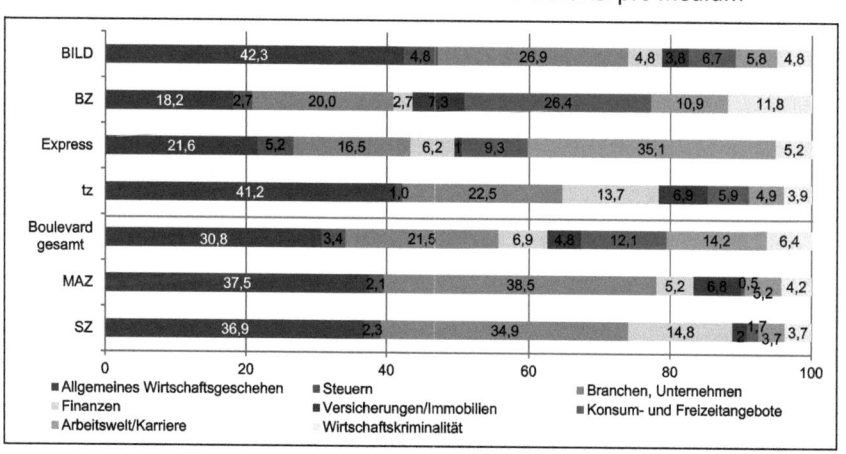

Für die *SZ* und *MAZ* sind die Themenbereiche „allgemeines Wirtschaftsgeschehen" und Berichterstattung über „Branchen und Unternehmen" gleichermaßen wichtige Themenfelder und machen jeweils über 35 Prozent der Berichterstattung aus. Unternehmensberichterstattung und Finanzen spielen im Vergleich zu den Abonnementzeitungen im Boulevard eine nicht ganz so prominente Rolle. Stärker fokussiert sind hier die Themenbereiche Konsum- und Freizeitangebote sowie Arbeitswelt und Karriere.

Bei der *SZ* steht die Berichterstattung über „Finanzen" (wie Börsenberichterstattung, Geldanlagen o. ä.) mit 14,8 Prozent an dritter Stelle der wichtigsten Themenfelder. In diesem Bereich ist die *tz* mit 13,7 Prozent als einzige Boulevardzeitung auf einem gleich hohen Niveau wie die *SZ*, während alle anderen Zeitungen auf knapp über 6 Prozent an Finanzberichterstattung kommen.

Für *BILD* und *tz* ist der wichtigste Themenbereich „allgemeines Wirtschaftsgeschehen" (42,3 % *BILD*, 41,2 % *tz*), gefolgt von Berichterstattung über „Branchen und Unternehmen", die halb so oft vertreten sind. Wichtigstes Thema des *Express* ist mit 35,1 Prozent „Arbeitswelt/Karriere"; dieser Wert liegt bis zu fünfmal höher als bei allen anderen Zeitungen. Auch die *B.Z.* setzt stärker auf konsumentenorientierte Themen; am wichtigsten sind hier mit 26,4 Prozent Artikel zu „Konsum- und Freizeitangeboten". Der Bereich „Wirtschaftskriminalität" wird mit 11,8 Prozent im Vergleich zu allen anderen Zeitungen durchschnittlich doppelt so häufig von der *B.Z.* besetzt.

Die Themenverteilung auf Basis von Flächenanteilen zeigt zudem, welchen Themen besonders viel Raum innerhalb der Wirtschaftsberichterstattung zukommt. Bei der *SZ* wird die Finanzberichterstattung bezogen auf die Flächenanteile mit 24,5 Prozent mehr Raum gegeben als es die Messung der Artikelhäufigkeiten nahe legt. Ähnlich ist dies bei der *MAZ* mit 10,5 Prozent der Fall. Bei den Boulevardzeitungen ist der Flächenanteil der Berichterstattung über „Konsum- und Freizeitangebote" weit höher als bei den Werten für die Artikelhäufigkeiten. Diese Ergebnisse zeigen, dass bezogen auf die Artikelanzahl allgemeines Wirtschaftsgeschehen und Berichterstattung über Branchen und Unternehmen bei den Boulevardzeitungen einen höheren Stellenwert einnehmen als bezogen auf die Fläche. Während also Artikel zum allgemeinen Wirtschaftsgeschehen vor allem bei *B.Z.* und *Express* eher über kürzere Meldungen Eingang in die Berichterstattung finden, rücken zugleich konsumenten- und anwenderbezogene Themen stärker in den Vordergrund und nehmen mehr Raum ein.

Wirtschaftsartikel, die auf Seite 1 einer Zeitung erscheinen, stammen bei der *SZ* und *tz* besonders häufig aus dem Themenbereich „allgemeines Wirtschaftsgeschehen" und bei der *MAZ* aus dem Bereich „Branchen und Unternehmen", während beispielsweise der *Express* auch Artikel zu „Arbeitswelt und Karriere" auf Seite 1 platziert.

Neben den eben beschriebenen Themenfeldern wurden außerdem Themen abgefragt, die in der Berichterstattung als eine Art Dauerthema bezeichnet werden können. Dazu gehören hier: Artikel über die Wirtschafts- oder Finanzkrise, Berichterstattung zum Thema Hartz IV, Atomausstieg sowie Börsennachrichten. Die Verteilung der Dauerthemen zeigt, dass bei den überregionalen Zeitungen *SZ* und *BILD* in jedem 10. Artikel über die Wirtschafts- und Finanzkrise berichtet wird. Bei *B.Z.* (0,9 %) und *Express* (3,1 %) wird dieses Thema kaum bis selten aufgegriffen. Börsennachrichten kommen in der *B.Z.* gar nicht vor und sind bei der *tz* mit 8,8 Prozent aller Artikel besonders häufig vertreten. Insgesamt berichten *tz* und *SZ* am häufigsten über die hier definierten Dauerthemen.

Strategien der Aufmachung

Vor dem Hintergrund, dass ein und dasselbe Thema vom Journalisten unterschiedlich aufbereitet werden kann, wurden vier verschiedene Aufmachungsarten unterschieden: eine politisch oder gesellschaftlich kontroverse Aufmachung, eine sachliche, eine verbraucher-, konsumenten- oder anwenderbezogene Aufmachung und schließlich eine unterhaltende. In Abbildung 11 wird deutlich, dass

Abbildung 11   Aufmachung des Themas (in Prozent); Basis: Gesamtanzahl aller Wirtschaftsartikel pro Medium

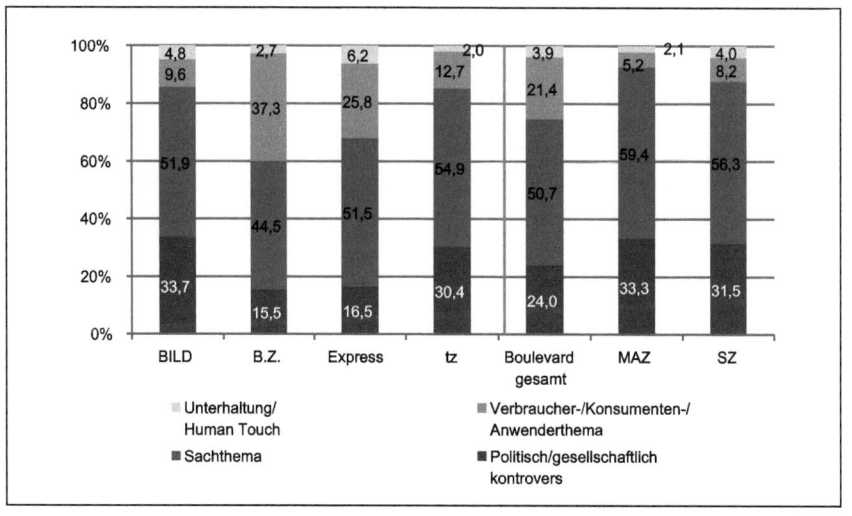

über alle Medien hinweg – mit Ausnahme der *B.Z.* – über die Hälfte der Wirtschaftsartikel als Sachthema aufgemacht wird. Bei der *B.Z.* liegt dieser Anteil bei 44,5 Prozent. Durchschnittlich weitere 30 Prozent der Berichterstattung werden bei *SZ, MAZ, BILD* und *tz* politisch oder gesellschaftlich kontrovers aufgemacht. Die verbraucher- und anwenderorientierte Aufmachung ist bei der *MAZ* am seltensten vertreten (5,2 %). Bei *B.Z.* und *Express* zeigt sich ein umgekehrtes Bild: Hier ist der Anteil verbraucher- und konsumentenorientierter Berichte besonders hoch (*B.Z.* 37,3 %, *Express* 25,8 %), während der Prozentanteil problematisierend aufgemachter Berichterstattung nur halb so hoch ist wie bei den anderen Zeitungen.

Eine unterhaltsame Aufmachung scheint für die Wirtschaftsberichterstattung keiner der Zeitungen übermäßig bedeutsam zu sein, gleichwohl spielt diese Form offensichtlich auch für die *SZ* eine Rolle; beim *Express* liegt der Anteil mit 6,2 Prozent höher als bei den anderen Zeitungen.

Neben der Aufmachung eines Themas können in einem Artikel auch unterschiedliche Relevanz-Ebenen durch den Journalisten hergestellt werden (vgl. Abbildung 12): Während *SZ* und *MAZ* ihren Schwerpunkt mit jeweils über 40 Pro-

Abbildung 12   Hergestellte Relevanz (in Prozent); Basis: Gesamtanzahl aller
Wirtschaftsartikel pro Medium; an 100 fehlende Prozente =
keine Relevanz hergestellt

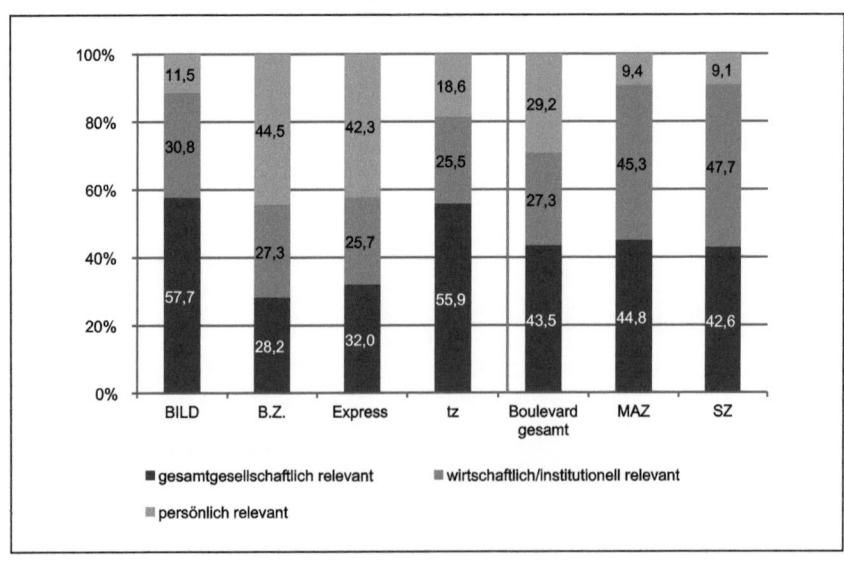

zent gleichermaßen auf eine gesamtgesellschaftliche sowie wirtschaftlich-institutionelle Einordnung der Themen legen, spielt die wirtschaftlich-institutionelle Ebene (27,3 % im Durchschnitt) bei den Boulevardzeitungen eine untergeordneter Rolle zugunsten persönlicher Relevanz (29,2 % im Durchschnitt). Es zeigt sich erneut, dass *BILD* und *tz* ein ähnliches Profil aufweisen und *SZ* und *MAZ* recht nahe kommen.

Die persönliche Relevanz machen bei *SZ* und *MAZ* jeweils gut 9 Prozent aus. Mehr als doppelt so hoch ist dieser Anteil bei der *B.Z.* (44,5 %) und dem *Express* (42,3). Beide Zeitungen legen innerhalb ihrer Wirtschaftsberichterstattung ihren Fokus eindeutig auf diese Ebene, während eine gesamtgesellschaftliche Relevanz im Vergleich mit den anderen Zeitungen sehr viel seltener hergestellt wird (28,2 % bei der *B.Z.* und 32 % beim *Express*).

Betrachtet man den Ort des Geschehens[30], über das berichtet wird, dann lässt sich feststellen, ob lokale Ereignisse in der Wirtschaftsberichterstattung gegenüber nationalen oder internationalen Ereignissen beorzugt ausgewählt werden. In Abbildung 13 wird deutlich, dass bei fast allen Zeitungen in einem Drittel der

Abbildung 13 Räumlicher Bezug/Ereignisort (in Prozent); Basis: Gesamtanzahl aller Wirtschaftsartikel pro Medium

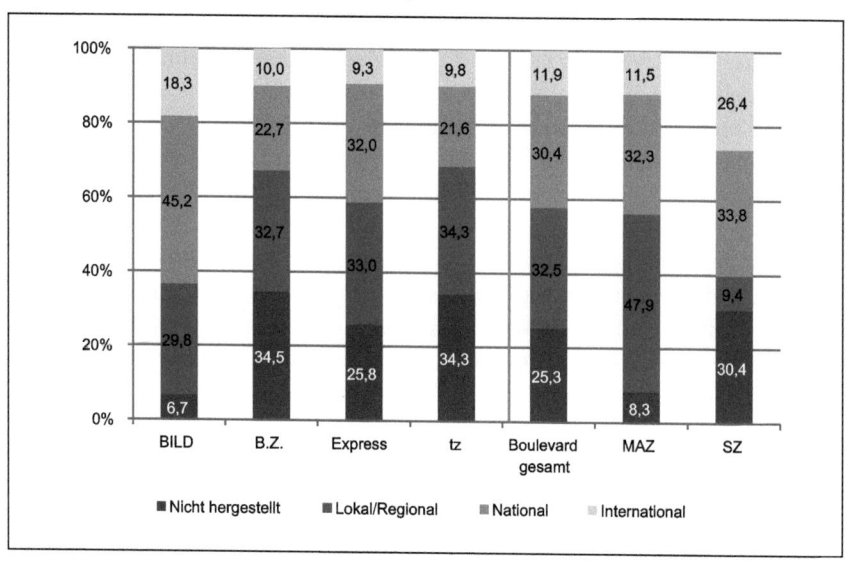

---

30 Der Ort des Geschehens bzw. der Ereignisort wurde immer aus der Perspektive des Verbreitungsgebietes des jeweiligen Mediums codiert.

Wirtschaftsberichterstattung kein eindeutiger Ereignisort genannt ist.[31] Lediglich bei der *BILD-Zeitung* ist dieser Anteil mit 6,7 Prozent sehr viel niedriger. Insgesamt zeigt sich abgesehen von der *BILD-Zeitung* ein recht homogenes Bild bei den Boulevardzeitungen.

Die beiden überregionalen Zeitungen *BILD* und *SZ* weisen einen vergleichsweise hohen Anteil an internationalen Ereignisorten in der Berichterstattung auf (18,3 % *BILD*, 26,4 % *SZ*). Bei der *BILD-Zeitung* sind zudem 45,2 Prozent der Wirtschaftsartikel auf einen nationalen Ereignisort bezogen. Die lokale und regionale Bezugnahme ist bei der *SZ* mit 9,4 Prozent besonders niedrig und vor allem bei der *MAZ* mit 47,9 Prozent vergleichsweise stark ausgeprägt.

Boulevardmerkmale

Weiterhin wurden die Wirtschaftsartikel auf das Vorkommen verschiedener Merkmale hin überprüft, die hier unter dem Begriff Boulevardmerkmale subsummiert werden (Tabelle 18): Emotionalisierung und Skandalisierung sind für die untersuchten Boulevardzeitungen ein wichtiger Darstellungsaspekt bei ihrer Wirtschaftsberichterstattung; in durchschnittlich jedem fünften Wirtschaftsartikel kommen diese beiden Merkmale vor.

Seltener (durchschnittlich 10 % der Artikel) wird in den Boulevardzeitungen auf Spekulation und Negativismus zurückgegriffen; unterdurchschnittlich häufig werden diese Boulevardmerkmale bei der *B.Z.* gefunden, überdurchschnittliche Werte erzielt *BILD*. Bei *SZ* und *MAZ* finden sich die genannten Merkmale zwar weniger häufig als bei den Boulevardzeitungen, die Charakteristik der Verteilung ist aber auch bei diesen beiden Zeitungen mit den Boulevardblättern vergleichbar. Vor allem bei der *SZ* ist eine emotionalisierte Form der Wirtschaftsberichterstattung mit 21 Prozent genauso häufig vertreten wie bei den Boulevardzeitungen.

Neben den eben genannten Boulevardmerkmalen können Aussagen zur Verwendung von Personalisierung und Privatisierung in Artikeln getroffen werden sowie über die Vermischung von Nachricht und Meinung außerhalb von meinungsbetonten Stilformen. Zusammenfassend zeigt sich, dass die *BILD-Zeitung* sich aller Merkmale häufiger als alle anderen Zeitungen bedient.

---

31 Aus forschungsökonomischen Gründen konnten nur eindeutig benannte Ereignisorte codiert werden. Dies erklärt höchstwahrscheinlich die hohen Werte ohne Herstellung eines Ereignisortes.

Tabelle 18 Boulevardmerkmale (in Prozent); Basis: Gesamtanzahl aller Wirtschaftsartikel pro Medium, Mehrfachnennungen möglich; Aufgeführt, ob das jeweilige Merkmal in einem Artikel vorkommt

Medium	BILD	B.Z.	Express	tz	Boulevard Gesamt	MAZ	SZ
	(N = 104)	(N = 110)	(N = 97)	(N = 102)	(N = 413)	(N = 192)	(N = 352)
Emotionalisierung	29,8	15,5	21,6	21,6	22,1	14,1	21,0
Skandalisierung	29,8	10,0	20,6	24,5	21,2	7,3	6,3
Spekulation	16,3	5,5	8,2	11,8	10,5	6,8	6,0
Negativismus	12,5	6,4	8,2	9,8	9,2	5,7	8,0
Vermischung Nachricht und Meinung	9,6	5,5	3,1	7,8	6,5	1,6	2,3
Personalisierung	5,8	0,9	5,2	2,9	3,7	2,1	4,3
Privatisierung	3,8	3,6	7,2	2,9	4,4	1,0	0,9
Bewertung von Akteuren (rollennah)	6,7	1,8	7,2	2,9	4,7	2,1	4,8
Bewertung von Akteuren (rollenfern)	1,9	0,0	0,0	1,0	0,7	0,0	1,4

Beratung und Service

Aus den Journalisteninterviews geht hervor, dass eine starke Orientierung am Publikum für die Wirtschaftsberichterstattung wichtig ist (siehe Kapitel 3.2.2). Journalistisch kommt diese Orientierung unter anderem durch verschiedene Formen der Beratung zum Ausdruck. Abbildung 14 zeigt, wie viel Prozent der Wirtschaftsberichterstattung überhaupt Merkmale von Beratung enthalten. In der *B.Z.* und im *Express* ist der Anteil an Beratung mit jeweils über 42 % am höchsten. Zudem ist bei diesen beiden Zeitungen der Anteil an Artikeln am höchsten, der nicht nur beratende Elemente enthält, sondern komplett als Beratungsartikel bezeichnet werden kann. *SZ*, *MAZ* und *BILD* bewegen sich auf einem ähnlichen Niveau.

Bezogen auf die unterschiedlichen Formen von Beratung zeigen alle Zeitungen eine ähnliches Muster (Tabelle 4 im Anhang): Vor allem Service wie Über-

Abbildung 14   Wirtschaftsberichterstattung mit Beratung (in Prozent); Basis:
          Gesamtanzahl aller Wirtschaftsartikel pro Medium

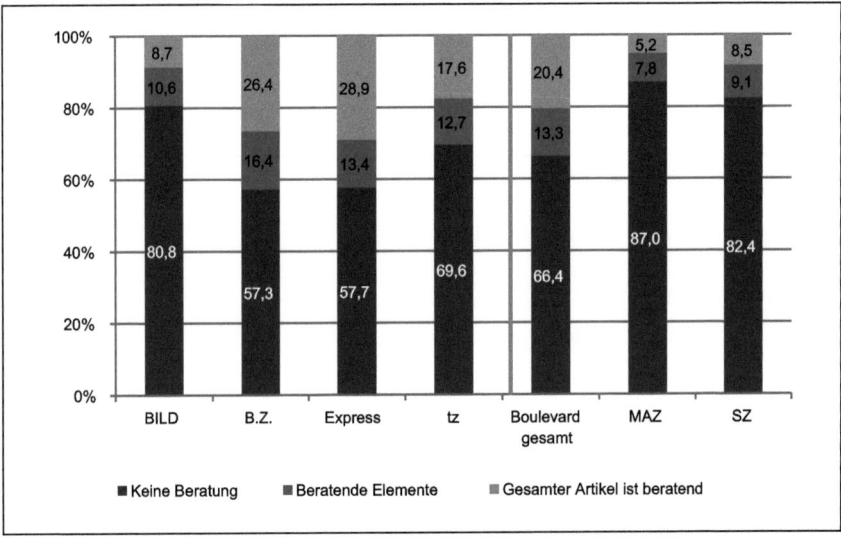

blicke oder Aufstellungen mit Produktvergleichen, Börsenzahlen o. ä. werden von allen Zeitungen als typische Form der Beratung eingesetzt. *BILD, tz, MAZ* und *SZ* haben hier Werte über 90 Prozent. *B.Z.* und *Express* geben ihren Leser ergänzend konkrete Verhaltensempfehlungen (38,3 % *B.Z.*, 43,9 % *Express*). Vergleichsweise niedrig sind hier die Werte bei der *BILD-Zeitung* mit 15 Prozent und der *MAZ* mit 12 Prozent. Als einzige Zeitung setzt die *B.Z.* zusätzlich auf direkte Kaufempfehlungen, die in 15 Prozent aller beratenden Wirtschaftsartikel enthalten sind.

Neben der Beratung wurde erfasst, inwiefern der Leser innerhalb von Artikeln explizit auf weitere Artikel zu einem Thema hingewiesen wird oder ob auf der gleichen Zeitungsseite weitere Artikel zum Thema vorhanden sind. Abbildung 15 zeigt, dass vor allem bei *Express* und *tz* in über einem Viertel der Fälle weitere Artikel zum jeweiligen Thema auf der gleichen Seite vorhanden sind. Bei *SZ* und *MAZ* ist dies bei 15 Prozent aller Wirtschaftsartikel der Fall. Ein direkter Hinweis im Artikel auf weitere Artikel zum Thema, kommt bei der *SZ* mit 8,8 Prozent (also etwa jedem elften Wirtschaftsartikel) vergleichsweise häufig vor; bei den Boulevardzeitungen ist dies im Durchschnitt mit 2,2 Prozent weniger häufig der Fall. *BILD* verzichtet auf derartige Informationen für ihre Leser völlig, während die *tz* mit 3,9 Prozent bezogen auf die Boulevardzeitungen vergleichsweise hohe Werte erzielt.

Abbildung 15   Verweise auf weitere Artikel zum Thema (in Prozent); Basis: Gesamtanzahl aller Wirtschaftsartikel pro Medium

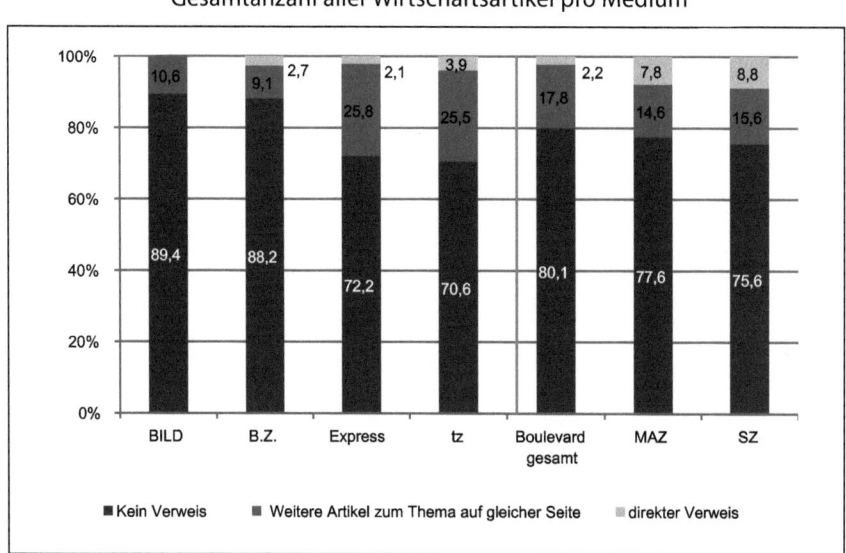

Einen weiteren Aspekt von Beratung stellen Hinweise auf Servicetelefonnummern oder Websites dar. Dabei werden innerhalb der Zeitungen unterschiedliche Strategien deutlich: Während der *Express* verstärkt auf Servicetelefone verweist (8,2 %), stellt die *B.Z.* Hinweise auf Websites innerhalb der Artikel zur Verfügung (8,2 %). Bei allen anderen Zeitungen spielen Servicetelefone mit bis zu drei Prozent nur eine geringe Rolle; *BILD* nutzt diese Form des Service gar nicht. Konkrete Hinweise auf Web-Adressen werden insgesamt etwas häufiger verwendet und kommen maximal in 4,8 Prozent der Fälle vor (bei der *BILD-Zeitung*).

Zusammenfassend zeigt sich bei den Boulevardzeitungen eine hohe Affinität zu beratender und serviceorientierter Berichterstattung mit Verhaltensempfehlungen, weiteren Artikeln zum Thema und Servicetelefon- oder Internethinweisen. Dies ist besonders bei *B.Z.* und *Express* der Fall.

Bilder und Grafiken in der Wirtschaftsberichterstattung

Im Durchschnitt sind 44 Prozent aller Wirtschaftsartikel bei den Boulevardzeitungen mit mindestens einem Bild versehen. Bei der *MAZ* und *SZ* liegt dieser Anteil ca. 10 Prozent niedriger (*MAZ* 32,8 %, *SZ* 37,5 %). Besonders hoch ist der Anteil an Bildern in der Wirtschaftsberichterstattung bei *Express* und bei *tz*, wo jeder fünfte Wirtschaftsartikel mit zwei oder mehr Bildern versehen ist. Während die

Abbildung 16   Wirtschaftsberichterstattung mit Bildern (in Prozent); Basis:
                  Gesamtanzahl aller Wirtschaftsartikel pro Medium

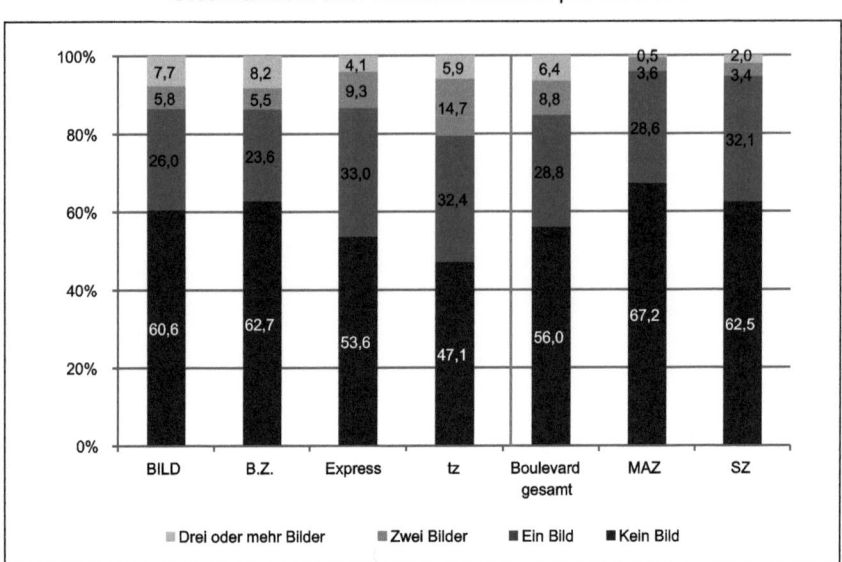

Abonnementzeitungen relativ selten zwei oder mehr Bilder je Artikel verwenden, liegen die Werte für die Boulevardzeitungen dreifach so hoch (Abbildung 16).

Am häufigsten werden Artikel zu Konsum- und Freizeitangeboten sowie Arbeitswelt und Karriere illustriert, allerdings ist dies stark von der jeweiligen Zeitung abhängig: Während beispielsweise ca. 85 Prozent aller Wirtschaftsartikel über Konsum- und Freizeitangebote bei *BILD* mit mindestens einem Bild versehen werden, werden bei der *B.Z.* am häufigsten Artikel zu Wirtschaftskriminalität bebildert.

Die Mehrzahl der Bilder ist bei allen Zeitungen mit einer Quelle versehen (Abbildung 17); dies ist bei den Abonnementzeitungen zu über 90 Prozent und bei den Boulevardzeitungen im Durchschnitt zu 65,7 Prozent der Fall. Es zeigt sich aber, dass vor allem beim *Express* bei 53,3 Prozent der Bilder keine Quelle benannt wird; bei der *B.Z.* und der *tz* fehlen die Bildquellen weitaus seltener (*B.Z.* 17,1 %, *tz* 27,8 %).

Über die Hälfte der Bilder aller Zeitungen stellen Personen dar, besonders hoch ist dieser Anteil beim *Express* mit 75,8 Prozent. Neben Personen sind Produkte und Konsumgüter sowie Gebäude und Bauwerke die häufigsten Bildmotive. Obwohl es hier insgesamt keine großen Unterschiede zwischen den Boulevardzei-

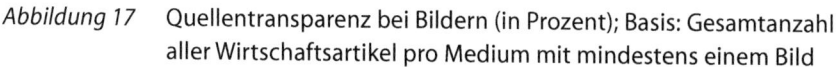

Abbildung 17 Quellentransparenz bei Bildern (in Prozent); Basis: Gesamtanzahl
aller Wirtschaftsartikel pro Medium mit mindestens einem Bild

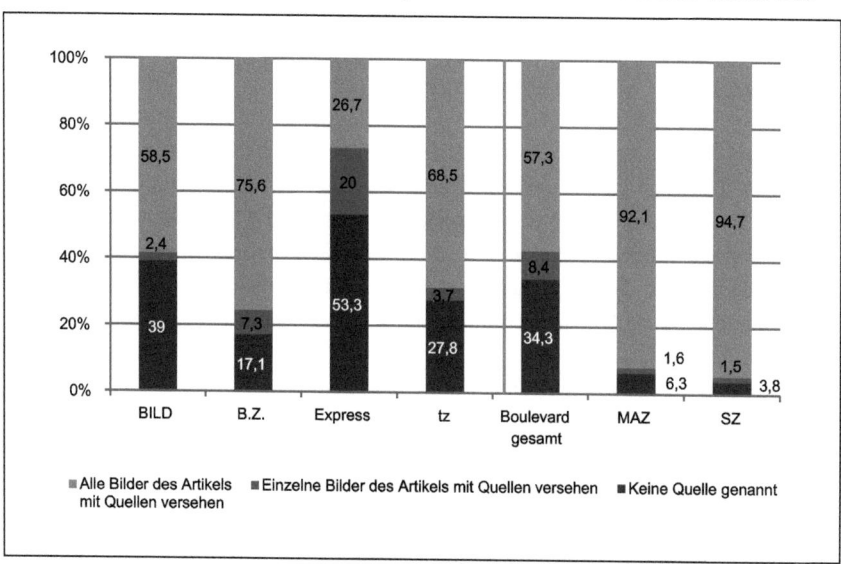

tungen und der *SZ* gibt, sind bei *SZ* und *tz* die Motive auf den Bildern insgesamt vielfältiger als bei den übrigen Boulevardzeitungen (Tabelle 5 im Anhang).

Symbolbilder werden in der Boulevardpresse erstaunlich selten eingesetzt: Während bei *BILD, B.Z.* und *Express* maximal 6,5 Prozent der Bilder symbolisch für ein Thema stehen, ist dies bei der *MAZ* mit 11,1 Prozent fast doppelt so oft der Fall. *Tz* und *SZ* verwenden in 18,5 Prozent bzw. 17,8 Prozent der Fälle symbolhafte Bilder.

Grafiken, Tabellen und Infokästen haben weniger Bedeutung als Bilder (Tabelle 6 im Anhang) und insgesamt zeigen sich zwischen Boulevard- und Abonnementzeitungen nur geringfügige Unterschiede. Am häufigsten werden solche Visualisierungen von der *tz* verwendet – in 17,6 Prozent der Artikel. Die *BILD-Zeitung* nutzt Grafiken und Tabellen am wenigsten. Was die Quellentransparenz der Grafiken, Tabellen und Infokästen angeht, so zeigt sich – allerdings vor dem Hintergrund sehr geringer Fallzahlen – ein sehr hoher Anteil an Grafiken ohne Nennung der Quellen beim *Express*.

Zusammenfassend zeigt sich für die Wirtschaftsberichterstattung in Boulevardzeitungen ein recht differenziertes Bild. *B.Z.* und *Express* weisen häufig eine ähnliche

Charakteristik auf. Gleiches gilt für *BILD* und *tz*, die vom Profil her wiederum näher an den Abonnementzeitungen zu verorten sind.

4.2.3 Ergebnisse: Onlineberichterstattung

Analog zur Printberichterstattung werden die jeweiligen Onlineangebote der untersuchten Zeitungen analysiert: *Bild.de, B.Z. Online (bz-berlin.de), Express.de, tz Online (tz-online.de), maerkischeallgemeine.de* und *sueddeutsche.de*. Betrachtet werden dabei jeweils die Startseite und auf der nächsten Navigationsebene jene Bereichsstartseiten, die Wirtschaftsberichterstattung enthalten. Mit dem gleichen Zugriffskriterium wie für die Printausgaben der Zeitungen wird auch im Web gearbeitet, wobei auf der Artikelebene nur jene Artikel in die Analyse einbezogen werden, die aktuell vom jeweiligen Untersuchungstag stammen.

Innerhalb der Untersuchungswoche vom 23.05.2011 bis 28.05.2011 werden die sechs Onlineangebote an sechs Tagen zunächst auf Webseiten-Ebene bezüglich allgemeiner Eigenschaften untersucht. Insgesamt gehen so sechs Startseiten und 32 Bereichsstartseiten in die Analyse ein. Auf Artikelebene können insgesamt 563 aktuelle Wirtschaftsartikel identifiziert werden.

Stichprobenbeschreibung (Analyse der Webseiten)

Im ersten Schritt werden zunächst die Startseiten der Onlineangebote analysiert. Tabelle 19 zeigt die prozentualen Anteile der Content-Elemente auf einer durchschnittlichen Startseite. Insgesamt weisen die Boulevardmedien einen ca. doppelt so hohen Anteil von Service und Anzeigen auf als *MAZ* und *SZ*. Dabei machen Anzeigen in den Angeboten der Boulevardmedien einen Anteil von 11,2 Prozent aus, mit einem unterdurchschnittlichen Anteil bei der *B.Z.* (6 %), der damit auf gleichem Niveau liegt wie bei der *SZ* mit 6,3 Prozent. Die *MAZ* hat mit 4,9 Prozent den geringsten Anzeigenanteil. Ähnlich verhält es sich mit Service-Elementen. Darunter fallen hier alle nicht redaktionellen Inhalte wie Tarif- oder Stromrechner, Abo-Service o. ä. Die *B.Z.* weist mit 2,7 Prozent den niedrigsten Service-Anteil auf. *MAZ* und *SZ* liegen bei 3,6 Prozent bzw. 6,7 Prozent. Vergleichsweise viel Service bekommt der Leser beim *Express* mit 17 Prozent (Tabelle 19).

Abgesehen von Anzeigen und Service, macht die Berichterstattung bei allen Onlineangeboten den Hauptteil der Startseite aus. Für die Gesamtberichterstattung zeigt sich ein überdurchschnittlich hoher Prozentanteil bei *maerkischeallge-*

Tabelle 19 Content-Anteile im Durchschnitt pro Startseite (in Prozent);
Basis: Gesamtanzahl der Content-Elemente im Durchschnitt
pro Startseite und Medium

Medium Content- Elemente	BILD (N = 102)	B.Z (N = 55)	Express (N = 81)	tz (N = 90)	Mittel- werte Boule- vard (N = 82)	MAZ (N = 137)	SZ (N = 100)
Anzeigen	12,0	6,0	11,4	13,6	11,2	4,9	6,3
Service	8,5	2,7	17,0	12,2	10,6	3,6	6,7
Andere Berichterstattung	67,6	83,2	67,9	65,7	71,0	75,7	71,0
Wirtschaftsberichterstattung	11,8	8,2	3,7	8,5	8,1	15,9	16,0
Gesamt	100,0	100,0	100,0	100,0	100,0	100,0	100,0

meine.de (91,6 %), *sueddeutsche.de* (87 %) und *B.Z. Online* (91,4 %), während alle anderen Boulevard-Onlineangebote im Durchschnitt bei 79,1 Prozent liegen. Besonders niedrig ist der Anteil an Berichterstattung beim *Express*.

Der Anteil an Wirtschaftsberichterstattung auf den Startseiten der Onlineangebote liegt bei den Boulevardmedien durchschnittlich bei 8,1 Prozent und ist damit ca. halb so hoch wie bei *MAZ* und *SZ* mit jeweils 16 Prozent. Überdurchschnittlich viel Wirtschaftsberichterstattung lässt sich unter den Boulevardmedien mit 11,8 Prozent bei der *BILD* finden. Den geringsten Anteil weist mit 3,7 Prozent der *Express* auf.

Daraus ergibt sich bezogen auf die Gesamtberichterstattung der jeweiligen Startseiten der Onlineangebote für die Boulevardmedien ein durchschnittlicher Anteil an Wirtschaftsberichterstattung von 10,6 Prozent (Tabelle 20). Unterdurchschnittliche Werte zeigen sich bei *B.Z.* (8,9 %) und *Express* (5,2 %). *MAZ* und *SZ* haben mit 17,4 Prozent bzw. 18,3 Prozent zum Teil doppelt so viel Wirtschaftsberichterstattung auf ihren Startseiten.

Tabelle 20   Anteil der Wirtschaftsartikel an der Gesamtberichterstattung auf Startseiten (in Prozent); Basis: Gesamtanzahl aller Artikel auf Startseiten pro Medium

Medium	BILD	B.Z.	Express	tz	Boulevard Gesamt	MAZ	SZ
Anzahl Artikel	(n = 485)	(n = 302)	(n = 348)	(n = 402)	(n = 1537)	(n = 753)	(n = 521)
Andere Berichterstattung	85,2	91,1	94,8	88,5	89,4	82,6	81,7
Wirtschaftsberichterstattung	14,8	8,9	5,2	11,5	10,6	17,4	18,3
Gesamt	100,0	100,0	100,0	100,0	100,0	100,0	100,0

Weiter zeigt sich, dass das Verhältnis zwischen aktueller und nicht-aktueller[32] Wirtschaftsberichterstattung auf Startseiten zwischen den Onlineangeboten stark schwankt (Abbildung 18): Während bei *Bild.de* und *B.Z. Online* der Anteil aktueller Berichterstattung bei 77,8 Prozent bzw. 70,4 Prozent liegt, ist dieser Anteil bei *Express.de* und *tz Online* um fast 20 Prozent höher. *Maerkischeallgemeine.de* liegt mit ca. 80 Prozent aktueller Wirtschaftsberichterstattung dazwischen. Eine Sonderrolle nimmt *sueddeutsche.de* ein: Dort sind aktuelle und nicht-aktuelle Wirtschaftsberichterstattung auf Startseiten ungefähr gleichverteilt. Daraus lässt sich schließen, dass die Startseite auch als eine Art Archiv genutzt wird und „alte" Meldungen darauf stehen bleiben.

Noch deutlicher wird dieser Aspekt bei der Betrachtung aller hier untersuchten Webseiten: Die Unterschiede zwischen den Boulevard-Angeboten nivellieren sich, so dass im Durchschnitt aktuelle und nicht-aktuelle Berichterstattung bezogen auf alle untersuchten Seiten gleichgewichtig verteilt sind. Dies zeigt, dass die aktuellen Meldungen auf den Startseiten positioniert werden, während auf den Bereichsstartseiten der Anteil älterer Artikel besonders hoch ist. Nur die *MAZ* weist sowohl für alle Webseiten insgesamt als auch auf den Startseiten ein ähnliches Verhältnis zwischen aktueller und nicht-aktueller Berichterstattung auf. Wiederum eine Sonderstellung zeigt sich für die *SZ*: Bezogen auf alle untersuch-

---

32   Wobei zu nicht-aktueller Wirtschaftsberichterstattung bereits Meldungen des Vortags zählen.

Abbildung 18   Anteil aktueller Wirtschaftsartikel auf Webseiten (in Prozent);
Basis linke Säulen: Gesamtanzahl aller Wirtschaftsartikel auf
Startseiten; Basis rechte Säulen: Gesamtanzahl aller Wirtschafts-
artikel auf allen untersuchten Webseiten

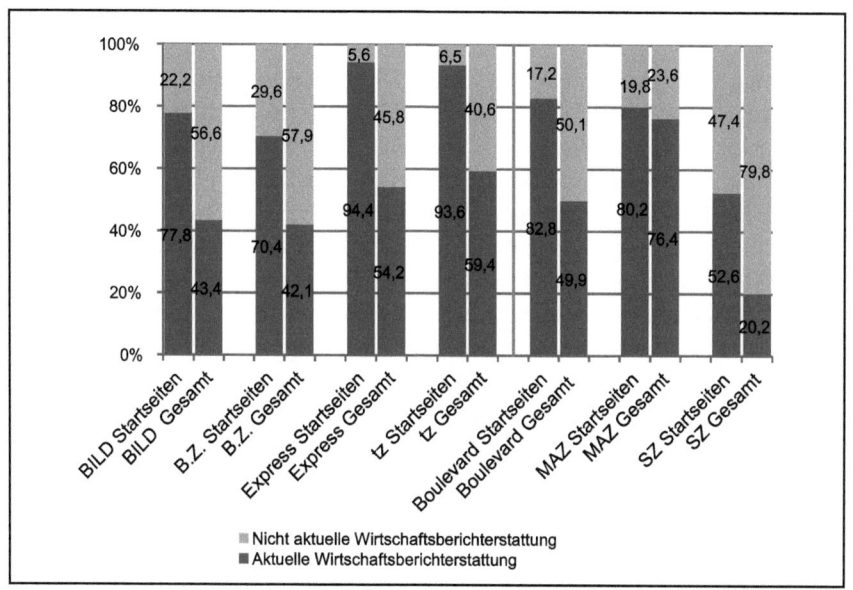

ten Seiten des Onlineangebots ist der Anteil an nicht-aktueller Berichterstattung
mit fast 80 Prozent überdurchschnittlich hoch (Tabelle 8 im Anhang).

Weiter können Aussagen darüber getroffen werden, wie häufig einzelne Artikel auf
den untersuchten Bereichsstartseiten wiederholt werden und dementsprechend
an mehreren Stellen der Website platziert sind. Dabei zeigt sich eine recht homo-
gene Verteilung zwischen den Onlineangeboten mit ca. 40 Prozent an mehrfach
verlinkten Artikeln. Jene Artikel, die als solche identifiziert werden können, werden auf Artikelebene nicht betrachtet, so dass jeder Artikel nur einmal in die
Analyse eingeht.

Daraus ergibt sich für die weitere Untersuchung der Artikel eine Grundgesamtheit von 563 aktuellen Wirtschaftsartikeln. Während der größte Teil aller Artikel
auf die *MAZ* entfällt (30 %), haben *SZ, tz* und *BILD* einen Anteil von jeweils ca.

20 Prozent. Auf *B.Z.* und *Express* entfallen fünf Prozent aller Artikel (Tabelle 10 im Anhang).

Formale Charakteristika der Wirtschaftsberichterstattung (Artikelebene)

Neben den Häufigkeiten der Wirtschaftsberichterstattung auf den untersuchten Onlineangeboten, gibt die Wortanzahl eines Artikels Auskunft über die Intensität der Berichterstattung. Abbildung 19 zeigt eine Zuordnung der Artikel zu kurzen (Artikel bis 200 Wörter), mittleren (Artikel bis 400 Wörter), langen (Artikel bis 600 Wörter) und sehr langen Artikeln (mit mehr als 600 Wörtern). Es wird deutlich, dass die Boulevard-Angebote im Durchschnitt zu kurzen bis mittellangen Artikeln tendieren, während die *SZ* klar einen Fokus auf lange bis sehr lange Beiträge setzt. Allerdings gibt es zwischen den Boulevardmedien Unterschiede: Bei *Express.de* gibt es ausschließlich kurze und mittellange Texte (jeweils 50 %). Artikel mit mehr als 400 Wörtern gibt es hier gar nicht. Bei *B.Z. Online* überwiegen mit fast 60 Prozent der Wirtschaftsberichterstattung mittellange Artikel. Längere sowie kürzere Texte gibt es dort weniger häufig. Die Verteilung der *BILD*, *tz* und

Abbildung 19   Länge der Wirtschaftsartikel (in Prozent); Basis: Gesamtanzahl aller aktuellen Wirtschaftsartikel pro Medium

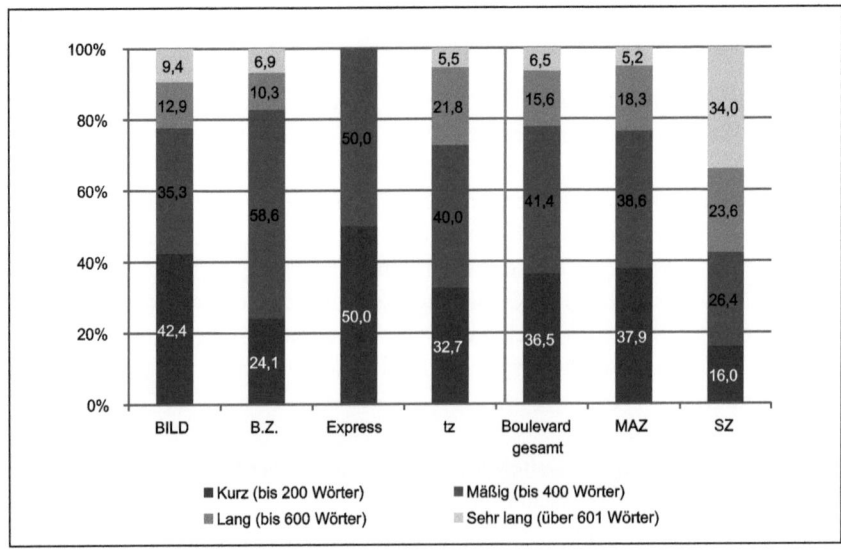

MAZ weist eine ähnliche Charakteristik auf mit einem Anteil von jeweils über 20 Prozent an langen und sehr langen und einer fast gleichen Gewichtung zwischen kurzen und mittellangen Artikeln.

Diese Unterschiede zwischen den Onlineangeboten werden auch an der durchschnittlichen Wortanzahl pro Artikel und Medium deutlich: Bei den Boulevardmedien insgesamt liegt diese bei 271 Wörtern pro Artikel; ein durchschnittlicher Wirtschaftsartikel bei der *MAZ* ist ähnlich lang mit 274 Wörtern. Die *SZ* dagegen kommt auf nahezu doppelt so lange Artikel mit 478 Wörtern.

Die untersuchten Onlineangebote weisen eine sehr unterschiedliche Navigations- bzw. Ressortstruktur auf und sind deshalb nur schwer miteinander vergleichbar. Abbildung 20 zeigt die Verteilung der Wirtschaftsberichterstattung jeweils für die Start- und Lokalseiten der Websites. Besonders hoch ist der Anteil an Wirtschaftsberichterstattung auf der Startseite bei *Express.de*. Fast zwei Drittel (63 %) aller Wirtschaftsartikel stehen demnach auf der Startseite. Ähnlich verhält es sich bei *Bild.de, B.Z. Online* und *maerkischeallgemeine.de*, bei denen über die Hälfte aller Wirtschaftsartikel auf der Startseite platziert ist. *Tz Online* und *sueddeutsche.de* dagegen bewegen sich mit 32,8 Prozent bzw. 39,5 Prozent unter dem Durchschnitt.

Abbildung 20 Wirtschaftsberichterstattung nach Ressort (in Prozent); Basis: Gesamtanzahl aller aktuellen Wirtschaftsartikel pro Medium

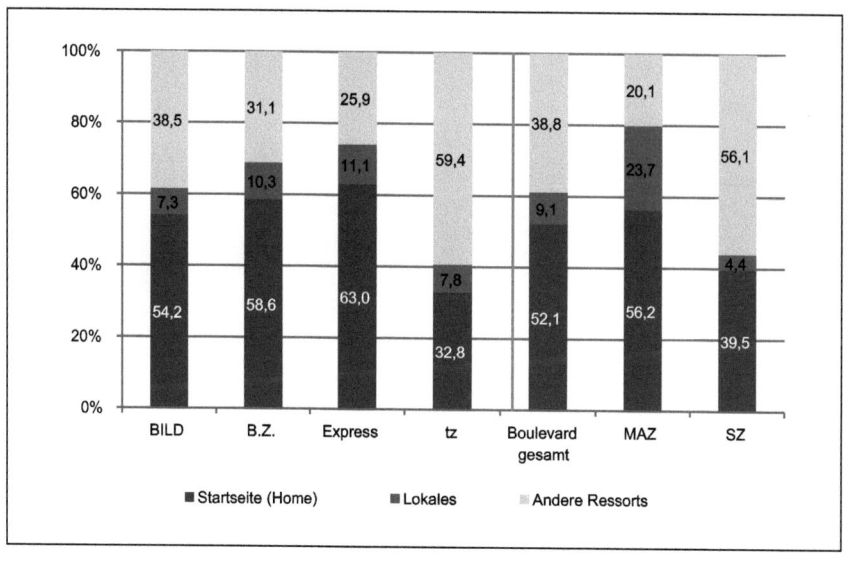

Das Lokalressort ist vor allem für die *MAZ* von Relevanz. Dort erscheint jeder vierte Wirtschaftsartikel (23,7 %). Bei *B.Z.* und *Express* stehen ca. zehn Prozent in diesem Ressort, während die *SZ* gerade 4,4 Prozent der Wirtschaftsartikel dort platziert.

Neben der Start- und Lokalseite spielen beispielsweise für die Wirtschaftsberichterstattung der *BILD* das Ressort Geld mit 23 Prozent, für die *B.Z.* das Ressort Aktuelles: Welt mit 17,2 Prozent und für die *tz* die Ressorts Wirtschaft und Politik mit zusammen über 50 Prozent aller Wirtschaftsartikel eine wichtige Rolle.

Zusammenfassend heißt das, bei allen Onlineangeboten sind ein bis zwei Drittel aller Wirtschaftsartikel für den Leser über die Startseiten zugänglich.

Die Größe und Platzierung eines Artikels auf den untersuchten Webseiten zeigt Abbildung 21. Der Anteil an Wirtschaftsartikeln auf der unteren Hälfte der Webpages ist beim *Express* überdurchschnittlich hoch, zwei Drittel der Wirtschaftsartikel werden dort, meist in mittlerer Größe oder klein, platziert. Wirtschaftsartikel als Aufmacher, also größte Artikel oben auf der Page, gibt es beim *Express* gar nicht.

Abbildung 21   Aufmacher/Platzierung der Wirtschaftsberichterstattung (in Prozent); Basis: Gesamtanzahl aller aktuellen Wirtschaftsartikel pro Medium

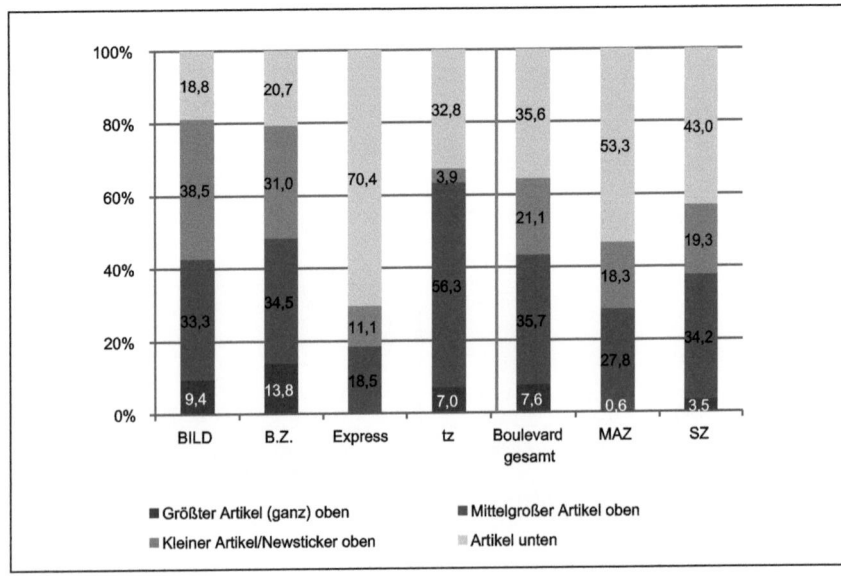

Auch bei der *MAZ* sind große Wirtschaftsartikel nicht bzw. kaum vorhanden und knapp die Hälfte der Artikel sind dort im oberen Bereich der Webseiten zu finden. Bei *BILD* und *B.Z.* dagegen sind mit über 80 Prozent der Wirtschaftsartikel vergleichsweise viele Artikel im oberen Bereich einer Webseite platziert, wobei der Anteil an kleinen Newsticker-Artikeln dabei mit jeweils über einem Drittel recht hoch ist. Ungefähr ein Zehntel der Artikel sind bei den Boulevardmedien als Seitenaufmacher gestaltet. Bei der *tz* findet sich mit 56,3 Prozent ein überdurchschnittlich hoher Anteil an mittelgroßen Artikeln oben auf den Webseiten. Zusammen mit den Aufmacher-Artikeln (7 %) sind demnach zwei Drittel aller Wirtschaftsartikel bei der *tz* prominenter platziert als bei allen anderen Onlineangeboten. Die Verteilung der *SZ* ist ähnlich wie der Boulevard-Durchschnitt: Zwar gibt es mit 3,5 Prozent weniger Aufmacher-Artikel, aber ähnlich viele Artikel insgesamt im oberen Webseitenbereich (57 %).

Neben der Hervorhebung eines Artikels über die Größe und Platzierung besteht für Onlinemedien zusätzlich die Möglichkeit, mehrere Artikel auf dem gleichen Platz zu positionieren und abwechselnd bzw. rotierend in den Vordergrund

Abbildung 22   Wirtschaftsberichterstattung nach Genre/Stilform
(in Prozent) Basis: Gesamtanzahl aller aktuellen
Wirtschaftsartikel pro Medium

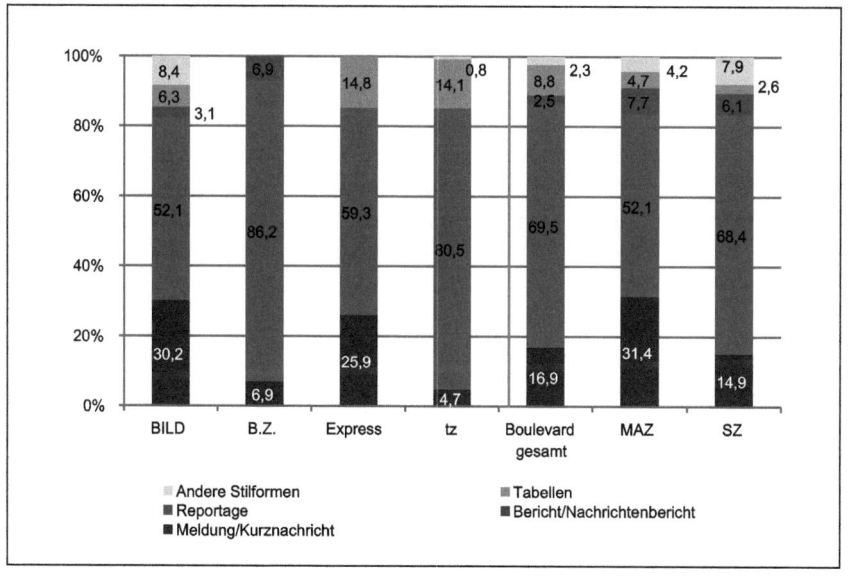

zu stellen. Von dieser Form der Darstellung macht die *tz* gar keinen Gebrauch und *SZ*, *MAZ* sowie *Express* mit maximal zwei Prozent nur selten. Bei der *B.Z.* kommt diese Form der Gestaltung in 14,5 Prozent der Fälle zum Einsatz; doppelt so oft (mit 29,4 %) werden Wirtschaftsartikel bei *BILD* auf diese Art präsentiert.

Die größte Vielfalt der Stilformen findet sich bei der *BILD*, *MAZ* und *SZ* (Abbildung 22), wobei auch bei diesen Medien Kurznachrichten und Nachrichtenberichte den größten Teil der Berichterstattung mit ca. 83 Prozent ausmachen. Der *Express* weist eine ähnliche Verteilung auf wie *MAZ* und *BILD*, nutzt aber wie *B.Z.* und *tz* weniger Stilformen. Letztgenannte stechen durch einen überdurchschnittlichen Anteil an Berichten hervor (*B.Z.* 86,2 % und *tz* 80,5 %), sie fokussieren mit fünf bis sieben Prozent sehr viel weniger auf Kurznachrichten als die anderen Medien mit bis zu 30,2 Prozent bei der *BILD*. Neben diesen beiden Stilformen nutzt die *B.Z.* mit einem Anteil von 6,9 Prozent Reportagen, während *Express* und *tz* jeweils vergleichsweise häufig Tabellen oder Übersichten verwenden (je ca. 14 %). Meinungsbetonte Stilformen finden sich lediglich bei *BILD* mit 4,2 Prozent, *MAZ* mit 2,4 Prozent und *SZ* mit sieben Prozent. Interviews scheinen für die Wirtschaftsberichterstattung Online keine große Relevanz zu haben.

Transparenz der Urheber und Quellen

Der Umgang mit Quellen kann auf der einen Seite über die Kenntlichmachung des Urhebers eines Artikels erfolgen und auf der anderen Seite durch die Nennung der Quellen, auf die die Inhalte innerhalb eines Artikels zurückzuführen sind. Abbildung 23 zeigt die Transparenz der Urheberschaft mit einem recht differenzierten Bild für die Boulevardmedien: In über 70 Prozent der Artikel wird bei *Bild.de* und *Express.de* kein Urheber des Artikels genannt. Vergleichsweise niedrig ist dieser Anteil bei allen anderen Onlineangeboten mit Werten zwischen 11,2 Prozent *(MAZ)* und 19,3 Prozent *(SZ)*. Allerdings weist der *Express* bezogen auf die Boulevard-Angebote einen recht hohen Anteil an Autorenstücken auf (25,9 %), der nur von der *B.Z.* mit 34,5 Prozent übertroffen wird. Der gleiche Anteil an zeitungsinternen Urhebern ist bei der *MAZ* zu verzeichnen. Überdurchschnittlich viele Autorenstücke werden mit mehr als der Hälfte aller Artikel bei der *SZ* geschrieben (55,3 %). Unterdurchschnittlich ist dieser Anteil bei der *tz* mit 12,5 Prozent. Gleichzeitig lassen sich dort überdurchschnittlich viele Artikel finden, die als Agenturmeldungen gekennzeichnet sind. Diese machen zwei Drittel der Wirtschaftsberichterstattung der *tz* aus. Vergleichsweise viele Agenturmeldungen verwendet die *MAZ* (42 %). Dem ersten Anschein nach kaum bis gar nicht vorhanden sind Agenturmeldungen bei *BILD* und dem *Express*, mit hoher Wahrscheinlich-

Abbildung 23   Transparenz der Urheberschaft (in Prozent); Basis: Gesamtanzahl
aller aktuellen Wirtschaftsartikel pro Medium

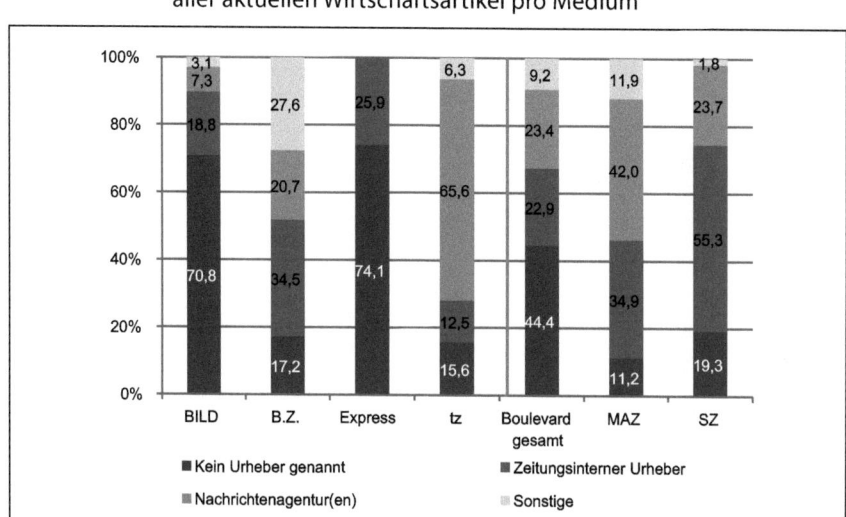

keit sind jedoch in den 70 Prozent der Artikel ohne kenntlich gemachten Urheber
die Agenturmeldungen enthalten (Tabelle 11 im Anhang).

Für die Quellentransparenz innerhalb eines Artikels zeigt sich eine homoge-
nere Verteilung (Abbildung 24). Ähnliche Werte weisen *MAZ* und *SZ* auf mit jeweils ca. einem Drittel an Berichterstattung ohne Quellennennung innerhalb von
Artikeln und einer Mehrheit von zwei Dritteln mit mindestens einer genannten
Quelle. Insgesamt ist vor allem die *MAZ* mit dem Boulevard-Durchschnitt vergleichbar. Die Boulevardmedien lassen sich zu zwei Gruppen zusammenfassen:
Wie bei der Transparenz der Urheberschaft zeigen *tz* und *B.Z.* sowie *BILD* und
Express ähnliche Werte. Letztgenannte weisen mit 39,6 Prozent bei der *BILD* und
44,4 Prozent beim *Express* den höchsten Anteil an Wirtschaftsartikeln ohne Quel-
lennennung auf. Gleichzeitig wird in diesen Medien hauptsächlich eine Quelle im
Artikel und seltener mehr als eine Quelle verwandt. *Bz-berlin.de* und *tz-online.de*
greifen dagegen häufiger auf mehr als eine Quelle zurück (*B.Z.* 48,3 %, *tz* 59,4 %).

Die wichtigsten Quellen der Boulevardmedien sind, bezogen auf die Gesamtanzahl aller in Wirtschaftsartikeln genannten Quellen, politische Institutionen und Parteien (26,1 %), Nachrichtenagenturen (22,1 %) und Unternehmen
(17,1 %) (Tabelle 11 im Anhang). Während sich die *SZ* weitgehend mit dieser Vertei-

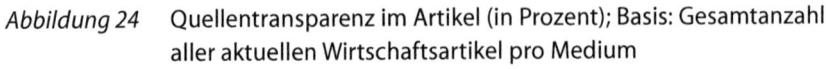

Abbildung 24   Quellentransparenz im Artikel (in Prozent); Basis: Gesamtanzahl aller aktuellen Wirtschaftsartikel pro Medium

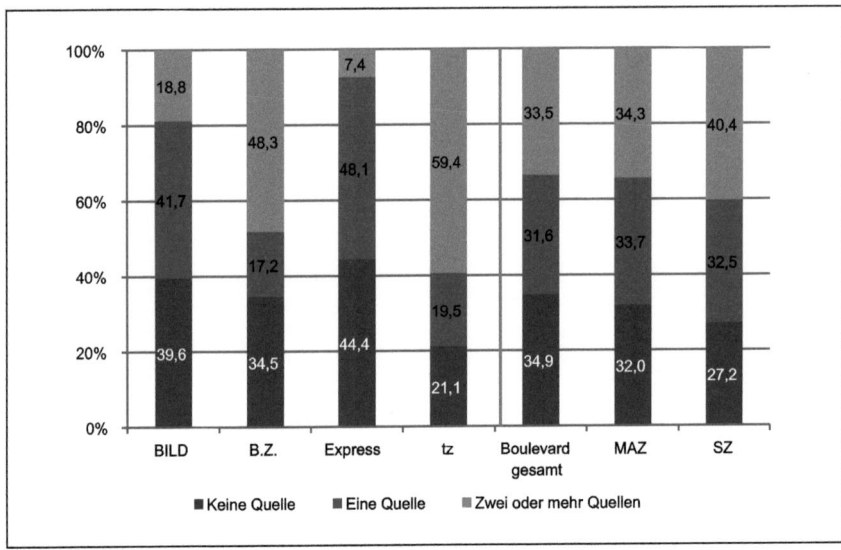

lung deckt, spielen für *maerkischeallegmeine.de* und *tz-online.de* vor allem Nachrichtenagenturen die wichtigste Rolle. Dieser Befund ist im Grunde deckungsgleich zu den oben beschriebenen Ergebnissen der Artikelurheber. Während sich *Express.de* mit 41,2 Prozent am häufigsten auf politische Institutionen bezieht, sind dies bei *B.Z.* und *tz* die Nachrichtenagenturen (*B.Z.* 31,7 %, *tz* 45,7 %). Bei der *BILD* werden überdurchschnittlich häufig mit 30,9 Prozent andere Medien als Quelle genannt. Dies sind vor allem das *Handelsblatt*, *Spiegel Online* und die britische Tageszeitung *The Guardian*.

Themenfelder der Berichterstattung
Neben den formalen Charakteristika gibt die folgende Abbildung 25 Aufschluss über die inhaltliche Ausrichtung der Wirtschaftsberichterstattung. Hier weisen *SZ* und *tz* eine ähnliche Struktur auf: Wichtigster Themenbereich ist bei über der Hälfte aller Wirtschaftsartikel das allgemeine Wirtschaftsgeschehen, gefolgt von der Berichterstattung über Branchen und Unternehmen. Zusammen machen beide Themenfelder ca. 80 Prozent der Wirtschaftsberichterstattung beider Medien aus. Dabei spielt die Unternehmensberichterstattung mit im Durchschnitt 30,8 Prozent auch über alle Medien hinweg eine wichtige Rolle. Doch während

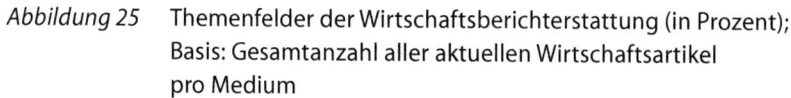

Abbildung 25   Themenfelder der Wirtschaftsberichterstattung (in Prozent);
Basis: Gesamtanzahl aller aktuellen Wirtschaftsartikel
pro Medium

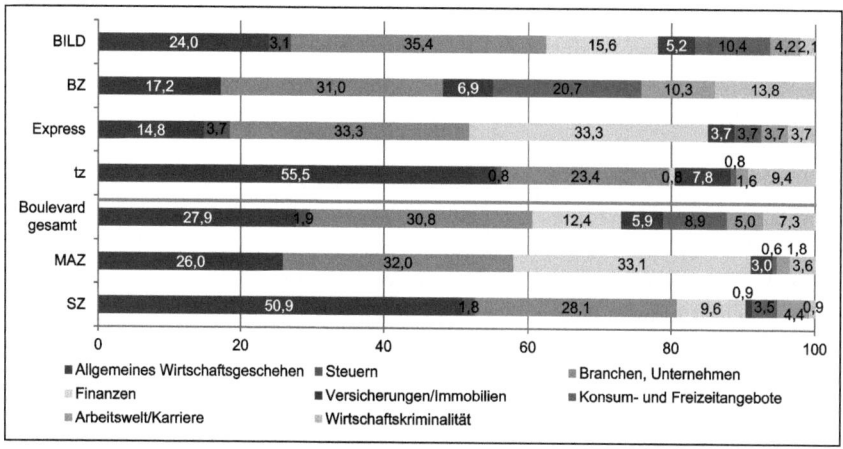

Express und *MAZ* als einzige Medien zusätzlich stark auf Finanzen fokussieren, kommen bei der *B.Z.* mit insgesamt einem Drittel der Berichterstattung Artikel zu Konsum- und Freizeitangeboten (20,7 %), Arbeitswelt und Karriere (10,3 %) sowie Wirtschaftskriminalität (13,8 %) überdurchschnittlich häufig vor. Wirtschaftskriminalität wird damit einzig von der *bz-berlin.de* besonders betont. *Bild.de* berichtet dagegen wie die *MAZ* verstärkt über Branchen und Unternehmen (35,4 %) sowie allgemeines Wirtschaftsgeschehen (24 %).

Nimmt man die Themenfelder der Wirtschaftsberichterstattung speziell auf den Startseiten der Onlineangebote in den Blick, zeigt sich eine ähnliche Themenverteilung wie auf der Website insgesamt. Allerdings setzt *Bild.de* auf der Startseite stärker auf allgemeines Wirtschaftsgeschehen (+ 9 %), während *tz-online.de* stattdessen häufiger über Branchen und Unternehmen berichtet (+ 7,6 %). Von den Boulevardmedien nimmt auf den Startseiten vor allem die *B.Z.* das Thema Wirtschaftskriminalität mit 23,5 Prozent verstärkt auf (+ 9,7 %). Auch bei der *SZ* ist dieses Thema, zwar geringer ausgeprägt als bei der *B.Z.*, aber mit 7,9 Prozent auf Startseiten stärker von Interesse (+ 6,9 %).

Neben den Hauptthemen wird pro Artikel außerdem erfasst, inwiefern zusätzlich eines von vier Dauerthemen Gegenstand der Wirtschaftsberichterstattung ist. Dabei zeigt sich, dass Börsennachrichten mit Ausnahme von *bz-berlin.de* (die gar keine Börsennachrichten hat) über alle Medien hinweg das wichtigste

Dauerthema darstellen. In über 30 Prozent der Artikel geht es bei *Express* und *MAZ* um dieses Thema, während *BILD* und *tz* halb so oft darüber berichten. Unterdurchschnittlich sind Börsenthemen bei der *SZ* mit 6,1 Prozent vertreten. Die Wirtschaftskrise ist bei den Boulevardmedien in ca. jedem 20. Online-Artikel ein Thema, bei *MAZ* und *SZ* in jedem 14. Der Atomausstieg wird vor allem bei *tz* mit 10,9 Prozent und *SZ* mit 8,8 Prozent thematisiert. Die größte Vielfalt unter den Dauerthemen findet sich bei *tz* und *MAZ*, die alle der hier untersuchten Kontexte thematisieren.

Strategien der Aufmachung

Auf welche Art und Weise ein Thema aufbereitet ist, zeigt Abbildung 26: Die sachliche Themenaufmachung spielt in der Wirtschaftsberichterstattung über alle Onlinemedien hinweg die wichtigste Rolle. Sie ist vor allem bei *Express.de* mit 85,2 Prozent und der *MAZ* mit 79,3 Prozent üblich. Unterdurchschnittlich relevant ist diese Art der Aufmachung bei *bz-berlin.de* mit 37,9 Prozent und *tz Online* mit 49,2 Prozent. Bei beiden Medien stellt die politisch oder gesellschaftlich kontroverse Aufmachung die zweithäufigste Themenaufbereitung dar, während diese bei *Express* und *MAZ* deutlich unterrepräsentiert ist. Die verbraucher-, konsumen-

Abbildung 26   Aufmachung des Themas (in Prozent); Basis: Gesamtanzahl aller aktuellen Wirtschaftsartikel pro Medium

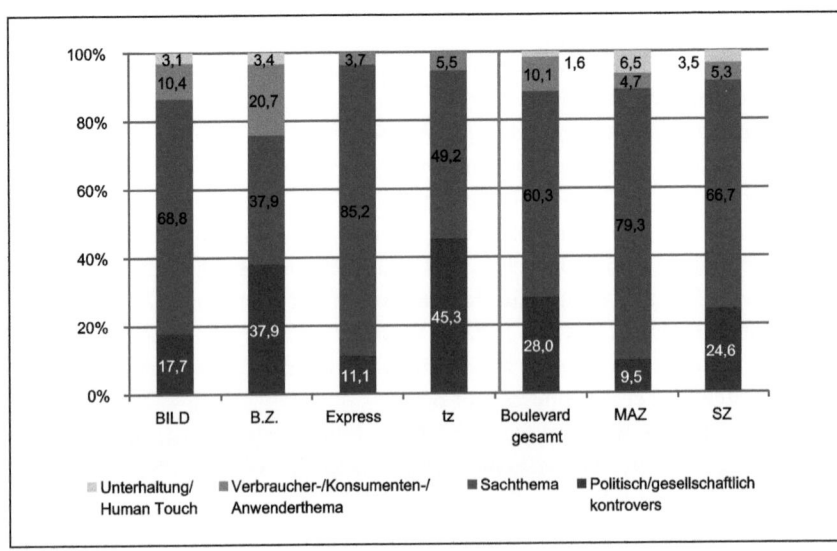

ten- oder anwenderbezogene Aufmachung von Wirtschaftsthemen wird hauptsächlich von der *B.Z.* mit 20,7 Prozent und der *BILD* mit 10,4 Prozent eingesetzt.
Die unterhaltende Aufmachung schließlich ist über alle Medien hinweg von eher
untergeordneter Bedeutung. Von *Express* und *tz* gar nicht verwendet, findet sich
diese Form der Themenaufmachung bei *BILD*, *B.Z.* und *SZ* in ca. drei Prozent aller
Online-Wirtschaftsartikel. Doppelt so häufig kommen unterhaltende Themen auf
der *MAZ-Website* vor.

Innerhalb eines Online-Artikels können neben der Art der Aufbereitung unterschiedliche soziale Relevanz-Ebenen zum Ausdruck kommen, die durch den
Journalisten hergestellt werden, indem er das Thema auf gesamtgesellschaftlicher
Ebene, wirtschaftlich-institutioneller oder persönlicher Ebene verortet. Abbildung 27 zeigt die unterschiedlichen Ebenen und ihre Verteilung: Über alle Medien hinweg zeigt sich, mit Ausnahme der *B.Z.*, eine ähnliche Struktur. Demnach
wird mehr als die Hälfte der Wirtschaftsberichterstattung pro Medium als gesamtgesellschaftlich relevant eingestuft; am größten ist dieser Anteil bei der *tz* mit fast
zwei Dritteln aller Wirtschaftsartikel (63,3 %). Wirtschaftliche oder institutionelle
Relevanz findet sich in der Onlineberichterstattung von *MAZ* und *SZ* mit gut
einem Drittel der Berichte und weist bei den Websites von *BILD*, *Express* und *tz*

Abbildung 27   Hergestellte Relevanz (in Prozent); Basis: Gesamtanzahl aller
aktuellen Wirtschaftsartikel pro Medium

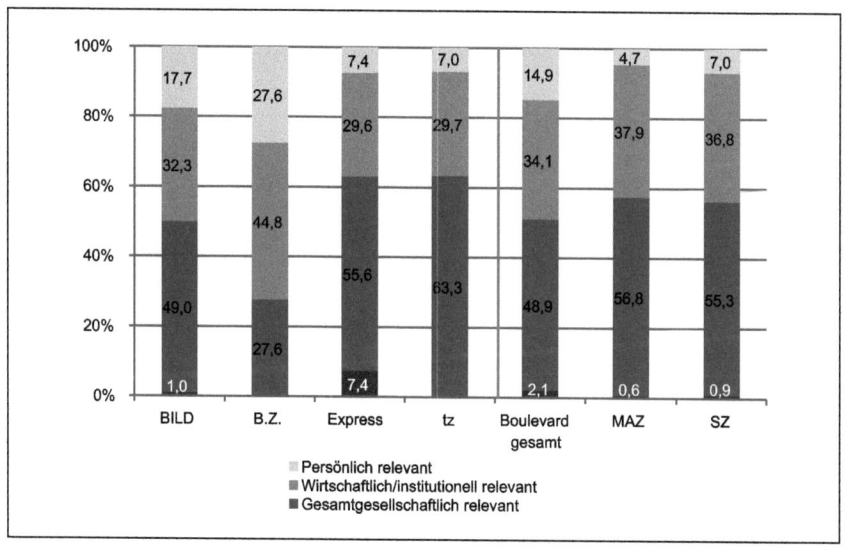

leicht geringere Werte auf. Bei der *B.Z.* dagegen ist der Großteil aller Wirtschaftsartikel (44,8 %) auf wirtschaftlichen-institutioneller Ebene verortet. Die Einordnung der Themen als gesamtgesellschaftlich und als persönlich relevant ist mit
jeweils 27,6 Prozent gleichermaßen bedeutsam. Damit sind *bz-berlin.de* und *bild.
de* mit 17,7 Prozent die Websites, die eine persönliche Relevanz von Wirtschaftsartikeln besonders fokussieren. Am wenigsten Bedeutung hat sie bei der *MAZ* mit
4,7 Prozent. *SZ*, *Express* und *tz* liegen bei ca. sieben Prozent.

Eine weitere Strategie der Aufmachung ist die Herstellung von räumlicher
Nähe zum Leser durch die Nennung von Ereignisorten.[33] Welche Rolle dies bei
den Onlinemedien spielt, zeigt Abbildung 28. Dabei lassen sich unterschiedliche
Strategien ausmachen: *BILD* und *tz* betonen nationale Ereignisse ungefähr gleich
stark (*BILD* 42,7 %, *tz* 39,1 %). Die *tz* fokussiert zusätzlich auf lokale Ereignisorte
(23,4 %). *B.Z.* und *MAZ* setzen mit 36,7 Prozent hauptsächlich auf lokale bzw. regionale Bezüge (*B.Z.* 44,8 %, *MAZ* 36,7 %). Bei *Express.de* findet sich, abgesehen

Abbildung 28   Räumlicher Bezug/Ereignisort (in Prozent); Basis: Gesamtanzahl
aller aktuellen Wirtschaftsartikel pro Medium

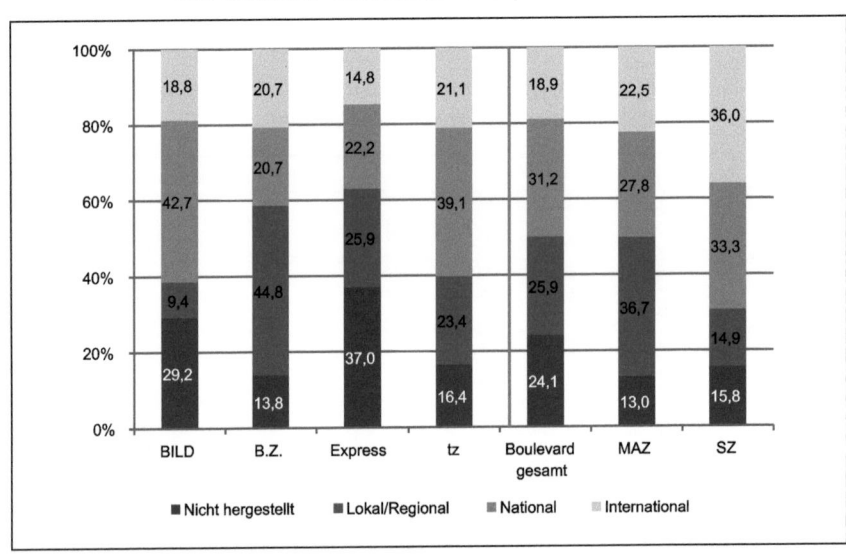

---

33 Der Ort des Geschehens bzw. der Ereignisort wurde immer aus der Perspektive des Verbreitungs-
    gebietes des jeweiligen Mediums codiert. Es wurden nur eindeutig benannte Ereignisorte codiert.
    Bei bild.de und sueddeutsche.de wurden analog zur Printausgabe als lokale Bezugsorte Hamburg
    und München festgelegt.

von einem größeren Anteil an Artikeln (37 %), in denen kein eindeutiger Ereignis-ort benannt ist, ein Viertel der Artikel mit lokalem Bezugsort. Was die Charakte-ristik der Verteilung angeht, nimmt die überregionale *SZ* eine Sonderstellung ein: Lokale Ereignisorte sind hier mit 14,9 Prozent eher niedrig ausgeprägt – wie das auch bei der *bild.de* der Fall ist (9,4 %); nationale und internationale Ereignisorte werden gleichermaßen in jeweils einem Drittel der Artikel benannt.

Boulevardmerkmale

Eine Auswahl der untersuchten Boulevardmerkmale stellt Tabelle 21 dar. Insge-samt sind Emotionalisierung, Skandalisierung, Spekulation und Negativismus, aber auch die Merkmale Vermischung aus Nachricht und Meinung, Personali-sierung und Privatisierung durchgängig und überdurchschnittlich häufig bei *Bild. de* anzutreffen. Vor allem Skandalisierung (29,8 %) und Emotionalisierung (26 %) kommen in mehr als jedem vierten Wirtschaftsartikel auf *Bild.de* vor. Ebenfalls hohe Werte für Emotionalisierung mit 17,2 Prozent und Skandalisierung mit 24,1 Prozent sind bei *bz-berlin.de* zu finden. Vergleichsweise gering ausgeprägt ist die Emotionalisierung auf *Express.de* mit 3,7 Prozent und *tz* mit sieben Pro-zent, während *maerkischeallgemeine.de* und *sueddeutsche.de* hier auf Werte von 11,9 Prozent bzw. 13,2 Prozent kommen. Damit spielt die Emotionalisierung für die Qualitätsangebote die wichtigste Rolle. Alle anderen hier erhobenen Merk-male kommen in geringeren Ausprägungen vor (bei der *SZ* zumeist stärker als bei der *MAZ*), wie dies auch bei *BILD* und *B.Z.* der Fall ist. Nur bei *Express* und *tz* sind die Merkmale Vermischung aus Nachricht und Meinung, Personalisierung und Privatisierung sowie Bewertungen von Akteuren kein Bestandteil der Wirt-schaftsberichte. Für beide Medien sind Skandalisierung und Negativismus die am stärksten ausgeprägten Merkmale mit jeweils ca. 10 Prozent.

Beratung und Service

Beratung und Service sind auch online in der Wirtschaftsberichterstattung von hoher Relevanz. Abbildung 29 zeigt zunächst die Verteilung der Wirtschaftsar-tikel mit und ohne Beratung. Dabei wird unterschieden, ob in einem Artikel le-diglich einzelne beratende Elemente vorkommen oder ob dieser als kompletter Beratungsartikel bezeichnet werden kann. Bei *BILD*, *B.Z.* und *MAZ* enthalten jeweils ca. 40 Prozent der Berichterstattung beratende Merkmale, während von *tz-online.de* und *sueddeutsche.de* mit ca. 20 Prozent nur halb so häufig in Wirt-schaftsartikeln beraten wird. Der *Express* zeigt dagegen mit 55,5 Prozent beson-ders hohe Anteile an Artikeln mit Beratung. Das heißt, in mehr als jedem zweiten Artikel wird der Leser bei der Wirtschaftsberichterstattung auf *Express.de* beraten.

Tabelle 21 Boulevardmerkmale Online (in Prozent); Basis: Gesamtanzahl aller aktuellen Wirtschaftsartikel pro Medium

Medium	BILD (N=96)	B.Z. (N=29)	Express (N=27)	tz (N=128)	Boulevard Gesamt (N=280)	MAZ (N=169)	SZ (N=114)
Boulevard-Merkmale							
Emotionalisierung	26,0	17,2	3,7	7,0	13,5	11,9	13,2
Skandalisierung	31,2	24,1	11,1	9,4	19,0	3,0	5,3
Spekulation	14,6	6,9	7,4	3,9	8,2	1,8	7,0
Negativismus	11,4	6,9	11,1	10,2	9,9	1,8	6,2
Vermischung Nachricht und Meinung	11,5	6,9	0,0	0,0	4,6	0,6	1,8
Personalisierung	3,1	3,4	0,0	0,0	1,6	0,6	3,6
Privatisierung	4,2	3,4	0,0	0,0	1,9	1,8	0,0
Bewertung von Akteuren (rollennah)	3,1	6,9	0,0	1,6	2,9	1,2	2,7
Bewertung von Akteuren (rollenfern)	0,0	0,0	0,0	0,0	0,0	0,0	0,0

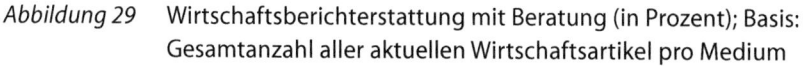

Abbildung 29   Wirtschaftsberichterstattung mit Beratung (in Prozent); Basis:
Gesamtanzahl aller aktuellen Wirtschaftsartikel pro Medium

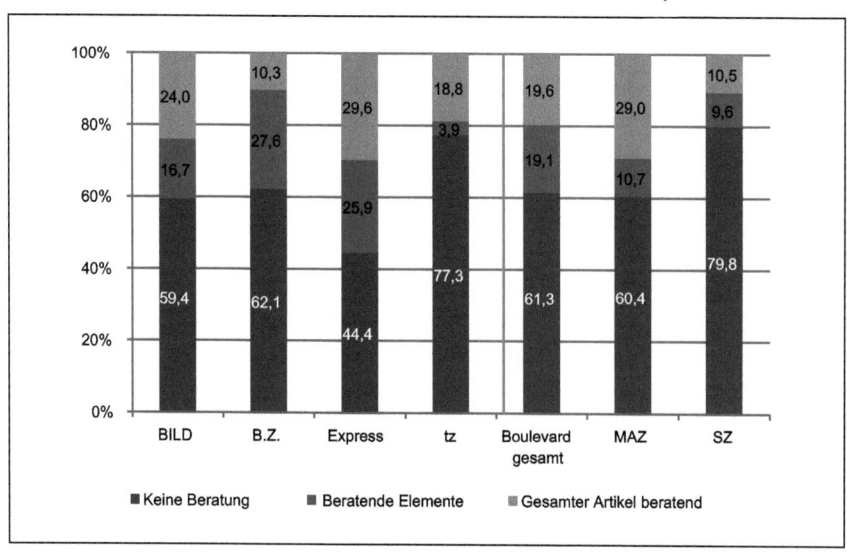

Bei *Express.de* ist der Anteil an Beratungsartikeln am höchsten (29,6 %), wobei auch die Websites von *MAZ* (29 %) und *BILD* (24 %) vergleichsweise hohe Werte erreichen. *B.Z.* und *SZ* weisen mit etwa zehn Prozent die niedrigsten Anteile von Beratungsartikeln auf.

Weiter werden verschiedene Beratungsarten unterschieden (Tabelle 13 im Anhang): Service, Verhaltens- und Kaufempfehlungen. Bezogen auf alle Beratungsartikel ist die häufigste Form der Beratung – über alle Medien hinweg – Service. Darunter werden beispielsweise überblicksartige Aufstellungen zu Produkten, Karriere-Tipps oder Ratgeber zu Mietbelangen o.ä. gefasst. Explizite Verhaltensempfehlungen werden vor allem auf *bz-berlin.de* mit 27,3 Prozent und *tz-online. de* mit 24,1 Prozent gegeben. Die *BILD* gibt in 12,8 Prozent aller Wirtschaftsartikel direkte Verhaltensempfehlungen. Während die *MAZ* diese Form der Beratung gar nicht nutzt, liegt die *SZ* mit 8,7 Prozent unter dem Boulevarddurchschnitt. Kaufempfehlungen werden von *Express* und *tz* gar nicht gegeben. Am häufigsten werden diese von der *B.Z.* ausgesprochen (9,1 %). *BILD* und *SZ* liegen bei den Kaufempfehlungen auf ähnlichem Niveau mit 5,1 Prozent und 4,3 Prozent, während die *MAZ* Werte von 1,5 Prozent aufweist.

Während die oben beschriebenen Formen der Beratung in der Wirtschaftsberichterstattung vielfältig eingesetzt werden, werden Hinweise auf Servicetelefone oder
andere Internetangebote kaum bis gar nicht genannt: Eine Servicetelefonnummer
wird lediglich bei *Express.de* in 3,4 Prozent aller Artikel erwähnt und bei *maer-
kischeallgemeine.de* mit 1,2 Prozent noch seltener. Alle anderen Onlineangebote
verweisen innerhalb von Wirtschaftsartikeln nicht auf Servicerufnummern. Hinweise auf zusätzliche Internetangebote finden etwas häufiger Anwendung. Dies
ist vor allem bei *B.Z. Online* (6,9 %), *Bild.de* (5,2 %) und *maerkischeallgemeine.de*
(6,5 %) ähnlich häufig der Fall.

Als onlinetypisch gilt es, zusätzliches Video- und/oder Fotomaterial zum jeweiligen Artikel auf der Webseite zur Verfügung zu stellen (Abbildung 30): *BILD* nutzt
dies mit 58,3 Prozent in über der Hälfte der Wirtschaftsartikel am häufigsten, gefolgt von der *tz* mit 41,4 Prozent. Die anderen Onlineangebote stellen in maximal
ca. 20 Prozent der Fälle zusätzliche Materialien zur Verfügung. Videos werden
dabei eher selten genutzt, mit Ausnahme von *bild.de*. Daneben stellt die *MAZ*
überdurchschnittlich häufig Videos begleitend zur Wirtschaftsberichterstattung
zur Verfügung (11,8 %). Fotostrecken werden bei der *MAZ* gar nicht verwendet.

Abbildung 30   Videos und Fotostrecken (in Prozent); Basis: Gesamtanzahl
aller aktuellen Wirtschaftsartikel pro Medium

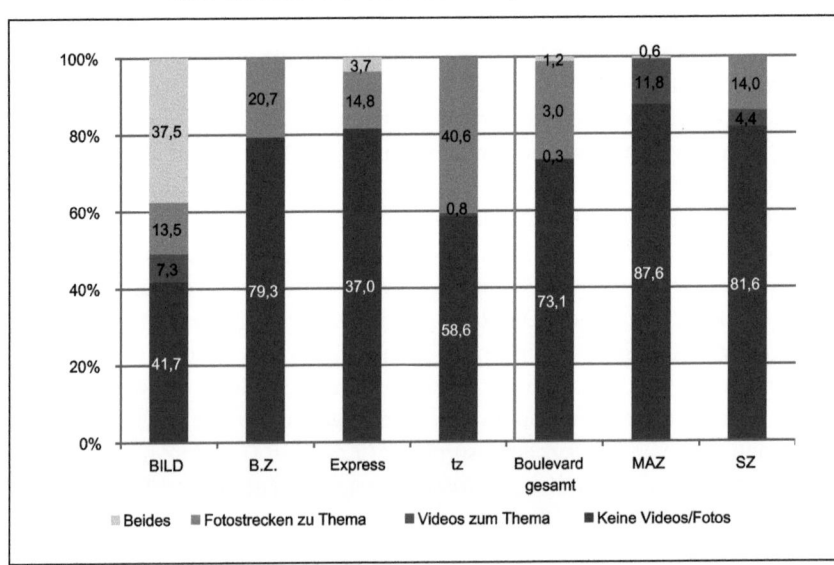

Bei der *SZ* verhält es sich genau anders herum: Hier werden (wenn auch insgesamt eher unterdurchschnittlich häufig) Fotostrecken (mit 14 %), den Videos (mit 4,4 %) vorgezogen. Alle anderen Onlinemedien, also *B.Z. Online*, *Express.de* und *tz Online* nutzen gar keine Videos. Fotostrecken werden dagegen von den Boulevardmedien gerne verwendet, am häufigsten von *BILD* und *tz* in jeweils über 40 Prozent aller Artikel, unterdurchschnittlich sind die Werte beim *Express*. Von der Möglichkeit, Fotostrecken und Videos nebeneinander zur Verfügung zu stellen, macht als fast einziges Onlineangebot die *BILD* in 37,5 Prozent aller Wirtschaftsartikel Gebrauch.

Bilder und Grafiken in der Wirtschaftsberichterstattung
Abgesehen von den Materialien, die neben dem jeweiligen Artikel auf der Webseite zum Thema zu finden sind, werden Online bei allen Medien auch Bilder, die direkt zum Artikel gehören, platziert. Abbildung 31 zeigt, dass über alle Onlineangebote hinweg, Bilder in mindestens jedem zweiten Artikel zum Einsatz kommen. Bei der *B.Z. Online* gibt es keinen einzigen Artikel ohne Bild; *sueddeutsche.de* (69,3 %), *bild.de* (67,7 %) und *Express.de* (63 %) bieten mit ca. zwei Dritteln der Berichterstattung ebenfalls einen vergleichsweise hohen Anteil an Wirtschafts-

Abbildung 31   Wirtschaftsberichterstattung mit Bildern (in Prozent); Basis: Gesamtanzahl aller aktuellen Wirtschaftsartikel pro Medium

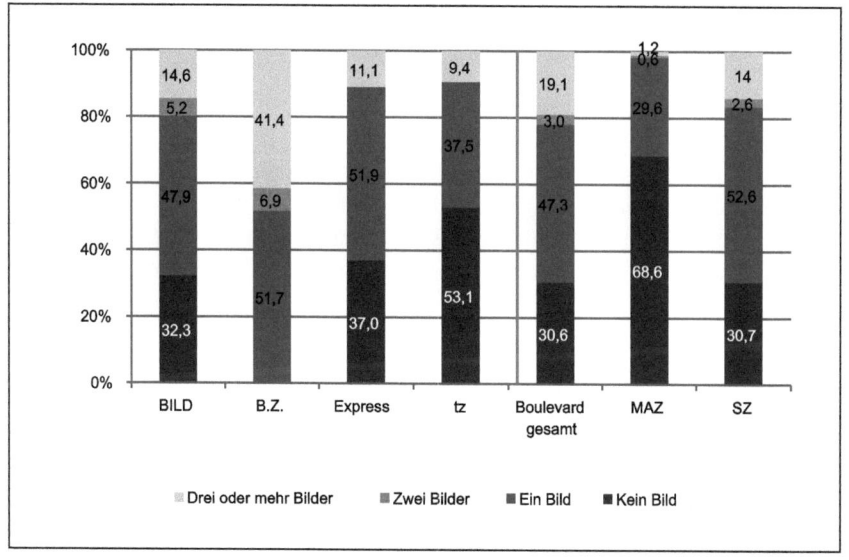

artikeln mit Bildern. Bei *tz-online.de* ist weniger als die Hälfte aller Artikel bebildert. Eine Spitzenposition nimmt *bz-berlin.de* ein, hier sind in über 40 Prozent der Wirtschaftsartikel drei oder mehr Bilder zu finden; bei *BILD* und *SZ* sind es jeweils ca. 14 Prozent.

Dabei ist die Mehrzahl aller Bilder mit einer Quelle versehen (Tabelle 14 im Anhang). *B.Z.* und *Express* nennen die Bildquellen zu hundert Prozent. Keine Quelle gibt *Bild.de* in 9,2 Prozent aller verwendeten Bilder an, bei *sueddeutsche.de* sind es 6,3 Prozent der Fälle. Überraschend ist das Ergebnis bei *maerkischeallgemeine.de*: Hier wird in 77,4 Prozent aller Bilder keine Quelle genannt.[34]

Auf den Bildern werden über alle Onlineangebote hinweg am häufigsten Personen gezeigt, gefolgt von Gebäuden und Bauwerken sowie Produkten und Konsumgütern (Tabelle 15 im Anhang). Bei der *MAZ* ist der Anteil an Personen auf Bildern mit 51,7 Prozent am höchsten, bei der *tz* sind Personen genauso häufig Bildgegenstand wie Gebäude oder Bauwerke (jeweils ca. 30 %). Während bei allen anderen Medien Produkte und Konsumgüter ca. 10 Prozent der Bildmotive ausmachen, ist dies bei der *tz* in nur 1,2 Prozent aller Bilder der Fall. Hier sind stattdessen mit 22,6 Prozent Landschaften und Natur auf Bildern häufiger dargestellt.

Geldscheine und Preistafeln sind vor allem bei der *BILD* (8,2 %) und *MAZ* (5,2 %) überdurchschnittlich oft zu sehen. Bilder, die als Symbol für ein Thema verwendet werden, finden sich überdurchschnittlich oft bei *sueddeutsche.de*: jedes sechste Bild hat dort Symbolcharakter (15,8 %). Ähnlich hoch sind die Werte bei *MAZ* (12,1 %) und *BILD* (12,2 %). Die wenigsten Symbolbilder verwendet die *tz* mit 4,8 Prozent.

Grafiken, Tabellen und Infokästen sind im Vergleich zu Bildern weniger häufig Teil der Wirtschaftsberichterstattung (Abbildung 32). Während die *B.Z. online* gar keine Grafiken oder Infokästen verwendet, liegen die Anteile bei *Bild.de* mit 12,5 Prozent, *tz Online* mit 14,1 Prozent und *maerkischeallgemeine.de* mit 13,6 Prozent, recht dicht beieinander. Besonders viele Grafiken verwendet *Express.de*. Ein Drittel der Wirtschaftsberichterstattung wird dort mit Hilfe von Grafiken präsentiert. Bei *sueddeutsche.de* werden in ca. jedem 10. Artikel Grafiken o. ä. verwendet.

---

34 Dies liegt vermutlich vor allem daran, dass die Bildquelle für den Leser eines dazugehörigen Artikels erst ersichtlich ist, wenn das Bild direkt angeklickt wird, was bei der Codierung der Artikel nicht berücksichtigt wurde.

Abbildung 32 Wirtschaftsberichterstattung mit Grafiken/Tabellen
(in Prozent); Basis: Gesamtanzahl aller aktuellen Wirtschaftsartikel pro Medium

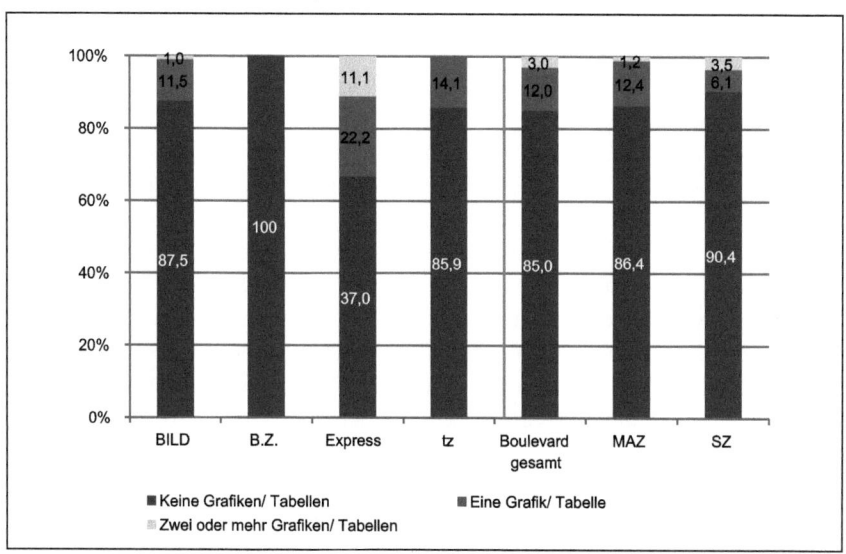

4.2.4 Vergleichende Analyse

Die vergleichende oder Überschneidungsanalyse untersucht, ob Artikel aus der Printberichterstattung zusätzlich (identisch oder in abgeänderter Form) online erscheinen oder umgekehrt.[35] Abbildung 33 zeigt für die Boulevardzeitungen ein recht heterogenes Bild mit unterschiedlichen Zweitverwendungsstrategien: Bei der *B.Z.* ist der Anteil an Wirtschaftsartikeln, die in Print und Online erscheinen mit 51,7 Prozent am höchsten. Das heißt, mehr als jeder zweite Wirtschaftsartikel, der Online erscheint, ist bei der *B.Z.* auch in der Printausgabe zu finden. Die *tz* weist mit 10,2 Prozent den vergleichsweise niedrigsten Wert auf. Hier erscheint lediglich jeder zehnte Artikel in beiden Medien. Bei *BILD* und *Express* ist jeweils ein

---

35 Wobei es theoretisch auch möglich wäre, dass Artikel, die von Nachrichtenagenturen verfasst werden, von verschiedenen Redaktionen und Medien gleichermaßen übernommen werden, unabhängig davon, ob es sich in diesem Fall um eine Zusammenarbeit von Online- und Printredaktion handelt.

Drittel (33,3 %) der Online-Wirtschaftsartikel auch in der gedruckten Ausgabe zu finden. Interessant sind die Daten der *MAZ* und *SZ*: Während die *MAZ* eine Überschneidungsrate von 18,3 Prozent aufweist, liegt der Wert bei der *SZ* mit 43 Prozent sogar über dem Durchschnitt der Boulevardmedien (vgl. Abb. 33).

Dabei veröffentlichen die Boulevardmedien Artikel, die gedruckt und online verwendet werden, entweder am gleichen Tag in beiden Medien oder zuerst Online. In keinem Boulevardangebot erscheint ein Artikel einen Tag zuvor in der Printausgabe und wird dann in das Online-Angebot übernommen. Gleiches zeigt sich auch für die *MAZ*. Lediglich bei der *SZ* erscheint ein kleinerer Anteil an Artikeln (4,1 %) zuerst in der gedruckten Ausgabe.

Dennoch werden unterschiedliche Übernahmestrategien deutlich: Gemäß der Devise „Online First" stellt *Express* den Großteil (77,8 %) und die *B.Z.* sogar alle der zweitverwerteten Artikel zuerst ins Netz. *BILD* und *MAZ* veröffentlichen nahezu drei Viertel jener Artikel, die in Print und Online erscheinen, am gleichen Tag in beiden Medien (*BILD* 71,9 %, *MAZ* 74,2 %). Ein gutes Viertel erscheint zuerst Online. Für *tz* und *SZ* lässt sich keine eindeutige Strategie ausmachen.

Abbildung 33   Zweitverwendung/Überschneidung in der Untersuchungswoche (in Prozent); Basis: Gesamtanzahl aller aktuellen Wirtschaftsartikel Online pro Medium

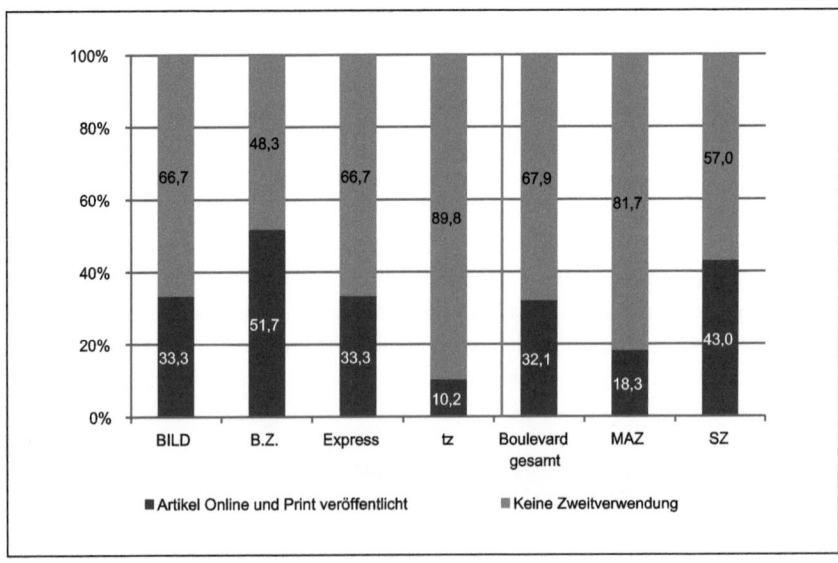

Abbildung 34 Veröffentlichung von zweitverwendeten Wirtschaftsartikeln (in Prozent); Basis: Gesamtanzahl aller zweitverwerteten Wirtschaftsartikel pro Medium

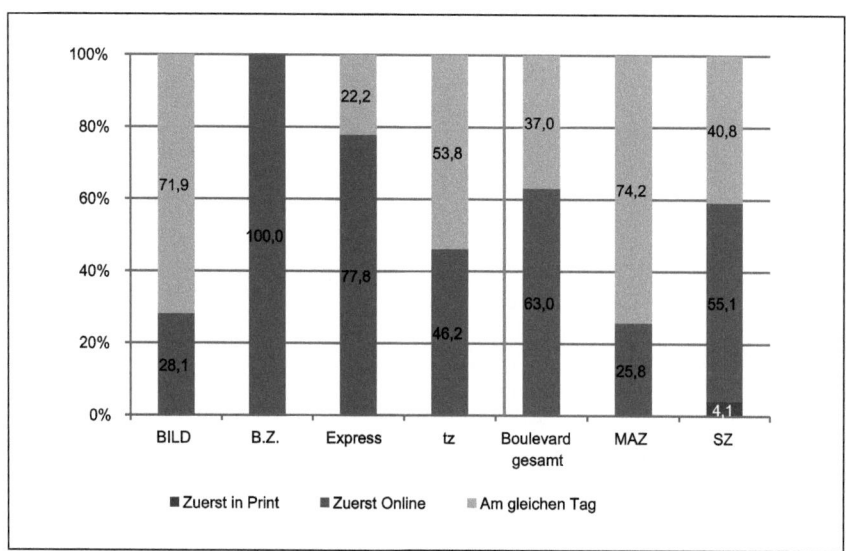

Grundsätzlich sind die Werte aber im Kontext niedriger Fallzahlen zu interpretieren, vor allen Dingen bei *B.Z., Express* und *tz.*

Bei den Boulevardmedien werden Artikel, die nicht am gleichen Tag in Zeitung wie Web erscheinen, mit einem Tag Verzögerung in der Printausgabe veröffentlicht. Bei *MAZ* und *SZ* erscheinen vereinzelt auch Artikel mit einem Zeitunterschied von zwei Tagen in beiden Medien (*MAZ* 3,2 %, *SZ* 2,0 %).

Abbildung 35 veranschaulicht den Übereinstimmungsgrad der sowohl in der Printwie der Onlineberichterstattung erscheinenden Wirtschaftsartikel. Der Großteil der Artikel wird über alle Boulevardangebote hinweg nahezu identisch noch einmal publiziert. Bei den Boulevardmedien sind dies im Durchschnitt 77,5 Prozent, wobei die Einzelwerte pro Mediun stark schwanken: Während die *tz* alle zweitverwendeten Artikel zu 100 Prozent nahezu identisch übernimmt, werden bei *Express* 22,2 Prozent und bei der *B.Z.* 26,7 Prozent in abgeänderter Form übernommen.

Dieser Anteil ist innerhalb der Boulevardmedien bei der *BILD* am größten. Dort werden 40,7 Prozent der Wirtschaftsartikel noch einmal überarbeitet. Für die *MAZ* und *SZ* ergeben sich ähnliche Werte, wobei die *MAZ* den Großteil ihrer

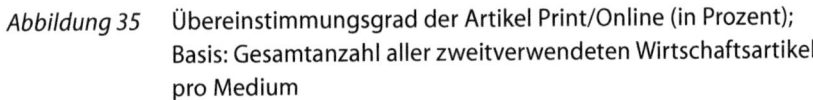

Abbildung 35   Übereinstimmungsgrad der Artikel Print/Online (in Prozent);
Basis: Gesamtanzahl aller zweitverwendeten Wirtschaftsartikel
pro Medium

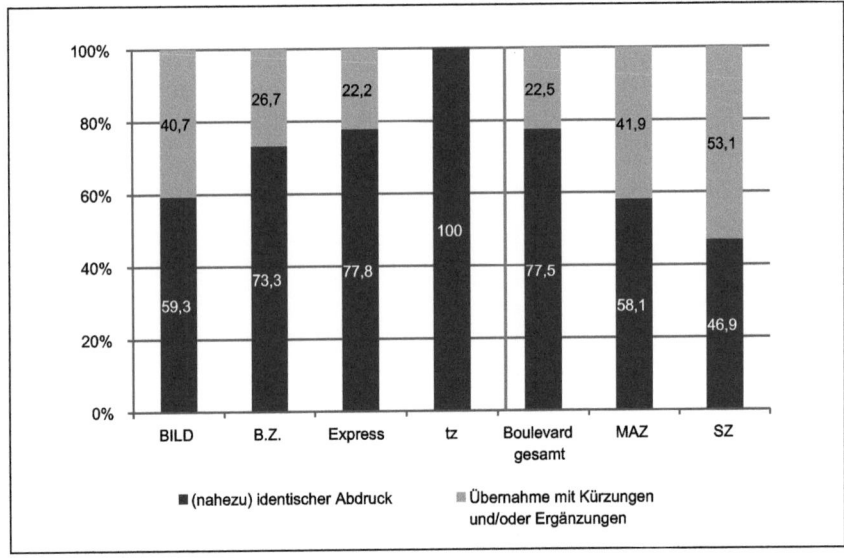

zweitverwendeten Artikel dennoch unverändert lässt (58,1 %), während die *SZ* als
einziges Medium über die Hälfte der Artikel (53,1 %), die in Print und Online erscheinen, noch einmal überarbeitet (vgl. Abb. 35).

Bei der Analyse der Überschriften (Abbildung 36) zeigt sich mit Ausnahme
von *B.Z.* und *tz* ein ähnliches Bild wie zuvor. Vor allem bei der *B.Z.* werden die
Überschriften der Texte weit häufiger geändert als die Artikel selbst. Somit sind
20 Prozent der zweitverwendeten Wirtschaftsartikel mit der identischen Überschrift versehen, während der Großteil (60 %) abgeändert wird oder eine komplett
andere Überschrift erhält (20 %). Auch die *tz*, die bei den zweitverwendeten Artikeln, keine Änderungen vornimmt, bearbeitet in gut 30 Prozent der Fälle dennoch
die Überschrift und verändert diese zumeist sogar komplett.

Neben der *B.Z.* weisen vor allem die *BILD* mit 50 Prozent und die *SZ* mit
59,2 Prozent einen vergleichsweise hohen Anteil an geänderten Überschriften auf.
Eine ähnliche Verteilung zeigt sich bei der *MAZ*. Der höchste Anteil an komplett
neuen Überschriften findet sich bei der *SZ* mit 46,9 Prozent, was bei den Boulevardmedien im Durchschnitt weniger als halb so oft vorkommt (19,8 %).

Abbildung 36 Übernahme der Überschrift (in Prozent); Basis: Gesamtanzahl aller zweitverwerteter Wirtschaftsartikel pro Medium

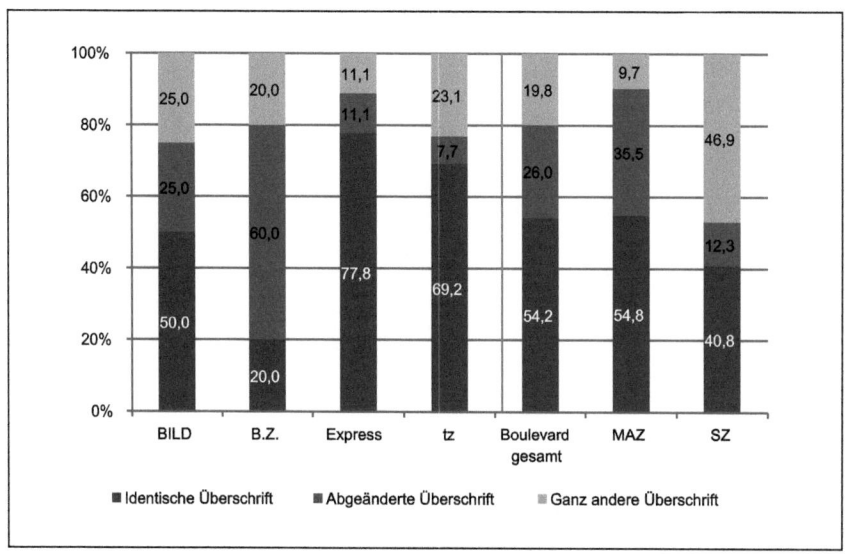

5 Wirtschaftsberichterstattung der Boulevardpresse

5.1 Zentrale Befunde

In einem ersten Schritt sollen die zentralen Befunde der drei empirischen Teilstudien (Strukturanalyse, Kommunikatorstudie, Inhaltsanalyse) unter Berücksichtigung des Forschungsstands zusammengefasst werden.

Der Markt der Boulevardzeitungen ist in Deutschland primär regional und insgesamt übersichtlich strukturiert: Acht Titel erscheinen täglich, *BILD* allerdings mit 28 Regional- und einer Bundesausgabe. Mit dem Axel Springer Verlag (Marktanteil rund 80 %) und der Verlagsgruppe M. DuMontSchauberg (8,5 %) dominieren zwei Verlagsgruppen den Gesamtmarkt; beide bieten gleich mehrere Boulevardblätter an. Lokale Konkurrenz ist vor allem in Berlin und München mit jeweils drei Angeboten zu beobachten.

Die wirtschaftspublizistische Bedeutung der Boulevardpresse speist sich aus zwei Quellen: der Publikumsreichweite und der Thematisierungsleistung. Die Publikumsreichweite von über 14 Millionen täglichen Lesern (bei einer Auflage von über 3,8 Mio.) ist beachtlich; hinzu kommt, dass Boulevardzeitungen auch Menschen erreichen, die weder die Wirtschaftsteile der überregionalen Qualitätszeitungen noch die Wirtschaftsfachpresse nutzen und die insgesamt ein eher unterdurchschnittliches Interesse an Wirtschaftsthemen haben. Vergleichbares gilt für die sieben korrespondierenden Online-Angebote, ganz besonders für die überregionale *BILD* mit dem Marktführer *Bild.de.*

Die Thematisierungsleistung der Boulevardblätter drückt sich zunächst im Umfang ihrer Wirtschaftsberichterstattung aus. Die Inhaltsanalyse zeigt, dass Wirtschaftsthemen auch bei einer breiten Definition und einschließlich des Ratgeberjournalismus in den Boulevardblättern ein deutlich geringeres absolutes und relatives Gewicht besitzen als in den Abonnementzeitungen. Das gilt auch, wenn man berücksichtigt, dass der Flächenanteil der Werbung bei den Boulevardzeitungen mit knapp einem Drittel des Gesamtumfangs höher ausfällt und man nur die Nettofläche der journalistischen Berichterstattung vergleicht. Die *Süddeutsche*

Zeitung räumt der Wirtschaft täglich fast zehn Seiten, also rund ein Drittel ihrer Gesamtberichterstattung (Nettoumfang ohne Werbung) ein, die Boulevardzeitungen im Durchschnitt hingegen nur 11,5 Prozent, was etwas mehr als zwei Seiten des Gesamtumfangs (einschließlich Werbung) entspricht. Die regionale Abonnementzeitung bewegt sich mit knapp 19 Prozent (ca. 3,5 Seiten) im Mittelfeld. Die Befunde decken sich mit der Einschätzung der befragten Redakteure, die der Wirtschaftsberichterstattung insgesamt im Boulevard, vor allem bei den lokalen und regionalen Zeitungen, eine eher untergeordnete aber wachsende Bedeutung zuschreiben.

Allerdings liegt die *tz*, die über ein eigenes Wirtschaftsresort verfügt, mit 14,5 Prozent nicht weit unter der regionalen Abonnementzeitung. Und für die übrigen Boulevardzeitungen gilt, zwei bis drei Seiten tägliche Wirtschaftsberichterstattung sind mehr als nur einige „zwischen die allgemeinen Nachrichten eingestreute kurze Wirtschaftsmeldungen" im „Telegrammstil", wie Röper (1969: 206) konstatiert hatte. Ein ähnliches Bild ergibt sich, wenn man statt der Fläche die Häufigkeit von Wirtschaftsberichten betrachtet: Immerhin jeder zehnte Boulevardartikel behandelt Wirtschaftsthemen. Bei den Boulevardzeitungen *tz*, *Express* und *BILD* sind die Chancen für Wirtschaftsthemen, auf die Titelseite zu gelangen sogar deutlich höher als bei der *SZ* und der regionalen *MAZ*: Rund ein Viertel der Wirtschaftsartikel wurden bei *BILD* und *Express* auf Seite eins platziert, bei der *Süddeutschen Zeitung* waren es lediglich acht Prozent.

Die Wirtschaftberichterstattung erfolgt in den Boulevardredaktionen typischerweise ressortübergreifend als „Querschnittsthema": Wirtschaft wird gemeinsam mit Politik bearbeitet, eigenständige Wirtschaftsressorts sind für die Boulevardpresse hingegen nicht typisch (Ausnahme: *tz*). Diese Befunde der Kommunikatorbefragung spiegeln sich in der Inhaltsanalyse: Im Durchschnitt ressortiert ein Fünftel der Wirtschaftsthemen unter Ratgeberrubriken, bei der *B.Z.* sind es sogar 38 Prozent; bei der *SZ* hingegen nur 3,4 Prozent. Umgekehrt werden über 70 Prozent der Wirtschaftsthemen bei der *Süddeutschen Zeitung* auf den Wirtschafts- und Politikseiten abgehandelt, bei den Boulevardblättern ist es nur ein Fünftel. Ähnlich hoch wie bei der regionalen Abonnementzeitung *Märkische Allgemeine* ist das Gewicht des Lokalressorts für die Wirtschaftsberichterstattung bei den regionalen Boulevardzeitungen: *MAZ* und *tz* weisen fast identische Werte auf, insgesamt laufen ein Fünftel der Wirtschaftsthemen bei den Boulevardblättern „lokal", bei der *MAZ* sind es 28 Prozent.

Gattungstypisch orientieren sich die Wirtschaftsjournalisten der Boulevardpresse damit ganz bewusst an der Lebenswelt der Leser und stellen den alltagspraktischen Nutzwert sowie die lokale Betroffenheit als Verbraucher oder

Arbeitnehmer in den Mittelpunkt. Strukturell schlägt sich dies in verbraucherorientierten Service- und Ratgeber-Kategorien zu den Themen „Geld" oder „Finanzen" nieder, in denen boulevardtypische Wirtschaftsberichterstattung stattfindet. Bei der *B.Z.* gibt es sogar ein eigenes Ratgeberressort, das auch nutzwertorientierte Wirtschaftsberichterstattung leistet. Die Publikumsorientierung der Boulevardjournalisten drückt sich also in Form einer Nutzwertorientierung aus, die medienspezifisch interpretiert wird: Die *B.Z.* betont die Rolle des Verbrauchers, wenn sie mit 26,4 Prozent der Beiträge Konsum- und Freizeitangebote thematisiert, der *Express* hingegen die Rolle des Arbeitnehmers, denn sein inhaltlicher Schwerpunkt liegt mit über 35 Prozent aller Wirtschaftsartikel bei Arbeitswelt und Karriere. Die Zuschreibung persönlicher Relevanz ist bei diesen beiden Boulevardblättern typisch für die Thematisierung; der Leser wird in seinen individuellen, privaten Rollen (Konsument und Arbeitnehmer, ggf. auch Rentner oder Empfänger von Ersatzleistungen) adressiert. Alle anderen Zeitungen, egal ob Boulevard- oder Abonnementzeitung, betonen hingegen die gesellschaftliche Relevanz der Themen stärker, adressieren also eher den Bürger (Citoyen). Die regionalen Boulevardblätter, insbesondere *Express* und *B.Z.* setzen sehr stark auf praktische Leserberatung: Rund 40 Prozent der Artikel enthalten konkrete Beratungselemente bis hin zu direkten Kaufempfehlungen, die in 15 Prozent der beratenden *B.Z.*-Artikel vorkommen. Der *Express* weist zusätzlich vor allem auf Servicetelefone, die *B.Z.* auf Websites hin.

Vor dem Hintergrund des Geschäftsmodells der Boulevardpresse, die auf täglichen Einzelverkauf setzt, liegt diese Nutzwertstrategie nahe. Die beiden regionalen Boulevardblätter *B.Z.* und *Express* haben außerdem gemeinsam, dass sie im Unterschied zu allen anderen analysierten Zeitungen Themen nur halb so häufig (15,5 bzw. 16,5 % der Fälle) als politisch kontrovers oder problematisch rahmen („Framing"). Beide Blätter folgen insofern dem Generalanzeiger-Konzept, während *BILD* und *tz* wie die Abozeitungen klassischen Nachrichtenfaktoren und Präsentationsschemata des Journalismus folgen.

Die typische Unternehmens- und Finanzmarktberichterstattung, die in der überregionalen Qualitätspresse eine große Rolle spielt, gilt hingegen als uninteressant für das Boulevardpublikum. Die Boulevardjournalisten betreiben sie nur dann, wenn es einen unmittelbaren lokalen Bezug zum Verbreitungsgebiet oder einen emotionalen Bezug zur Lebenswelt („Love Brands") gibt. Die Inhaltsanalyse weist allerdings durchaus ansehnliche Werte aus: Mit Ausnahme des *Express* liegt der Anteil der Unternehmensberichterstattung bei der Boulevardpresse bei 20 Prozent oder darüber; gleichwohl aber deutlich geringer als bei der Regionalzeitung (38,5 %) und der überregionalen Qualitätszeitung mir rund 35 Prozent.

Die regionalen Boulevardredaktionen streben nicht an, die gesamte thematische Breite der Wirtschaftsthemen im Blatt darzustellen. Wirtschaftspolitische Themen werden tendenziell als konflikthaltige – und damit leichter personalisierbare und emotionalisierbare – Politikthemen abgehandelt; sie spielen in den Redaktionen der Qualitätspresse und der überregionalen *BILD* eine größere Rolle.

Bezogen auf unseren Untersuchungszeitraum (23. bis 28. Mai 2011) werden die Unterschiede anhand der Berichterstattung über einen Prüfbericht des Kartellamtes zu den Benzinpreisen anschaulich: Zwar konnten die Leser aller untersuchten Zeitungen etwas hierüber erfahren, allerdings in unterschiedlichem Maße und in unterschiedlicher Form: Gemessen am Gesamtumfang ihrer Wirtschaftsberichterstattung findet sich viel in *BILD, Express und t.z.*, aber vergleichsweise wenig in der *Süddeutsche Zeitung*. Während die regionale Abozeitung *MAZ* nüchtern titelt „Oligopol beherrscht den Tankstellenmarkt", ist bei der *SZ* erkennbar negativ konnotiert die Rede vom „Preisdiktat der Ölkonzerne". Die *tz* beschreibt in einem ausführlichen Beitrag inklusive Infografik auf Seite 2, wie „die Öl-Multis den Spritpreis hochtreiben." In *BILD* liest man darüber sogar auf der Titelseite, allerdings nur in einem 16-zeiligen Zweispalter über die „Benzinpreis-Abzocke" durch „Öl-Multis.". Auch die *B.Z.* wählt die bekannte Formel von der „Abzocke an den Tankstellen" in einer sieben Zeilen kurzen Nachricht auf Seite 3, und unter Bezugnahme auf das konzerneigene Schwestermedium *BILD* am Sonntag als Quelle. Auch beim *Express* geht es um die „Abzocke", allerdings in einem Vierspalter auf Seite 2.

Ganz anders als bei populären Verbraucherthemen sieht das *BILD* bei unternehmensbezogenen Nachrichten aus: So erfuhren die Leser der Boulevardpresse (mit Ausnahme der *tz*) praktisch nichts über die Probleme der Commerzbank, während die *Süddeutsche Zeitung* hierüber sechsmal berichtete. Auch bei der Griechenlandkrise, dem G 8-Gipfel und der EZB-Direktorennachfolge, also den großen wirtschaftspolitischen Themen dieser Maiwoche liegen die Qualitätszeitungen klar vor den Boulevardzeitungen, mit Ausnahme von *BILD*, die sich sehr intensiv der Griechenlandkrise widmet. Boulevardtypisch wurde in unserer Untersuchungswoche auch ein Vulkanausbruch genutzt, um die wirtschaftlichen Folgen für Europa zu thematisieren; alle Boulevardblätter – allen voran *BILD* – verfolgten diese Strategie vergleichsweise (gemessen am Stellenwert in ihrer gesamten Wirtschaftsberichterstattung) intensiver als die *Süddeutsche Zeitung*.

Der inhaltsanalytische Blick auf die Themenstruktur der Wirtschaftsberichterstattung zeigt eine Dreiteilung: Die größten Gemeinsamkeiten weisen *SZ* und *MAZ* auf der einen Seite sowie *Express* und *B.Z.* auf der anderen Seite auf, während *BILD* und *tz* einander ähneln und sich stärker von den beiden anderen Boulevard-, als von den Abonnementzeitungen unterscheiden: Die beiden Abozeitungen behandeln die gesamte Breite der Wirtschaftsthemen, ihr Schwerpunkt liegt auf dem allgemeinen Wirtschaftsgeschehen sowie auf Branchen und Unternehmen. *BILD* und *tz* erreichen beim allgemeinen Wirtschaftsgeschehen etwas höhere Werte als die Abozeitungen, beim relativen Gewicht der Finanzberichterstattung liegt die *tz* fast gleichauf mit der *SZ*. Dies ist vermutlich ein Effekt des eigenen Wirtschaftsressorts, der hohen Bedeutung von Wirtschaftsthemen im Lokalen sowie der Kooperation mit der Abozeitung *Münchner Merkur*. Bei *B.Z.* und *Express* wird das allgemeine Wirtschaftsgeschehen meist kurz auf der Meldungsebene abgehandelt.

Die personelle Ausstattung mit Wirtschaftsredakteuren unterscheidet sich nicht nur wie erwartet aufgrund der Auflagenhöhe, sondern gattungsspezifisch: Die auflagenstarke *BILD* beschäftigt drei bis vier Wirtschaftsredakteure in der Zentralredaktion der Bundesausgabe, die *Süddeutsche Zeitung* 22 hauptberufliche Wirtschaftsjournalisten. Die regionalen Boulevardblätter arbeiten mit zwei bis fünf Wirtschaftsredakteuren bzw. festen Freien, die neben Politik- auch Wirtschaftsthemen bearbeiten; die regionale Abonnementzeitung (mit einer etwas geringeren Auflage) leistet sich sechs Wirtschaftsjournalisten. Vor diesem Hintergrund liegt es nahe, dass der thematische Spezialisierungsgrad der Wirtschaftsjournalisten in den Boulevardzeitungen eher gering, bei den Abonnement- bzw. Qualitätszeitungen hingegen ausgeprägter ist. Ökonomische Sach- und Fachkunde sowie journalistische Vermittlungskompetenzen gelten in den Redaktionen als entscheidende Qualifikationen; ein wirtschaftswissenschaftliches Studium ist hingegen trotz der zu beobachtenden allgemeinen Akademisierung auch des Boulevardjournalismus keine Berufsvoraussetzung.

Wie erwartet greifen alle Redaktionen bei den Wirtschaftsthemen auf Nachrichtenagenturen zurück; allerdings zu unterschiedlichen Zwecken: Der überregionalen *BILD* dienen sie als Quelle für den aktuellen Überblick, der *Süddeutschen Zeitung* als Ausgangspunkt und Korrektiv eigener Recherchen (im Sinne einer zweiten unabhängigen Quelle). Mit 31,4 Prozent *(MAZ)* bzw. 23,2 Prozent *(SZ)* sind Nachrichtenagenturen wichtige Quellen der Berichterstattung, die jedoch bei den Boulevardzeitungen mit durchschnittlich drei Prozent eine geringere Rolle zu spielen scheinen. Allerdings muss man hierbei das Problem mangelnder Quellentransparenz in Rechung stellen, das bei den Boulevardzeitungen besonders ausgeprägt ist: In rund 60 Prozent der Boulevardartikel bleiben Quellen und Urheber ungenannt, bei der regionalen Abozeitung sind es 12, bei der *SZ* nur rund acht Prozent.

Auch hinsichtlich der Quellen stimmen die Ergebnisse von Kommunikatorbefragung und Inhaltsanalyse überein: Während sogenannte Social Media (Blogs,

Facebook, Twitter etc.) praktisch keine Relevanz besitzen, nutzen alle Redakteure Onlinequellen. Hierbei spielen die Websites anderer (Wirtschafts-)Medien, von Ministerien und Behörden sowie von Forschungsinstituten eine Rolle. Als Leitmedien gelten nach Redakteursangaben zudem die Printausgaben von *Frankfurter Allgemeiner* sowie *Süddeutscher Zeitung*, der Wirtschaftszeitungen *Handelsblatt* und *Financial Times Deutschland* sowie *Der Spiegel*; internationale Medien spielen bei den Boulevardblättern keine Rolle. Als Quellen in den eigenen Artikeln werden die anderen Medien häufig in der Boulevardpresse zitiert: Sofern überhaupt Quellenangaben gedruckt werden, handelt es sich bei über 19 Prozent um ein anderes Medium; ein Wert, der nur noch von Parteien und politischen Institutionen (36,7 %) übertroffen wird. Bei knapp zehn Prozent der *SZ*-Quellen und bei nur 5,7 Prozent der *MAZ*-Quellen handelt es sich um andere Medien.

Interviewpartner spielen für die Boulevardredakteure nicht nur die Rolle von fachkundigen Quellen, sie dienen als Protagonisten und Darstellungsmittel für Expertise und Meinung, liefern Sach- und Fachwissen ebenso wie glaubwürdige Zitate. Als journalistische Stil- und Darstellungsform spielt das Interview jedoch bei *BILD*, *B.Z.* und *Express* gemäß der Inhaltsanalyse kaum eine Rolle. Die gattungstypische Meinungsfreude der Boulevardpresse drückt sich eher in einzelnen Zitaten und in zahlreichen Gastkolumnen aus, aber nicht in besonders häufigen Kommentaren: Meinungsartikel finden sich weitaus häufiger bei der *SZ* (11,4 %) und der *Märkischen Allgemeinen* (7,8 %) als bei den Boulevardzeitungen (5,1 %). Die „subjektive" Stilform der Reportage pflegt hingegen der *Express*; über acht Prozent der Wirtschaftsartikel sind Reportagen, während der Boulevarddurchschnitt bei vier Prozent und die Werte für die anderen Pressebeispiele noch darunter liegen. Die formale und inhaltliche Analyse zeichnet insgesamt ein differenzierteres Bild „des Boulevards": Die *tz* gleicht den Qualitätszeitungen eher als den anderen Boulevardblättern, was die Verteilung der journalistischen Stilformen betrifft. Möglicherweise ist auch dies die Folge der Ressortstruktur und der Kooperation mit dem *Münchner Merkur*.

Während Pressemitteilungen von Unternehmen aus Sicht der Redakteure einen geringen Stellenwert einnehmen, werden solche von Verbänden und Forschungsinstituten häufig verwendet. Diese Einschätzungen der Kommunikatoren spiegeln sich in den Befunden der Inhaltsanalyse nur teilweise wieder: Der Anteil der Unternehmensquellen liegt für die Boulevardpresse mit knapp zwölf Prozent nicht weit vom Wert für Verbände (13,2 %) entfernt. Deutlich wird dafür aber, dass die Rolle der Unternehmens-PR bei den Vergleichsmedien mit 20 bis 25 Prozent deutlich höher liegt, während die Pressemitteilungen der Verbände bei der Qualitätspresse nur auf Werte zwischen sechs *(SZ)* und 7,4 Prozent *(MAZ)* kommen. Der

Hauptgrund für diese Unterschiede dürfte im Gewicht der Unternehmensberichterstattung liegen, dass bei den Boulevardblättern deutlich geringer ausfällt. Sie haben schlichtweg weniger Veranlassung, auf diesen Quellentyp zurückzugreifen. Die Bedeutung eigener Recherche hängt von den verfügbaren Redaktionsressourcen und dem Anspruch auf Themenexklusivität (oder gar Investigation) im Wirtschaftsressort ab. Wie Wirtschaftsjournalisten generell verstehen sich die Boulevardredaktionen weniger als Kritiker denn als neutrale Informationsvermittler mit dem Anspruch, die Komplexität zu reduzieren und allgemeinverständlich für ein Laienpublikum zu schreiben. Dies wird als zentrale boulevardspezifische Aufgabe und Leistung begriffen, und zu diesem Zweck bedient man sich der Strategien der Emotionalisierung und – soweit dies sinnvoll ist – der maßvollen Personalisierung.

Personalisierung beschreibt hierbei in der Regel nicht wie in der politischen Publizistik die Fixierung auf prominente Elitepersonen, sondern gerade umgekehrt die Veranschaulichung an einem typischen betroffenen „Normalbürger" aus dem lokalen und lebensweltlichen Umfeld. Im Übrigen messen die Redakteure von *SZ* und *Märkischer Allgemeinen* der Personalisierung ebenfalls eine große Bedeutung bei. Personalisierung bewirkt bei ausreichender lebensweltlicher Nähe und Ähnlichkeit beim Leser Empathie und wirkt insofern als Mittel emotionalisierter Vermittlung. Die Inhaltsanalyse weist Emotionalisierungsmerkmale in der Wirtschaftsberichterstattung der Boulevardpresse ebenso deutlich nach wie Skandalisierungsaspekte: In jedem fünften Boulevardartikel sind beide Aspekte anzutreffen. Interessant ist, dass die unterhaltsame und verständliche Vermittlung komplexer ökonomischer Sachverhalte auch von der Redaktion der *Süddeutschen Zeitung* (unter dem Schlagwort „Wirtschaftsunterhaltung") angestrebt wird. Die Boulevardjournalisten attestieren der *SZ* hierin eine hohe Leistung und fast schon eine Vorbildfunktion. Die Inhaltsanalyse weist bei der *Süddeutschen Zeitung* und der *Märkischen Allgemeinen* eine entsprechende Emotionalisierung der Wirtschaftsberichterstattung nach, denn die Indikatoren sind mit 21 Prozent dort genauso häufig wie bei den Boulevardblättern anzutreffen. Die *B.Z.* setzt darüber hinaus auf eine Skandalisierung, wenn sie dem Thema Wirtschaftskriminalität deutlich mehr Raum in der Berichterstattung gibt als alle anderen Zeitungen. Am häufigsten bedient sich *BILD* der Emotionalisierungs- und Skandalisierungstechniken. Wie der Blick in die Zeitungen der von uns untersuchten Maiwoche zeigt, greift auch die Qualitätspresse durchaus Skandale auf: Über das Engagement von Prostituierten als „Incentive" für ERGO-Versicherungsmitarbeiter und die Folgen berichtete die *Süddeutsche Zeitung* viermal, *BILD* zweimal und die *tz* überhaupt nicht.

Alle Redakteure messen – wiederum gattungsübergreifend – Bildern und Infografiken einen hohen Stellenwert in der verständlichen und unterhaltsamen Vermittlung von Wirtschaftsthemen bei; gerne werden auch Beispielrechnungen verwendet. Tatsächlich fallen in der Inhaltsanalyse vor allem die hohen Werte von *B.Z.* und *tz* auf, die solche Darstellungsmittel weitaus häufiger als alle anderen Zeitungen einsetzen; beim *Express* und bei *BILD* spielen sie hingegen keine nennenswerte Rolle. Die Inhaltsanalyse bestätigt den hohen Stellenwert von Bildern: 44 Prozent aller Boulevard-Wirtschaftsartikel weisen mindestens ein Bild auf, ein hoher Prozentsatz sogar mehrere Bilder; hier liegen die Vergleichwerte für die Abozeitungen deutlich niedriger. Allerdings weisen die Boulevardzeitungen in einem Drittel der Fälle die Quellen der Bilder nicht nach, bei den Abozeitungen fehlen die Angaben nur bei zehn Prozent der Bilder. Die Boulevardbilder sind sehr konkret, bevorzugt geht es um Porträts von Personen, während Symbolbilder kaum Verwendung finden. Bei den Abozeitungen werden Symbolbilder zwei- bis dreimal so oft eingesetzt.

Die leicht verständliche Vermittlung von Wirtschaftswissen und die Ansprache der Leser als Verbraucher, Arbeitnehmer und Steuerzahler zielen bei den regionalen Boulevardblättern primär auf eine handlungsbezogene Entscheidungshilfe und die individuelle Meinungsbildung. Die überregionalen Blätter *BILD* und *SZ* zielen darüber hinaus auf die aktive Mitgestaltung der öffentlichen Meinung. Den Redaktionen ist durchaus bewusst, dass ihre Texte von Entscheidern und Meinungsführern in Politik und Wirtschaft nicht nur gelesen, sondern ernst genommen werden.

Ressortstrukturen, Personalausstattung und Spezialisierung sind in den Onlineredaktionen der Boulevard-Websites noch geringer ausgeprägt als in den Zeitungsredaktionen. Der Grund dürfte das Fehlen eines funktionsfähigen Geschäftsmodells und die Strategie der meisten Verlage sein, die Kosten stark zu begrenzen und das Web lediglich als Zweitverwertungs- und Marketingmedium einzusetzen. Mit Blick auf die soziodemographische Struktur des Publikums dürften Online-Angebote für die regionalen Zeitungen, insbesondere die Boulevardblätter von geringerer Bedeutung sein als für die Leserschaften von *Süddeutscher Zeitung* und der überregional agierenden *BILD-Zeitung*.

Koordination und Kooperation von Print- und Onlineredaktionen sind uneinheitlich organisiert: Bei den regionalen Boulevardblättern erscheint die Redaktionsebene, bei den überregionalen Zeitungen mit den größeren Redaktionen die Ressortebene entscheidend zu sein. Trotz räumlicher und zum Teil organisatorischer Integration in Gestalt von Newsrooms agieren die Onlineredakteure relativ autonom. Übernahmen aus der Printausgabe sind üblich; die Modalitäten (Umfänge, Zeitpunkte, Selektion und Freigaben, Optimierungen und Visualisierungen für das Web) variieren von Medium zu Medium. Zu den Printübernahmen kommen in hohem Maße aktuelle (und kostengünstige) Meldungen auf der Basis von Agenturmaterial. Die wirtschaftspublizistischen Profile der Websites gleichen den Muttermedien; eine Ausnahme bildet hier die umfangreiche Wirtschaftsberichterstattung auf *Bild.de.*

Während onlinespezifische Feedback-Kanäle aufgrund des hohen Personalaufwandes insbesondere bei den regionalen Blättern nur sehr begrenzt für den Dialog mit und unter den Nutzern eingesetzt werden, greifen alle Redaktionen auf das automatische Feedback der Webangebote zurück: Klickzahlen werden als Leserinteresse interpretiert und erlangen unmittelbaren Einfluss auf Follow-up-Stories und die künftige Themenselektion.

Die Online-Wirtschaftsberichterstattung bietet, bezogen auf die tagesaktuellen Beiträge, ein etwas anderes Bild als die Printberichterstattung: Am häufigsten sind Wirtschaftsartikel online bei der Regionalzeitung (30 %) vertreten, es folgt die überregionale Qualitätszeitung, bei der jeder fünfte Online-Beitrag die Wirtschaft betrifft. Dem gegenüber ist nur jeder achte Onlineartikel in den Boulevardangeboten ein Wirtschaftsbeitrag (12,5 %). Auf den Startseiten macht der Anteil von Wirtschaftsthemen an der Gesamtberichterstattung bei den Boulevardwebsites im Durchschnitt gut 11 Prozent aus, bei den beiden Abonnementzeitungen sind es rund 18 Prozent. *Bild.de* kommt mit knapp 15 Prozent dabei dem Wert der Abozeitungen recht nahe. Im Vergleich zu den Printprodukten werden Wirtschaftsthemen demnach von den Boulevardmedien überproportional, von der *Süddeutschen Zeitung* hingegen in geringerem Maße online präsentiert. Gleichwohl gilt: Wirtschaftsthemen spielen bei den Qualitätsmedien eine insgesamt größere Rolle: Sie sind doppelt so häufig auf den Websites zu finden und doppelt so häufig prominent auf den Startseiten präsentiert wie bei den Boulevard-Sites. Allerdings fungieren Wirtschaftsbeiträge bei den Boulevard-Sites deutlich öfter als Page-Aufmacher, während dies bei *maerkischeallgemeine.de* kaum und bei *sueddeutsche.de* selten zu beobachten ist.

Die Wirtschaftsangebote der Boulevard-Websites und von *maerkischeallgemeine.de* bestehen zu einem deutlich höheren Teil aus tagesaktuellen Artikeln, während *sueddeutsche.de* den nicht-tagesaktuellen Berichten im Gesamtangebot wie auf den Startseiten mehr Raum gibt. Mehr Raum gibt diese Website auch den einzelnen Beiträgen: es dominieren die Beiträge mit mehr als 600 Wörtern (34 %), die bei den Boulevardangeboten nur 6,5 Prozent ausmachen. Bezogen auf die Artikelumfänge gleichen sich die Boulevard- und das Regionalzeitungsangebot weitgehend. Wie bei den Printausgaben besitzen Wirtschaftsthemen online im Boulevard relativ höhere Chancen auf eine prominente Platzierung (Startseite). Die übrige Ressortverteilung ist aus strukturellen Gründen kaum vergleichbar, unterscheidet sich aber erkennbar von der „Printlogik": So fällt auf, dass *B.Z.* und *Express* wenige Wirtschaftsthemen in den Online-Ratgeberrubriken platzieren. Auch die lokale Rubrizierung erscheint etwas weniger ausgeprägt, während sie bei der Website der *Märkischen Allgemeinen* weiterhin profilbildend wirkt.

Bezogen auf die journalistischen Genres dominieren Berichte und Kurznachrichten, bei den Boulevard-Sites ebenso wie bei *sueddeutsche.de*; *maerkischeallgemeine.de* und *Bild.de* sind Kurznachrichten doppelt so häufig wie bei allen anderen Websites. Boulevardspezifisch sind online vor allem Tabellen und Grafiken stärker vertreten.

Bei der Transparenz der Urheberschaft wiederholt sich das aus den Printangeboten bekannte Muster; die Quellentransparenz und -vielfalt der Online-Angebote ist insgesamt schwächer und die Unterschiede zwischen Qualitäts- und Boulevardangeboten verschwinden weitgehend. Agenturmaterial dominiert das Online-Angebot der *MAZ* deutlich stärker als in der Zeitung, wozu vermutlich die eingebundenen *dpa-* und *Dow Jones*-Newsfeeds beitragen. Bei den Boulevardmedien gewinnen die Unternehmen als Quellen online an Gewicht, während die Verbände verlieren. In der Folge liegt der Anteil der Unternehmensberichterstattung bei den Boulevardmedien online höher als in den Zeitungen. Während das Themenprofil der meisten Angebote insgesamt erhalten bleibt, setzt *Express.de* auffallend weniger auf das Themenfeld Arbeitswelt und Karriere (3,7 % Online vs. 35,1 % Print).

Die Onlineangebote der Boulevardpresse „framen" Themen auffallend häufiger als politisch oder gesellschaftlich kontrovers als ihre gedruckten Muttermedien, aber auch als die Websites der Abozeitungen. Online betonen die Boulevardanbieter die persönliche Relevanz der Wirtschaftsthemen schwächer als in den Zeitungen und es werden häufiger internationale Bezüge hergestellt. Sämtliche Boulevardspezifika, von Emotionalisierung und Skandalisierung über Spekulation und Negativismus bis hin zu Personalisierung und mangelnder Trennung von Meinung und Nachricht, sind online schwächer ausgeprägt als in den Boulevardzeitungen. Sie bleiben als Profil im Vergleich mit den Abozeitungen aber noch klar erkennbar, wobei hier erneut die *sueddeutsche.de* einen hohen Emotionalisierungsfaktor aufweist.

Von der medienspezifischen Möglichkeit, auf andere Websites zu verlinken, machen alle Pressewebsites wenig Gebrauch; am häufigsten verweist *maerkischeallgemeine.de* auf andere Angebote (6,5 %), die Boulevardanbieter im Schnitt nur

bei 2,6 Prozent der Beiträge (*sueddeutsche.de*: 1,8 %). Auch die Visualisierung der
Online-Berichterstattung ist auffällig: Insgesamt werden Bilder online häufiger als
im Druck eingesetzt und die Anzahl der Bilder für die einzelnen Artikel steigt
deutlich an, weil auf der Website genügend Platz ist. Als Zusatzinformationen
sind Videos – mit Ausnahme von *Bild.de* – im Boulevardsegment praktisch nicht
vorhanden, werden aber von der Regionalzeitung extensiv genutzt. Fotostrecken
hingegen sind bei den Boulevardangeboten sehr verbreitet: Ein Viertel der Angebote wird damit illustriert; bei *sueddeutsche.de* sind es 14 Prozent.

Durchschnittlich ein Drittel aller Wirtschaftsbeiträge wird innerhalb der
Untersuchungswoche zweimal verwendet, auf der Website und in der Zeitung.
Besonders ausgeprägt ist die Zweitverwendung bei der *B.Z.* mit 51,7 Prozent; besonders gering bei der *tz* mit lediglich 10,2 Prozent und *MAZ* 18,3 Prozent. *Sued-
deutsche.de* nutzt die Zweitverwendung besonders intensiv für Bearbeitungen,
nämlich für Ergänzungen sowie Kürzungen (53,1 %). In über der Hälfte der Zweit-
verwendungen werden zudem die Überschriften geändert (59,2 %), während der
Bearbeitungsgrad bei den Boulevardangeboten im Durchschnitt weitaus geringer
ausfällt.

5.2   Schlussfolgerungen

Die Boulevardpresse erfüllt in Deutschland eine spezifische wirtschaftspublizisti-
sche Funktion, denn sie thematisiert Wirtschaftsfragen in einem nennenswerten
Umfang, vergleichsweise häufig prominent platziert und erreicht damit ein großes
Laienpublikum.

Das Segment der Boulevardpresse bedarf einer weiteren Differenzierung, wie
die großen Unterschiede zwischen den lokalen Boulevardzeitungen *B.Z.* und *Express*, der überregionalen *BILD* und der *tz* zeigen, die in manchen strukturellen,
organisatorischen und inhaltlichen Gesichtspunkten stärker den Qualitätszeitungen gleichen. Gerade der Vergleich der „Unvergleichlichen" zeigt, dass eine
schlichte Dichotomisierung von Boulevard- vs. Qualitätszeitung zu kurz greift;
die sich in unserem Sample bei einigen Kriterien abzeichnende Dreiteilung (*B.Z.* +
Express; *tz* + *MAZ*, *SZ* + *BILD*) weist auf die Notwendigkeit weiterer Differenzie-
rungen hin.

Für die regionalen Boulevardzeitungen, insbesondere für *B.Z.* und *Express* gilt:
Die Wirtschaftsberichterstattung folgt einer „Logik des Boulevards", die sich wie
folgt skizzieren lässt: Themenselektion und -präsentation orientieren sich an der
Lebenswelt der Leser, die in ihren privaten Rollen als Verbraucher, Arbeitneh-

mer, Leistungsbezieher adressiert werden. Lokale Betroffenheit und persönliche Relevanz sowie unmittelbarer alltagspraktischer Nutzwert stehen im Vordergrund – und weniger die öffentliche Meinungsbildung zu wirtschaftspolitischen Kontroversen und Problemen oder die Kritik an Fehlentwicklungen. Die boulevardspezifische Kommentar- und Meinungsfreudigkeit tritt dem gegenüber bei Wirtschaftsthemen zurück; die (regionalen) Boulevardzeitungen folgen insofern dem Generalanzeigerkonzept: Praktischer Nutzwert, konsumfreudiges Umfeld und Vermeidung kontroverser Politisierung passen gut zum Geschäftsmodell der Straßenverkaufszeitungen. Für den Käufer liegt hier im Gegensatz zum Abonnement eine unmittelbare Kosten-Nutzen-Rechnung viel näher; für die Anzeigenkunden liegen die Vorteile dieses Konzeptes auf der Hand. Die Lokalausrichtung der drei großstädtischen Boulevardblätter erreicht dabei aber nicht den Grad der regionalen Abonnementzeitung, die in höherem Maße „Heimatzeitung" ist.

Die Ziele und Formen der Vermittlung von Wirtschaftsinformationen sind boulevardtypisch, aber nicht boulevardexklusiv: Verständlichkeit, Anschaulichkeit, Unterhaltsamkeit stehen bei der Boulevardpresse im Vordergrund, werden aber ebenso von den untersuchten Abonnementzeitungen angestrebt. Die typischen Mittel der Boulevardpresse sind einfache Sprache, kurze Beiträge, extensive Visualisierung sowie die Strategien der Emotionalisierung und eine spezifische Form der Personalisierung. Diese setzt nicht auf prominente Elitepersonen, sondern auf Beispielpersonen, die dem Leser sozial vergleichbar sind und Identifikation oder Empathie nahe legen. Auch die Vermittlung von komplexem Sachwissen durch Experten ist eine gebräuchliche Form der Personalisierung. Hinzu kommen in unterschiedlichem Maße Skandalisierung und Sensationalisierung. Allerdings vermuten wir hier geringere Werte als in anderen Ressorts, etwa der Politik. Boulevardspezifisch ist das weitgehende Fehlen eines klar definierten singulären Wirtschaftsressorts: Wirtschaft ist ein Querschnittsthema, das im Durchschnitt zu annähernd gleichen Teilen in Ratgeber-, Lokal- und im aktuellen Politik- und Nachrichtenteil behandelt wird.

Es lässt sich ein klarer Zusammenhang zwischen redaktioneller Struktur und Organisation sowie der publizistischen Strategie einerseits sowie Umfang und Form der Wirtschaftsberichterstattung andererseits erkennen: Ein eigenständiges Wirtschaftsressort wirkt sich demnach positiv auf den Umfang und die Häufigkeit der Wirtschaftsberichterstattung aus. Vor dem Hintergrund der Auflösung von (klassischen) Ressorts und der Etablierung von Newsrooms erscheint uns dieser Befund alles andere als banal.

Die Onlineredaktionen und -angebote der Boulevardpresse sind vergleichsweise ressourcenschwach und sehr heterogen strukturiert. Das spricht für eine hohe Dynamik und zeigt, dass hier die Institutionalisierung noch nicht sehr weit vorangeschritten ist: Ressorteinteilungen, Spezialisierungen, Koordination und Kooperation mit den Zeitungsredaktionen sind unterschiedlich organisiert und folgen aufgrund des fehlenden Geschäftsmodells eher Kosten- als Qualitätsgesichtspunkten. Einige webspezifische Möglichkeiten werden erst ansatzweise genutzt, zum Beispiel die interne und externe Mehrfachverlinkung oder die multimediale Aufbereitung. Die wirtschaftspublizistischen Profile der Websites gleichen im Grunde den Muttermedien, werden aber nivelliert: Alle untersuchten Websites gleichen sich untereinander stärker als die Zeitungen, und das gilt tendenziell sogar gattungsübergreifend. Hierzu passt, dass sämtliche Boulevardmerkmale im Web weniger ausgeprägt sind. Eine mögliche Ursache hierfür ist der geringere Stellenwert der Wirtschaftsberichterstattung auf den Websites der Boulevardmedien.

Die Wirtschaftsberichterstattung besitzt online ein relativ höheres Gewicht als in den Zeitungen; beeindruckend ist dieser Unterschied vor allem bei *BILD* bzw. *Bild.de*. Die Websites speisen sich stärker aus aktuellen Agenturmaterial; in den Onlineredaktionen wird tendenziell stärker Nachrichtenjournalismus durch Generalisten betrieben. Einen höheren Stellenwert nimmt online die Unternehmens- und Branchenberichterstattung ein. Es wird eher auf gesamtgesellschaftliche Relevanz und auf internationale Ereigniskontexte Bezug genommen, während die Nutzwert-Profile der Boulevardzeitungen weitaus weniger ausgeprägt sind. Dies bestätigen die von uns befragten Kommunikatoren, wenn sie signifikante Unterschiede zwischen den Zielgruppen der Online- und Printangebote unterstellen.

Einige der in der bisherigen Forschung dokumentierten Qualitätsunterschiede prägen auch die Wirtschaftsberichterstattung der Boulevardpresse: mangelnde Quellentransparenz, begrenzte Quellenzahl, Vermischung von Nachricht und Kommentar sowie weniger Eigenrecherche.

5.3 Ausblick

Insgesamt hat sich aus unserer Sicht das Mehrmethodendesign und der „Vergleich von Äpfeln und Birnen", also der Blick auf eine regionale und eine überregionale Abonnementzeitung, für eine erste Bestandsaufnahme bewährt: Zum einen konnten wir an vielen Stellen die Ergebnisse der Kommunikatorbefragung anhand der Befunde der Inhaltsanalyse prüfen und umgekehrt aus den Interviews hypothetische Erklärungen der inhaltsanalytischen Ergebnisse gewinnen. Zum anderen erwies sich die Strukturanalyse nicht nur als notwendige Vorstudie für das Sampling beziehungsweise die Rekrutierung, sondern als hilfreiche Interpretationsfolie. Erst der Vergleich mit einer regionalen Abonnementzeitung und einer überregionalen Qualitätszeitung ermöglicht es, die Besonderheiten der Boulevardmedien zu verstehen. Die hier begonnene Differenzierung nach Strukturmerkmalen wie Verbreitungsgebiet, Auflagenhöhe usw. kann und sollte weiter vertieft werden, um unzulässigen Verallgemeinerungen (etwa nach dem Modell BILD als Prototyp der Boulevardpresse) und übereilten Bewertungen vorzubeugen.

Allerdings sehen wir eine Reihe lohnender Ergänzungen und Erweiterungen: Aus methodologischer Sicht hat sich unser inhaltsanalytisches Instrument bei den Zeitungen insgesamt bewährt, was sich beispielsweise in den hohen Reliabilitätswerten ausdrückt. Die Übertragung auf das Online-Angebot erfordert spezifische Anpassungen und stößt gleichwohl an ihre Grenzen. Schwierigkeiten bereiten z. B. die Identifikation der Grundgesamtheit ebenso wie die Festlegung eines Messzeitpunktes, da es sich um ein kontinuierlich aktualisiertes dynamisches Medium handelt. Ferner plädieren wir für eine weitere Differenzierung der auch in anderen Inhaltsanalysen gebräuchlichen Kategorie „allgemeines Wirtschaftsgeschehen", um die tatsächliche Vielfalt der Themen besser zu erfassen.

Um die „Logik des Boulevards" besser zu verstehen und detaillierter zu beschreiben, erscheinen zudem qualitative Inhaltsanalysen sinnvoll. Die Stilmittel, Erzählstrategien (Plots und Scripts), thematischen Rahmen (Frames), das Zusammenwirken von Text, Bild und Grafik könnten durch eine solche Tiefenanalyse noch besser erkannt werden. Das Problem der angemessenen Erfassung tritt bei den Onlineangeboten der Boulevardpresse verstärkt auf, weil diese oft aus kleinteiligen, animierten und nicht eindeutig definierten Elementen bestehen.

Aus theoretischer Sicht gilt: Die Wirtschaftsberichterstattung im Web, aber auch in den gedruckten Zeitungen unterliegt nach den Aussagen der Kommunikatoren einem Wandel, der mithilfe einer inhaltsanalytischen Zeitreihe erforscht werden sollte. Parallel dazu sollte die Befragung der Kommunikatoren wiederholt stattfinden (Paneldesign).

Neben einen diachronen sollte der synchrone Vergleich treten, und zwar der mit anderen Ressorts, insbesondere dem Politikressort. Es ließe sich dann besser erkennen, ob und wie die „Logik des Boulevards" wirtschaftsspezifisch wirkt, ob also mehr oder weniger personalisiert, emotionalisiert und skandalisiert wird oder ob der Umgang mit Quellen und Stilformen sich bei „Wirtschaft" ganz anders verhält als in den anderen Berichterstattungsfeldern. Aufschlussreich wären hierbei auch ergänzende Redaktionsbeobachtungen.

Besonders interessant und wichtig wäre es, nicht nur die Kommunikatorenseite und die Medieninhalte zu erforschen, sondern die Rezipienten zu berücksichtigen. Es geht also um die Erhebung der Mediennutzung, die Frage der Glaubwürdigkeit gerade bei Boulevardmedien und letztlich um deren Medienwirkung: Wie ernst nehmen die Leser die Ratschläge der Boulevardpresse? Wird ihr Verhalten, werden ihre Entscheidungen als Konsument, Arbeitnehmer oder Steuerzahler tatsächlich durch die Wirtschaftsberichterstattung beeinflusst oder bietet die Boulevardpresse nur folgenlose Unterhaltung?

Literatur

Ag.ma (2010): [Arbeitsgemeinschaft Media-Analyse e. V.] Media Analyse 2010. Online verfügbar unter: http://www.agma-mmc.de/ [10.08.2011]

Arlt, Hans-Jürgen/Storz, Wolfgang (2010): Wirtschaftsjournalismus in der Krise. Zum
massenmedialen Umgang mit Finanzmarktpolitik. Frankfurt am Main: Otto-
Brenner-Stiftung.

Arlt, Hans-Jürgen/Storz, Volker (2011): Drucksache „Bild" – Eine Marke und ihre Mägde.
Die „Bild"-Darstellung der Griechenland- und Eurokrise 2010. Eine Studie der Otto
Brenner Stiftung. Frankfurt am Main 2011: Otto Brenner Stiftung.

Arnold, Klaus (2009): Qualitätsjournalismus. Die Zeitung und ihr Publikum. Konstanz:
UVK.

AWA (2011): [Allensbacher Markt- und Werbeträger-Analyse] Online verfügbar unter:
http://www.awa-online.de/ [10.08.2011].

Axel Springer Verlag (Hrsg.) (1966). Qualitative Analyse der BILD-Zeitung. Hamburg:
Axel Springer Verlag.

Axel Springer Verlag (2011a): Grundsätze und Leitlinien. Online verfügbar unter: http://
www.axelspringer.de/chronik/cw_chronik_jahrzehnt_de_85842.html [18.04.2011].

Axel Springer Verlag (2011b): Chronik. Online verfügbar unter: http://www.axelspringer.
de/chronik/cw_chronik_jahrzehnt_de_85842.html [18.04.2011].

Axel Springer Verlag (2011c): BILD. RedaktionellesKonzept. Online verfügbarunter : http://
www.axelspringer-mediapilot.de/portrait/BILD-BILD_671014.html [18.04.2011].

BDZV (2011): Zeitungen 2011/12. Berlin: BDZV.

Beck, Klaus et al. (2007): Wirtschaftsberichterstattung in den Programmen von n-tv, N 24
und Bloomberg TV. Studie im Auftrag der Arbeitsgemeinschaft der Landesmedien-
anstalten (gemeinsam mit House of Research Berlin).

Beck, Klaus/Amann, Rolf (2008): Investoren handeln auf eigenes Risiko. Aktienkurse
können steigen oder fallen. Zur Qualität der Finanzberatung in der Wirtschaftsberichterstattung privater Spartenkanäle. *Zeitschrift für Kommunikationsökologie und
Medienethik (10) 1/2008, S. 57–72.*

Beck, Klaus/Dogruel, Leyla/Reineck, Dennis (2009): Online-Wirtschaftsjournalismus.
Studie im Auftrage der Deutschen Industrie- und Handelskammern e. V. für den
Ernst-Schneider-Preis. Berlin: Freie Universität Berlin.

Berliner Zeitung (1995): „Mitteldeutscher Express wird eingestellt". Online verfügbar unter: http://www.berlinonline.de/berliner-zeitung/archiv/.bin/dump.fcgi/1995/0331/
none/0252/index.html [28.04.2011].

Bird, Elizabeth (2000): Audience Demands in a Murderous Market: Tabloidization in U.S.
Television News. In: Sparks, Colin/Tulloch, John (Hrsg.): Tabloid Tales. Global De-
bates over Media Standards. Lanham u. a.: Rowman& Littlefield.

Bruck, Markus et al. (2011): Im Namen des Volkes. *Der Spiegel 9/2010 (28. 02. 2011)*, S. 132 ff. online verfügbar unter: http://www.spiegel.de/spiegel/print/d-77222662.html [11. 08. 2011]

Bruck, Peter A./Stocker, Günther (1996): Die ganz normale Vielfältigkeit des Lesens. Zur Rezeption von Boulevardzeitungen. Münster: Lit.

Büscher, Hartmut (1996): Emotionalität in Schlagzeilen der Boulevardpresse. Theoretische und empirische Studien zum emotionalen Wirkungspotenzial von Schlagzeilen der BILD-Zeitung im Assoziationsbereich „Tod". Frankfurt am Main: Peter Lang.

Dernbach, Beatrice (2010): Die Vielfalt des Fachjournalismus. Eine systematische Einführung. Wiesbaden: VS Verlag.

Deuze, Mark (2003): The Web and its Journalisms: Considering the Consequences of Different Types of Newsmedia Online. *New Media & Society (5) 2/2003*, S. 203–230.

Dogruel, Leyla/Reineck, Dennis/Beck, Klaus (2010): Wirtschaft Online: Zweitverwertung oder publizistischer Mehrwert? Eine Analyse aus Kommunikatorsicht. *Publizistik (55), 3/2010*, S. 231–251.

Donsbach, Wolfgang/Büttner, Katrin (2005): Boulevardisierungstrend in deutschen Fernsehnachrichten. Darstellungsmerkmale der Politikberichterstattung vor den Bundestagswahlen 1983, 1990 und 1998. *Publizistik (50) 1/2005*, S. 21–38.

Donsbach, Wolfgang (1982): Legitimationsprobleme des Journalismus. Gesellschaftliche Rolle der Massenmedien und berufliche Einstellung von Journalisten. Freiburg/Breisgau: Alber.

Dörner, Andreas (2001): Politainment. Politik in der medialen Erlebnisgesellschaft. Frankfurt: Fischer.

Dulinski, Ulrike (2003): Sensationsjournalismus in Deutschland. Konstanz: UVK.

Eimeren, Birgit van/Frees, Beate (2010): Fast 50 Millionen Deutsche online – Multimedia für alle? Ergebnisse der ARD/ZDF-Onlinestudie 2010. *Media Perspektiven 7-8/2010*, S. 334–349.

Esser, Frank (1999): Tabloidization of news'. A comparative analysis of Anglo-American and German press journalism. *European Journal of Communication (14) 3/1999*, S. 291–324.

Fög (2010): Qualität der Medien. Schweiz. Basel: Schwabe.

Frankenfeld, Alfred (1969): Typologie der Zeitung. In: Dovifat, Emil (Hrsg.): Handbuch der Publizistik. Bd. 3 Praktische Publizistik, 2. Teil. Berlin: de Gruyter, S. 153–160.

Friedmann, Anneliese (o. J.): Editorial. Online verfügbar unter: http://www.abendzeitung. de/verlag/editorial [07. 04. 2011].

Friedrichsen, Mike (1992): Wirtschaft im Fernsehen. Eine theoretische und empirische Analyse der Wirtschaftsberichterstattung im Fernsehen. München: R. Fischer.

Frieler, Felix (2011): Qualität auf dem Boulevard – Journalistische Ansprüche an Kaufzeitungen in Deutschland. Freie Universität Berlin [Unveröffentlichte Masterarbeit].

Glotz, Peter/Langenbucher, Wolfgang R. (1969): Der mißachtete Leser. Zur Kritik der deutschen Presse. Köln: Kiepenheuer & Witsch.

Heinrich, Jürgen/Moss, Christoph (2006): Wirtschaftsjournalistik. Grundlagen und Praxis. Wiesbaden: VS Verlag.

Hagen, Lutz M. (2005): Konjunkturnachrichten, Konjunkturklima und Konjunktur. Wie sich die Wirtschaftsberichterstattung der Massenmedien, Stimmungen der Bevölkerung und die aktuelle Wirtschaftslage wechselseitig beeinflussen – eine transaktionale Analyse. Köln: Halem.

Heinrich, Jürgen (1990): Wirtschaftsberichterstattung in lokalen und regionalen Tageszeitungen. *Media Perspektiven 12/1990: S. 775–784.*

Heinrich, Jürgen (1991): Zur Kritik der Wirtschaftsberichterstattung. Ursachen und Konsequenzen. *Publizistik (36) 2/1991: S. 217–226.*

Hilgert, Ingeborg/Stuckmann, Heinz D.(1991): Medien und Märkte. In: Ruß-Mohl, Stephan/Stuckmann, Heinz D. (Hrsg.): Wirtschaftsjournalismus. Ein Handbuch für Ausbildung und Praxis. München: List, S. 14–41.

Hübner, Bernhard (2010): Die Münchner Boulevardkämpfe. *Medium Magazin 04-05/2010, S. 30–31.*

Imhof, Kurt/Schranz, Mario (2010): Lemminge statt Wachhunde. *Die Wochenzeitung, 01. April 2010, S. 1.*

IVW (2011): [Informationsgemeinschaft zur Feststellung der Verbreitung von Werbeträgern e. V.] Werbeträgerkontrolle. Online verfügbar unter: http://www.ivw.de/ [10. 08. 2011].

Kepplinger, Hans Mathias/Ehmig, Simon Christine (2002): Alltägliche Skandale: eine repräsentative Analyse regionaler Fälle. Konstanz: UVK.

Kirchhoff, Sabine/Krämer, Walter (2010): Presse in der Krise. Wiesbaden: VS Verlag.

Klingemann, Hans-Dieter/Klingemann, Ute (1983): „Bild" im Urteil der Bevölkerung. Materialien zu einer vernachlässigten Perspektive. *In: Publizistik (28) 4/1983, S. 239–259.*

Köcher, Renate (1990): Weniger missionarisch. Kompetenz und politische Einstellung von Wirtschaftsjournalisten. In: Kalt, Gero (Hrsg.): Wirtschaft in den Medien. Defizite, Chancen und Grenzen; eine kritische Bestandsaufnahme. Frankfurt am Main: IMK Institut für Medienentwicklung und Kommunikation, S. 277–293.

Koschnik, Wolfgang J. (2009): Boulevardpresse: In: Medialexikon. Online verfügbar unter: http://www.medialine.de/deutsch/wissen/medialexikon.php?snr=900 [10. 07. 2011].

Koszyk, Kurt/Pruys, Karl Hugo (Hrsg.) (1973): Wörterbuch zur Publizistik. München: dtv.

Kroll, Jens M. (2009): Taschenbuch Wirtschaftspresse. Seefeld/Obb: Kroll Verlag.

Kroll, Jens M. (2011): Taschenbuch Wirtschaftspresse 2011/2012. Online verfügbar unter: http://www.kroll-verlag.de [15. 07. 2011].

Krüger, Udo Michael (1985): „Soft news" – kommerzielle Alternative zum Nachrichtenangebot öffentlich-rechtlicher Rundfunkanstalten. SAT1, RTL plus, ARD und ZDF im Vergleich. *Media Perspektiven 6/1985, S. 479–490.*

Landmeier, Christine/Daschmann, Gregor (2011): Im Seichten kann man nicht ertrinken? Boulevardisierung in der überregionalen deutschen Qualitätspresse. In: Blum et al. (Hrsg.): Krise der Leuchttürme öffentlicher Kommunikation. Wiesbaden: VS Verlag, S. 177–191.

Lünenborg, Margreth (Hrsg.) (2006): Politik auf dem Boulevard. Die Neuordnung der Geschlechter in der Politik der Mediengesellschaft. Bielefeld: transcript.

Lünenborg, Margreth/Berghofer, Simon (2010): Politikjournalismus im Wandel. Merkmale, Einstellungen & Perspektiven deutscher Politikjournalisten angesichts aktueller Entwicklungen im Berufsfeld. *Fachjournalist 3/2010, S. 17–25.*

Mast, Claudia (2003): Wirtschaftsjournalismus. Grundlagen und neue Konzepte. 2. völlig überarbeitete und aktualisierte Auflage. Wiesbaden: Westdeutscher Verlag.

Mast, Claudia/Spachmann, Klaus (2005): Reformen in Deutschland. Wege einer besseren Verständigung zwischen Wirtschaft und Gesellschaft. Wiesbaden: VS Verlag.

Mediencity (2009): Münchner AZ last sich von Süddeutscher Zeitung helfen. Online verfügbar unter: http://www.mediencity.de/Muenchner-AZ-laesst-sich-von-Sueddeutscher-Zeitung.5884.0.2.html [07.04.2011].

Mehlen, Matthias (1999): Die Online-Redaktionen deutscher Tageszeitungen. Ergebnisse einer Befragung von Projektleitern. In: Neuberger, Christoph/Tonnemacher, Jan (Hrsg.): Online – Die Zukunft der Zeitung? Das Engagement deutscher Tageszeitungen im Internet. Opladen: Westdeutscher Verlag, S. 88–123.

Meuser, Michael/Nagel Ulrike (2009): Das Experteninterview – konzeptionelle Grundlagen und methodische Anlage. In: Pickelet, Susanne et al. (Hrsg.): Methoden der vergleichenden Politik- und Sozialwissenschaft. Neue Entwicklungen und Anwendungen. Wiesbaden: VS Verlag, S. 465–479.

Meyen, Michael/Riesmeyer, Claudia (2009): Diktatur des Publikums. Journalisten in Deutschland. Konstanz: UVK.

Meyer, Kathrin (2005): Crossmediale Kooperation von Print- und Online-Redaktionen bei Tageszeitungen in Deutschland. Grundlagen, Bestandsaufnahme und Perspektiven. München: Herbert Utz Verlag.

Moss, Christoph (2009): Den „einen" Wirtschaftsjournalismus gibt es nicht. Spezialisierung vom crossmedialen Alleskönner bis zum Konjunkturexperten. In: Dernbach, Beatrice/Quandt, Thorsten (Hrsg.): Spezialisierung im Journalismus. Wiesbaden: VS Verlag, S. 149–155.

Neuberger, Christoph (1999): Nachrichten-Recycling oder Online-Journalismus? Print- und Onlineversion von Tageszeitungen im Vergleich. In: Neuberger, Christoph/Tonnemacher, Jan (Hrsg.): Online – Die Zukunft der Zeitung? Das Engagement deutscher Tageszeitungen im Internet. Opladen: Westdeutscher Verlag, S. 242–264.

Neuberger, Christoph (2000): Journalismus im Internet: Auf dem Weg zur Eigenständigkeit? Media Perspektiven, 7/2000, S. 310–318.

Neuberger, Christoph/Nuernbergk, Christian/Rischke, Melanie (2009): Crossmedialität oder Ablösung? Anbieterbefragung I: Journalismus im Übergang von den traditionellen Massenmedien ins Internet. In: Neuberger, Christoph/Nuernbergk, Christian/Rischke, Melanie (Hrsg.): Journalismus im Internet: Profession – Partizipation – Technisierung. Wiesbaden: VS Verlag, S. 231–268.

Neuberger, Christoph/Quandt, Thorsten (2010): Internet-Journalismus: Vom traditionellen Gatekeeping zum partizipativen Journalismus? In: Schweiger, Wolfgang/Beck, Klaus (Hrsg.): Handbuch Onlinekommunikation. Wiesbaden: VS Verlag, S. 59–80.

Nussberger, Ulrich (1984): Das Pressewesen zwischen Geist und Kommerz: Konstanz: UVK.

Pavlik, John (2001): Journalism and New Media. New York: Columbia University Press.

PMG Presse-Monitor (2011): PMG Zitate-Ranking. Ergebnisse 2010 im Überblick. Online verfügbar unter: http://www.pressemonitor.de/fileadmin/assets/pageNews/Zitateranking_Ergebnisse_2010/Jahres-Ranking%202010%20Stand050111.pdf [02.02.2011].

Posewang, Wolfgang (1982): Verbraucherinformation in der Tageszeitung. Universität Bremen [Diss.].

Pürer, Heinz; Raabe, Johannes (2007): Presse in Deutschland. Stuttgart: UTB.

Quandt, Thorsten (2008): Neues Medium, alter Journalismus? Eine vergleichende Inhaltsanalyse tagesaktueller Print- und Online-Nachrichtenangebote. In: Quandt, Thorsten/Schweiger Wolfgang (Hrsg.): Journalismus online – Partizipation oder Profession? Wiesbaden: VS Verlag, S. 131–155.

Quandt, Thorsten/Singer, Jane (2009): Convergence and cross-platform content production. In: Wahl-Jorgensen, Karin/Hanitzsch, Thomas (Hrsg.): Handbook of journalism studies. New York: Routledge, S. 130–144.

Raabe, Johannes (2006): Boulevardpresse. In: Bentele, Günter/Brosius, Hans-Bernd/Jarren, Otfried (Hrsg.): Lexikon Kommunikations- und Medienwissenschaft. Wiesbaden: VS Verlag, S. 26.

Reinemann, Carsten (2008): „Guter Boulevard ist immer auch außerparlamentarische Opposition" Bild und andere Tageszeitungen als politische Akteure am Beispiel Hartz IV. In: Pfetsch, Barbara/Adam, Silke (Hrsg.): Massenmedien als Akteure im politischen Prozess. Konzepte und Analysen. Wiesbaden: VS-Verlag, S. 196–224.

Röper, Burkhardt (1969): Der Wirtschaftsteil (Systematisch und historisch). In: Dovifat, Emil (Hrsg.): Handbuch der Publizistik. Bd. 3 Praktische Publizistik, 2. Teil, Berlin: de Gruyter, S. 202–209.

Röper, Horst (2010): Rangverschiebungen unter den größten Verlagen. Daten zur Konzentration der Tagespresse in der Bundesrepublik Deutschland im I. Quartal 2010. *Media Perspektiven 5/2010, S. 218–234.*

Ruß-Mohl, Stephan (1991): Wirtschaftsjournalismus. Ein Handbuch für Ausbildung und Praxis. München, Leipzig: List.

Sachs, Gerd (1980): Unternehmen im Spiegel der Presse. München: Florentz.

Saxer, Ulrich (2007): Politik als Unterhaltung, Zum Wandel politischer Öffentlichkeit in der Mediengesellschaft. Konstanz: UVK.

Saxer, Ulrich/Bonfadelli, Heinz/Hättenschwiler, Walter/Schanne, Michael (1979): 20 Jahre Blick. Analyse einer schweizerischen Boulevardzeitung. Zürich: Publizistisches Seminar der Universität Zürich.

Scheufele, Bertram/Haas, Alexander (2008): Medien und Aktien. Theoretische und empirische Modellierung der Rolle der Berichterstattung für das Börsengeschehen. Wiesbaden: VS Verlag.

Schirmer, Stefan (2001): Die Titelseiten-Aufmacher der BILD-Zeitung im Wandel. Eine Inhaltsanalyse unter Berücksichtigung der journalistischen Qualität. München: R. Fischer.

Schneider, Beate/Schönbach, Klaus/Stürzebecher, Dieter (1993): Westdeutsche Journalisten im Vergleich – jung, professionell und mit Spaß an der Arbeit. *Publizistik (38) 1/1993, S. 5–30.*

Scholl, Armin/Renger, Rudi/Blöbaum, Bernd (Hrsg.) (2007): Journalismus und Unterhaltung. Theoretische Ansätze und empirische Befunde. Wiesbaden: VS Verlag.

Schröter, Detlef (1986): Qualität im Journalismus. Universität München [Diss.].

Schröter, Detlef (1995): Qualität und Journalismus. Theoretische und praktische Grundlagen journalistischen Handelns. München: R. Fischer.

Spachmann, Klaus (2005): Wirtschaftsjournalismus in der Presse. Theorie und Empirie. Konstanz: UVK.

Stark, Birgit/Kraus, Daniela (2008): Crossmediale Strategien überregionaler Tageszeitungen. Empirische Studie am Beispiel des Pressemarkts in Österreich. *Media Perspektiven 6/2008: 307–317.*

Wallraff, Günter (1977): Der Aufmacher. Der Mann, der bei Bild Hans Esser war. Köln: Kiepenheuer & Witsch.

Wallraff, Günter (1983): Vorwort. In: Berger, Frank (Hrsg.): Wenn BILD lügt – kämpft dagegen. Essen: Klartext-Verlag, S. 5–7.

Weischenberg, Siegfried/Malik, Maja/Scholl, Armin (2006): Die Souffleure der Mediengesellschaft. Report über die Journalisten in Deutschland. Konstanz: UVK.

Wersig, Gernot/Held, Barbara/Simeon, Thomas (1991): Neue Vielfalt am Kiosk? Eine systematische vergleichende Inhaltsanalyse von Super!, BILD-Zeitung und Kurier. Berlin: Fachbereich Kommunikationswissenschaften der Freien Universität Berlin [Projektbericht].

Verzeichnis der Tabellen

Tabelle 1   Boulevardzeitungen in Deutschland
            mit Regionalausgaben 20

Tabelle 2   Auflagen-, Verkaufs- und Reichweitenzahlen
            deutscher Boulevardzeitungen 21

Tabelle 3   Soziodemographische Zusammensetzung der Leser von
            Boulevardzeitungen 26

Tabelle 4   Zugriffszahlen der Online-Angebote
            von Boulevardzeitungen 29

Tabelle 5   Boulevardzeitungen in Deutschland 30

Tabelle 6   Strukturanalyse der Internetangebote 40

Tabelle 7   Redaktionelle Ressourcen der Printangebote 48

Tabelle 8   Redaktionelle Ressourcen der Online-Angebote 49

Tabelle 9   Differenzierung des Wirtschaftsjournalismus 59

Tabelle 10 Befragte der Kommunikatorstudie 66

Tabelle 11 Inhaltsanalysen der Wirtschaftsberichterstattung
            in der deutschen Tagespresse 104

Tabelle 12 Inhaltsanalysen der Boulevardpresse in Deutschland
            mit Befunden zu Wirtschaftsberichterstattung 113

Tabelle 13 Wirtschaftsberichterstattung in Boulevardzeitungen 115

Tabelle 14 Flächenanteile 125

Tabelle 15 Flächenanteil Wirtschaftsberichterstattung
            an Gesamtberichterstattung 126

Tabelle 16 Wirtschaftsartikel auf Seite 1 127

Tabelle 17 Wirtschaftsberichterstattung nach Genre/Stilform 128

Tabelle 18 Boulevardmerkmale 137

Tabelle 19 Content-Anteile im Durchschnitt pro Startseite 143

Tabelle 20 Anteil der Wirtschaftsartikel an der Gesamtberichterstattung
            auf Startseiten 144

Tabelle 21 Boulevardmerkmale Online 158

Verzeichnis der Abbildungen

Abbildung 1   Interesse der Bevölkerung
an Wirtschaftsthemen 2007 bis 2010 11
Abbildung 2   Sozialstruktur der Gesamtbevölkerung in Deutschland,
der Leser von Kaufzeitungen und der *Süddeutschen
Zeitung* 2010 25
Abbildung 3   Leserinteresse an Wirtschaftsthemen
und -fragestellungen 28
Abbildung 4   Zahl der Online-Angebote von Zeitungen
in Deutschland 28
Abbildung 5   Bedeutung von Quellen 62
Abbildung 6   Angebotsformen für Wirtschaftsinformationen
in den Medien 110
Abbildung 7   Flächenanteile pro Zeitungsausgabe 124
Abbildung 8   Transparenz der Urheberschaft (in Prozent); Basis:
Gesamtanzahl aller Wirtschaftsartikel pro Medium 129
Abbildung 9   Anzahl Quellen im Artikel 130
Abbildung 10   Themenfelder der Wirtschaftsberichterstattung 131
Abbildung 11   Aufmachung des Themas 133
Abbildung 12   Hergestellte Relevanz 134
Abbildung 13   Räumlicher Bezug/Ereignisort 135
Abbildung 14   Wirtschaftsberichterstattung mit Beratung 138
Abbildung 15   Verweise auf weitere Artikel zum Thema 139
Abbildung 16   Wirtschaftsberichterstattung mit Bildern 140
Abbildung 17   Quellentransparenz bei Bildern 141
Abbildung 18   Anteil aktueller Wirtschaftsartikel auf Webseiten 145
Abbildung 19   Länge der Wirtschaftsartikel 146
Abbildung 20   Wirtschaftsberichterstattung nach Ressort 147
Abbildung 21   Aufmacher/Platzierung
der Wirtschaftsberichterstattung 148
Abbildung 22   Wirtschaftsberichterstattung nach Genre/Stilform 149
Abbildung 23   Transparenz der Urheberschaft 151
Abbildung 24   Quellentransparenz im Artikel 152

Abbildung 25   Themenfelder der Wirtschaftsberichterstattung   153
Abbildung 26   Aufmachung des Themas   154
Abbildung 27   Hergestellte Relevanz   155
Abbildung 28   Räumlicher Bezug/Ereignisort   156
Abbildung 29   Wirtschaftsberichterstattung mit Beratung   159
Abbildung 30   Videos und Fotostrecken   160
Abbildung 31   Wirtschaftsberichterstattung mit Bildern   161
Abbildung 32   Wirtschaftsberichterstattung mit Grafiken/Tabellen   163
Abbildung 33   Zweitverwendung/Überschneidung
               in der Untersuchungswoche   164
Abbildung 34   Veröffentlichung von zweitverwendeten
               Wirtschaftsartikeln   165
Abbildung 35   Übereinstimmungsgrad der Artikel Print/Online   166
Abbildung 36   Übernahme der Überschrift   167

Anhang

Printberichterstattung

Tabelle 1   Wirtschaftsartikel pro Zeitung insgesamt II
Tabelle 2   Wirtschaftsberichterstattung nach Ressorts II
Tabelle 3   Quellen der Wirtschaftsberichterstattung III
Tabelle 4   Art der Beratung III
Tabelle 5   Motive der Fotos IV
Tabelle 6   Wirtschaftsberichterstattung mit Grafiken/Tabellen IV

Onlineberichterstattung

Tabelle 7   Anteil aktueller Wirtschaftsartikel auf Startseiten V
Tabelle 8   Anteil aktueller Wirtschaftsartikel auf allen Seiten V
Tabelle 9   Anteil der mehrfach verlinkten aktuellen
             Wirtschaftsartikel VI
Tabelle 10   Wirtschaftsartikel pro Onlineangebot VI
Tabelle 11   Quellen der Wirtschaftsberichtserstattung VII
Tabelle 12   Wirtschaftsartikel auf Startseiten nach Themenfeldern VIII
Tabelle 13   Art der Beratung VIII
Tabelle 14   Quellentransparenz bei Fotos IX
Tabelle 15   Motive der Fotos IX

Printberichterstattung

Tabelle 1   Wirtschaftsartikel pro Zeitung insgesamt (Häufigkeiten, Prozent)

		Häufigkeiten	Prozent
Medium	BILD Hamburg	104	10,9
	B.Z.	110	11,5
	Express	97	10,1
	tz	102	10,7
	MAZ	192	20,1
	SZ	352	36,8
	Gesamt	957	100,0

Basis: Gesamtanzahl aller Wirtschaftsartikel pro Medium

Tabelle 2   Wirtschaftsberichterstattung nach Ressorts (in Prozent)

	Medium	BILD	B.Z.	Express	tz	Boulevard Gesamt	MAZ	SZ
		(N = 104)	(N = 110)	(N = 97)	(N = 102)	(N = 413)	(N = 192)	(N = 352)
Ressorts	Seite 1	26,9	2,7	23,7	11,8	16,3	10,4	8,2
	Politik/Wirtschaft	13,5	19,1	21,6	30,4	21,2	50,5	72,7
	Lokales	18,3	19,1	17,5	28,4	20,8	28,1	0,9
	Ratgeber/Service	2,9	38,2	15,5	22,5	19,8	1,0	3,4
	Kultur/Medien/Feuilleton	0,0	8,2	0,0	2,9	2,8	0,5	2,6
	Nachrichten	0,0	2,7	10,3	0,0	3,3	0,0	0,0
	Panorama/Aus aller Welt	1,0	1,8	3,1	3,9	2,5	2,6	2,6
	Sonderseiten	0,0	0,0	0,0	0,0	0,0	0,0	3,7
	Meinung	1,9	7,3	8,2	0,0	4,4	0,0	1,7
	Sonstiges/nicht benannt	35,6	0,9	0,0	0,0	9,1	6,8	4,3
	Gesamt	100,0	100,0	100,0	100,0	100,0	100,0	100,0

Basis: Gesamtanzahl aller Wirtschaftsartikel pro Medium

Tabelle 3   Quellen der Wirtschaftsberichterstattung (in Prozent)

Medium	BILD	B.Z.	Express	tz	Boule-vard Gesamt	MAZ	SZ
	(n = 52)	(n = 70)	(n = 37)	(n = 66)	(n = 225)	(n = 175)	(n = 319)
Exklusivquelle	1,9	0,0	5,4	4,5	3,0	1,7	1,3
Nachrichten-agenturen	3,8	20,0	2,7	1,5	7,0	31,4	23,2
Anderes Medium	26,9	11,4	21,6	16,7	19,2	5,7	9,7
Unternehmen	5,8	20,0	8,1	13,6	11,9	20,0	25,7
Verbände	11,5	12,9	16,2	12,1	13,2	7,4	6,0
Politische Institutionen/ Parteien	40,4	32,9	29,7	43,9	36,7	28,6	23,8
Forschung/ Wissenschaft	7,7	2,9	16,2	4,5	7,8	3,4	6,3
Sonstige	1,9	0,0	0,0	3,0	1,2	1,7	4,1
Gesamt	100,0	100,0	100,0	100,0	100,0	100,0	100,0

Basis: Gesamtanzahl aller genannten Quellen in Wirtschaftsartikeln; Es wurden pro Artikel bis zu drei Quellen erfasst

Tabelle 4   Art der Beratung (in Prozent)

Medium		BILD	B.Z.	Express	tz	Boule-vard Gesamt	MAZ	SZ
		(n = 20)	(n = 47)	(n = 41)	(n = 31)	(n = 139)	(n = 25)	(n = 62)
Art der Beratung*	Service	90,0	80,9	75,6	93,5	85,0	100,0	91,9
	Verhaltens-empfehlung	15,0	38,3	43,9	25,8	30,8	12,0	19,4
	Kaufempfeh-lung	5,0	14,9	2,4	3,2	6,4	4,0	8,1

Basis: Gesamtanzahl aller Wirtschaftsartikel pro Medium, die mindestens beratende Elemente enthalten; Mehrfachnennungen möglich

*Hier aufgeführt, ob das jeweilige Beratungsmerkmal vorkommt

Tabelle 5   Motive der Fotos (in Prozent)

Medium		BILD	B.Z.	Express	tz	Boule-vard Gesamt	MAZ	SZ
		(n = 63)	(n = 65)	(n = 62)	(n = 81)	(n = 271)	(n = 72)	(n = 158)
Darstel-lungen Bilder	Personen	57,1	49,2	75,8	50,6	58,2	54,2	51,3
	Gebäude/ Bauwerke	7,9	20,0	3,2	22,2	13,3	18,1	10,1
	Produkte/ Konsumgüter	27,0	23,1	12,9	11,1	18,5	1,4	18,4
	Landschaft/ Natur	6,3	6,2	3,2	3,7	4,9	6,9	3,2
	Technik	0,0	0,0	1,6	0,0	0,4	4,2	3,2
	Fahrzeuge	0,0	0,0	0,0	1,2	0,3	13,9	3,2
	Geldscheine/ Preistafeln	1,6	0,0	0,0	7,4	2,3	1,4	2,5
	Sonstiges	0,0	1,5	3,2	3,7	2,1	0,0	8,2
	Gesamt	100,0	100,0	100,0	100,0	100,0	100,0	100,0

Basis: Gesamtanzahl aller Bilder in Wirtschaftsartikeln pro Medium; Es wurden pro Artikel bis zu drei Bilder erfasst

Tabelle 6   Wirtschaftsberichterstattung mit Grafiken/Tabellen (in Prozent)

Medium		BILD	B.Z.	Express	tz	Boule-vard Gesamt	MAZ	SZ
		(N = 104)	(N = 110)	(N = 97)	(N = 102)	(N = 413)	(N = 192)	(N = 352)
Grafiken/ Tabellen	Keine Grafik/ Tabelle	97,1	89,1	88,7	82,4	89,3	93,8	88,9
	Eine Grafik/ Tabelle	1,9	10,0	8,2	10,8	7,7	4,7	8,8
	Zwei Grafi-ken/ Tabellen	0,0	0,0	2,1	3,9	1,5	0,0	0,0
	Drei oder mehr Grafi-ken/ Tabellen	1,0	0,9	1,0	2,9	1,5	1,6	2,3
	Gesamt	100,0	100,0	100,0	100,0	100,0	100,0	100,0

Basis: Gesamtanzahl aller Wirtschaftsartikel pro Medium

Onlineberichterstattung

Tabelle 7   Anteil aktueller Wirtschaftsartikel auf Startseiten (in Prozent)

	Medium	BILD	B.Z.	Express	tz	Boule-vard Gesamt	MAZ	SZ
	Anzahl Artikel	(n = 72)	(n = 27)	(n = 18)	(n = 46)	(n = 163)	(n = 131)	(n = 95)
Wirt-schafts-berichter-stattung	Nicht aktuelle Wirtschaftsbe-richterstat-tung	22,2	29,6	5,6	6,5	17,2	19,8	47,4
	Aktuelle Wirtschafts-berichterstat-tung	77,8	70,4	94,4	93,6	82,8	80,2	52,6
	Gesamt	100,0	100,0	100,0	100,0	100,0	100,0	100,0

Basis: Gesamtanzahl aller Wirtschaftsartikel auf Startseiten pro Medium

Tabelle 8   Anteil aktueller Wirtschaftsartikel auf allen Seiten (in Prozent)

	Medium	BILD	B.Z.	Express	tz	Boule-vard Gesamt	MAZ	SZ
	Anzahl Artikel	(n = 376)	(n = 164)	(n = 83)	(n = 352)	(n = 975)	(n = 343)	(n = 909)
Wirt-schafts-berichter-stattung	Nicht aktuelle Wirtschaftsbe-richterstat-tung	56,6	57,9	45,8	40,6	50,1	23,6	79,8
	Aktuelle Wirtschafts-berichterstat-tung	43,4	42,1	54,2	59,4	49,9	76,4	20,2
	Gesamt	100,0	100,0	100,0	100,0	100,0	100,0	100,0

Basis: Gesamtanzahl aller Wirtschaftsartikel auf allen untersuchten Bereichsstartseiten und Startseiten pro Medium

Tabelle 9 Anteil der mehrfach verlinkten aktuellen Wirtschaftsartikel (in Prozent)

	Medium	BILD	B.Z.	Express	tz	Gesamt Boulevard	MAZ	SZ
	Anzahl	(n = 163)	(n = 69)	(n = 45)	(n = 209)	(n = 486)	(n = 253)	(n = 184)
Aktuelle Wirtschafts-berichter-stattung	Mehrfach verlinkt	41,1	58,0	40,0	38,8	42,1	33,2	38,0
	Keine Mehr-fachverlin-kung	58,9	42,0	60,0	61,2	57,9	66,8	62,0
	Gesamt	100,0	100,0	100,0	100,0	100,0	100,0	100,0

Basis: Gesamtanzahl aller aktuellen Wirtschaftsartikel und Wiederholungsartikel pro Medium

Tabelle 10 Wirtschaftsartikel pro Onlineangebot (Häufigkeiten, Prozent)

		Häufigkeiten	Prozent
Medium	Bild Hamburg	96	17,1
	B.Z.	29	5,2
	Express	27	4,8
	tz	128	22,7
	MAZ	169	30,0
	SZ	114	20,2
	Gesamt	563	100,0

Basis: Gesamtanzahl aller aktuellen Wirtschaftsartikel pro Medium

Tabelle 11   Quellen der Wirtschaftsberichterstattung (in Prozent)

Medium	BILD	B.Z.	Express	tz	Boule-vard Gesamt	MAZ	SZ
	(n=81)	(n=41)	(n=17)	(n=186)	(n=325)	(n=182)	(n=141)
Exklusivquelle	0,0	0,0	0,0	0,0	0,0	4,9	2,8
Nachrichten-agenturen	11,1	31,7	0,0	45,7	22,1	48,4	22,7
Anderes Me-dium	30,9	9,8	11,8	15,1	16,9	5,5	13,5
Unternehmen	21,0	19,5	17,6	10,2	17,1	12,1	16,3
Verbände	8,6	7,3	11,8	5,4	8,3	7,1	7,8
Politischer In-stitutionen/ Parteien	16,0	26,8	41,2	20,4	26,1	17,0	24,1
Forschung/ Wissenschaft	9,9	4,9	17,6	2,2	8,7	2,2	6,4
Sonstige	2,5	0,0	0,0	1,1	0,9	2,7	6,4
Gesamt	100,0	100,0	100,0	100,0	100,0	100,0	100,0

Basis: Gesamtanzahl aller genannten Quellen in aktuellen Wirtschaftsartikeln pro Medium; Es wurden pro Artikel bis zu drei Quellen erfasst

Tabelle 12   Wirtschaftsartikel auf Startseiten nach Themenfeldern (in Prozent)

	Medium	BILD	B.Z.	Express	tz	Boulevard Gesamt	MAZ	SZ
		(N = 52)	(N = 17)	(N = 17)	(N = 42)	(N = 128)	(N = 95)	(N = 45)
Themenfelder	Allgemeines Wirtschaftsgeschehen	33,3	11,8	11,8	38,1	28,9	36,8	28,9
	Steuern	3,8	0,0	5,9	2,4	3,1	0,0	3,1
	Branchen, Unternehmen	26,9	29,4	35,3	31,0	29,7	26,3	29,7
	Finanzen	11,5	0,0	23,5	2,4	8,6	29,5	8,6
	Versicherungen, Immobilien	5,8	5,9	5,9	9,5	7,0	2,1	7,0
	Konsum- und Freizeitangebote	13,5	17,6	5,9	2,4	9,4	1,1	9,4
	Arbeitswelt/ Karriere	3,8	11,8	5,9	4,8	5,5	1,1	5,5
	Wirtschaftskriminalität	1,9	23,5	5,9	9,5	7,8	3,2	7,8
	Gesamt	100,0	100,0	100,0	100,0	100,0	100,0	100,0

Basis: Gesamtanzahl aller aktuellen Wirtschaftsartikel auf Startseiten (Home) pro Medium

Tabelle 13   Art der Beratung (in Prozent)

	Medium	BILD	B.Z.	Express	tz	Boulevard Gesamt	MAZ	SZ
		(n = 39)	(n = 11)	(n = 15)	(n = 29)	(n = 94)	(n = 67)	(n = 23)
Art der Beratung*	Service	92,3	100,0	93,3	79,3	90,9	100,0	100,0
	Verhaltensempfehlung	12,8	27,3	6,7	24,1	19,4	0,0	8,7
	Kaufempfehlung	5,1	9,1	0,0	0,0	3,0	1,5	4,3

Basis: Gesamtanzahl aller aktuellen Wirtschaftsartikel pro Medium, die mindestens beratende Elemente enthalten; Mehrfachnennungen möglich; *Hier aufgeführt, ob das jeweilige Beratungsmerkmal vorkommt

Tabelle 14   Quellentransparenz bei Fotos (in Prozent)

	Medium	BILD (n=65)	B.Z. (n=29)	Express (n=17)	tz (n=60)	Boule-vard Gesamt (n=171)	MAZ (n=53)	SZ (n=79)
Quellen	Keine Quelle genannt	9,2	0,0	0,0	3,3	3,1	77,4	6,3
	Einzelne Bilder des Artikels sind mit Quellen versehen	4,6	3,4	5,9	10,0	6,0	1,9	7,6
	Alle Bilder sind mit Quellen versehen	86,2	96,6	94,1	86,7	90,9	20,8	86,1
	Gesamt	100,0	100,0	100,0	100,0	100,0	100,0	100,0

Basis: Gesamtanzahl aller aktuellen Wirtschaftsartikel pro Medium mit mindestens einem Bild

Tabelle 15   Motive der Fotos (in Prozent)

	Medium	BILD (N=96)	B.Z. (N=29)	Express (N=27)	tz (N=128)	Boule-vard Gesamt (N=280)	MAZ (N=169)	SZ (N=114)
Darstellungen Bilder	Personen	37,8	45,5	39,1	29,8	38,1	51,7	45,6
	Gebäude/ Bauwerke	16,3	27,3	26,1	28,6	24,6	13,8	14,9
	Produkte/ Konsumgüter	18,4	14,5	13,0	1,2	11,8	19,0	24,6
	Landschaft/ Natur	7,1	7,3	4,3	22,6	10,3	1,7	1,8
	Technik	0,0	0,0	4,3	0,0	1,1	0,0	0,0
	Fahrzeuge	5,1	1,8	0,0	4,8	2,9	1,7	0,0
	Geldscheine/ Preistafeln	8,2	1,8	0,0	3,6	3,4	5,2	2,6
	Sonstiges	7,1	1,8	13,0	9,5	7,9	6,9	10,5
	Gesamt	100,0	100,0	100,0	100,0	100,0	100,0	100,0

Basis: Gesamtanzahl aller Bilder in aktuellen Wirtschaftsartikeln pro Medium; Es wurden pro Artikel bis zu drei Bilder erfasst